' La Palma
z und Umgebung

ipps A-Z
Nordosten

Südosten

Südzipfel

Südwesten

Nordwesten

Caldera und Cumbre

Wanderungen

Anhang

Izabella Gawin
La Palma

„Eine der merkwürdigsten Inseln des Ozeans"

Leopold von Buch, Geologe, 1774–1853

Impressum

Izabella Gawin
La Palma
erschienen im REISE KNOW-HOW Verlag Peter Rump GmbH
Osnabrücker Str. 79, 33649 Bielefeld

© Peter Rump 2001, 2003, 2004, 2006, 2008
6., neu bearbeitete und komplett aktualisierte Auflage 2009

Alle Rechte vorbehalten.

Gestaltung
  Umschlag: G. Pawlak, P. Rump (Layout);
    C. Hohenhoff (Realisierung)
  Inhalt: G. Pawlak (Layout),
    Angelika Schneidewind (Realisierung)
  Karten: Catherine Raisin, der Verlag
  Fotos: siehe S. 395
  Titelfoto: Izabella Gawin, Dieter Schulze

Lektorat: Caroline Tiemann
Lektorat (Aktualisierung): Christina Hohenhoff

Druck und Bindung: Media Print, Paderborn

ISBN 987-3-8317-1815-3
Printed in Germany

Dieses Buch ist erhältlich in jeder Buchhandlung Deutschlands, der Schweiz, Österreichs, Belgiens und der Niederlande. Bitte informieren Sie Ihren Buchhändler über folgende Bezugsadressen:

Deutschland
  Prolit GmbH, Postfach 9, D-35461 Fernwald (Annerod)
  sowie alle Barsortimente
Schweiz
  AVA-buch 2000, Postfach, CH-8910 Affoltern
Österreich
  Mohr Morawa Buchvertrieb GmbH, Sulzengasse 2, A-1230 Wien
Niederlande, Belgien
  Willems Adventure, www.willemsadventure.nl

Wer im Buchhandel trotzdem kein Glück hat,
bekommt unsere Bücher auch direkt über unseren
Büchershop im Internet: www.reise-know-how.de

Wir freuen uns über Kritik, Kommentare und Verbesserungsvorschläge.
Alle Informationen in diesem Buch sind von der Autorin mit größter Sorgfalt gesammelt und vom Lektorat des Verlages gewissenhaft bearbeitet und überprüft worden. Da inhaltliche und sachliche Fehler nicht ausgeschlossen werden können, erklärt der Verlag, dass alle Angaben im Sinne der Produkthaftung ohne Garantie erfolgen und dass Verlag wie Autorin keinerlei Verantwortung und Haftung für inhaltliche und sachliche Fehler übernehmen. Die Nennung von Firmen und ihren Produkten und ihre Reihenfolge sind als Beispiel ohne Wertung gegenüber anderen anzusehen. Qualitäts- und Quantitätsangaben sind rein subjektive Einschätzungen der Autorin und dienen keinesfalls der Bewerbung von Firmen oder Produkten.

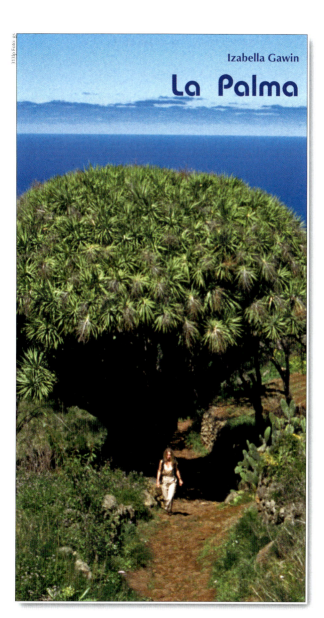

Izabella Gawin

La Palma

REISE KNOW-HOW im Internet

Aktuelle Reisetipps und Neuigkeiten
Ergänzungen nach Redaktionsschluss
Büchershop und Sonderangebote

www.reise-know-how.de
info@reise-know-how.de

Wir freuen uns über Anregung und Kritik.

Vorwort

„Nie wieder La Palma!" So schwören all jene, die sich im Urlaub am liebsten im weißen Sand rekeln, eimerweise Sangría schlürfen und nachts auf die Piste gehen. Tatsächlich ist diese Insel kein Pflaster für „Herrn Ballermann". Wer hierher kommt, will etwas anderes. Er möchte die ausgetretenen Touristenpfade verlassen, sucht das Abenteuer stiller Natur und den Kontakt mit dem ursprünglichen Landleben, reist in die abgelegenen Berg- und Küstendörfer.

Für La Palma hat man schon viele Namen erdacht: *Isla Verde*, weil sie so grün ist, *Isla Corazón*, weil sie die Form eines Herzens hat, oder auch einfach *Isla Bonita*, die schöne Insel. Sie erhebt sich aus dem Meer wie ein zerfurchter Gigant: in ihrer Mitte ein gewaltiger, nach Westen geöffneter Kessel – an seinem Rand ein in Nord-Süd-Richtung verlaufender Gebirgszug, der die Insel in zwei Hälften teilt und in einer bizarren Vulkanlandschaft ausklingt. Wohin man auch blickt, faszinierende Bilder: erstarrte Lava und aus Asche sprießender Wein, Bananenplantagen und Mandelbäume, zerklüftete Felslandschaften und romantische Schluchten!

La Palma ist noch nicht allzu lange touristisch erschlossen; gesichtslose Bettenburgen blieben der Insel deshalb erspart. Bisher gibt es nur zwei Ferienzentren mit größeren Hotels und Apartmenthäusern: Los Cancajos im Osten und Puerto Naos im Westen, dazu eine kleine „Hotelstadt" bei Los Canarios im Süden. Mehr Betten sollen es auch nicht werden, denn nach dem Willen der Inselregierung wird zukünftig vor allem der Individualtourismus gefördert. Die meisten Besucher wohnen schon jetzt lieber in Berghotels und Pensionen oder auch in den liebevoll restaurierten, sich harmonisch in die Natur einfügenden Landhäusern. *Turismo Rural* (Tourismus auf dem Lande) lautet das Zauberwort für die Zukunft.

In diesem Urlaubshandbuch werden alle wichtigen Orte ausführlich beschrieben. Eine Fülle von praktischen Reiseinformationen ermöglicht es, die Insel auf eigene Faust zu entdecken. Leser erhalten fundierte Empfehlungen, wo man gut wohnen und am besten essen kann, wie man preiswert Urlaub machen kann, ohne auf Qualität verzichten zu müssen. Und natürlich ist auch an Naturliebhaber gedacht: 20 detailliert beschriebene Wandertouren machen mit den schönsten Landschaften vertraut. Sie führen vorbei an Drachenbäumen zu altkanarischen Höhlen, in den Märchenwald Los Tilos mit Riesenfarn und Wasserfällen, quer durch den Nationalpark und über die Vulkanroute in den sonnigen Süden.

Ich wünsche Ihnen eine gute Reise!

Izabella Gawin

Inhalt

Vorwort	7
Kartenverzeichnis	11

Urlaubsziel La Palma

Mildes Klima	15
Grandiose Landschaften	16
Schwarze Strände und wilde Küsten	19
Üppige Vegetation	21
Feste und Folklore	25
Altkanarische Kultur	29
Geschichtlicher Überblick	31

Praktische Reisetipps A–Z

Anreise	42
Autofahren	46
Behinderte unterwegs	49
Camping	50
Diplomatische Vertretungen	50
Einkaufen und Mitbringsel	51
Ein- und Ausreisebestimmungen	53
Essen und Trinken	55
Geldfragen	58
Informationen	61
Internet	62
Kinder	63
Kleidung	65
Medizinische Versorgung	65
Museen und Besucherzentren	67
Nachtleben	67
Notfälle	68
Öffnungszeiten	68
Post	68
Routenvorschläge	69

Exkurse

- Starker Tobak – La Palmas Meisterdreher 112
- Christen kontra Moslems – eine Spiel-Schlacht im Barranco 143
- Wo die Kassen klingeln – der Bauernmarkt in Mazo 176
- Von Feinschmeckern und Wandervögeln geschätzt – die Salzgärten von El Faro 190
- Schinken und Wein – Schmaus im Vulkan 221
- Ein Kölner Zuckerbaron – Jakob Groenenberg anno 1509 250
- Cueva Bonita – „schöne Höhle" mit gierigem Schlund 262
- Alle Jahre wieder – Teufel los in Tijarafe 276
- Loblied auf eine Frucht – das Fest der Mandelblüte 282
- Santo Domingo de Garafía – Ort der Verbannten 290
- Gestoppter Exodus – Licht am Horizont 297
- Blick ins Universum – auf dem Roque de los Muchachos 312
- La Pared de Roberto – die geheimnisvolle Wand 361

INHALT

Sicherheit	70	Breña Alta und	
Sport und Erholung	71	Breña Baja	162
Telefonieren	77	Mazo	168
Unterkunft	78	Belmaco	177
Verkehrsmittel	82	Obere Straße nach	
Versicherungen	84	Los Canarios	179
Zeitungen und			
Zeitschriften	87		

Kolonialstadt Santa Cruz

Der vulkanische Südzipfel

Die Inselhauptstadt	90	Überblick	182
Rundgang durch		Los Canarios	
die Altstadt	94	(Fuencaliente)	183
Praktische Tipps	105	Las Indias/	
Las Nieves	115	Los Quemados	195
Velhoco	119		
Buenavista			
de Arriba	119		

Der sonnenverwöhnte Südwesten

Der feuchtgrüne Nordosten

		Überblick	202
		Puerto Naos	203
		Rund um Todoque	215
Überblick	124	Las Manchas	220
Tenagua	125	Tajuya	224
Puntallana	128	El Paso	225
La Galga	130	Los Llanos	235
Los Tilos	132	Argual	249
Los Sauces	135	Tazacorte	253
San Andrés	137	Puerto de Tazacorte	260
La Fajana	141		
Barlovento	142		

Der ursprüngliche Nordwesten

Der bäuerliche Südosten

		Überblick	266
		Mirador El Time	267
Überblick	150	La Punta	270
Los Cancajos	152	El Jesús	272
		Tijarafe	274
		El Roque	279

Inhalt, Die 20 schönsten Wanderungen

Puntagorda	279
Las Tricias	287
Santo Domingo (Garafía)	290
Rund um Llano Negro	294
El Tablado	298
Roque Faro	299

Im Zentrum: Caldera und Cumbre

Überblick	302
La Cumbrecita	308
Los Brecitos	310
Die Höhenstraße entlang der Caldera	311
El Pilar	313

Anhang

Literaturtipps	378
Kleine Sprachhilfe	383
Busfahrplan	390
Register	392
Fotonachweis	395
Die Autorin	396

Die 20 schönsten Wanderungen

Zur Lage vgl. vordere Umschlaginnenkarte

Praktische Tipps 318
1) Panoramaweg am Kraterrand 323
2) Klassische Tour ins Herz der Caldera 326
3) Prähispanische Felszeichnungen 331
4) Wiesen, Pferdekoppeln, Aschefelder 333
5) Pilgerpfad zur Wetterscheide 337
6) Erloschener Feuerberg 340
7) Spektakuläre Vulkanroute 343
8) Durch Kiefernwald auf die Cumbre Vieja 346
9) Entlang einer Klippe zum Meer 348
10) Durch Mandelhaine zum Wachtturm 349
11) Zur Schmugglerbucht 352
12) Stilles Mittelgebirge 354
13) Drachenbäume und Felshöhlen 356
14) Alpintrip zur Sternwarte 358
15) Windgepeitschte Höhensteppe 362
16) Ausflug in ein Geisterdorf 364
17) Durch die Wasserschlucht 366
18) Lorbeerwald und Dschungelblick 368
19) Abenteuer Biosphärenreservat 370
20) Mandelbaumweg über der Hauptstadt 374

Kartenverzeichnis

Inselkarten

Caldera 304
Cumbre 314
Nordosten .126
Nordwesten 268
Santa Cruz, Umgebung 116
Süden 184
Südosten 151
Südwesten .204
Westliche Nordküste 280

Ortspläne

El Paso 225
Los Canarios (Fuencaliente) 186
Los Cancajos 154
Los Llanos .237
Mazo 168
Puerto Naos 206
Santa Cruz 92
Tazacorte 254

Wanderkarten

Wanderung 1 324
Wanderung 2 327
Wanderungen 3 und 4 332
Wanderung 5 338
Wanderung 6 342
Wanderungen 7 und 8 344
Wanderung 9 349
Wanderung 10 351
Wanderung 11 352
Wanderung 12 355
Wanderung 13 357
Wanderung 14 359
Wanderung 15 363
Wanderung 16 365
Wanderungen 17 und 18 368
Wanderung 19 371
Wanderung 20 375

Urlaubsziel La Palma

Urlaubsziel La Palma

MILDES KLIMA ZU ALLEN JAHRESZEITEN

Tages- und Nachttemperatur in °C

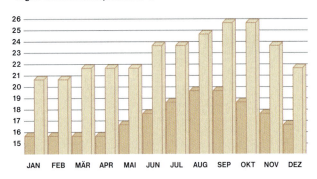

Wassertemperatur in °C

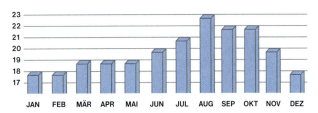

Regentage pro Monat

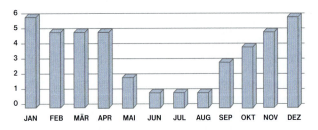

Die genannten Daten sind Durchschnittswerte, die sich auf Puerto Naos und den Südwesten La Palmas beziehen. Die Temperaturen im Osten liegen durchschnittlich 1-2°C niedriger, auch regnet es dort in den Wintermonaten häufiger.

Mildes Klima zu allen Jahreszeiten

Auf La Palma kann man sich wohl fühlen: Hier ist es das ganze Jahr über mild. Die Temperaturen an der Küste schwanken **zwischen 18 und 22°C im Winter** und zwischen 22 und 28°C im Sommer. Unter 10°C sinkt die Temperatur auch während der Nachtstunden nie. Dagegen kann es in höheren Lagen schon etwas kühler werden – „alle 100 Meter ein Grad", lautet die Regel. An einigen wenigen Wintertagen kann sich die Schneegrenze gar an die 1000-Meter-Marke herantasten, doch meist ist es nur der Roque de los Muchachos (2426 m), der sich mit seinen Nachbarbergen weiß einkleidet.

Wasser und Wind
Für das einzigartige Klima sorgen Meeresströmungen und die feuchten atlantischen Winde. Der **Kanarenstrom** – so wird der auf der Höhe der Azoren abdriftende Ausläufer des Golfstroms genannt – dämpft die subtropischen Temperaturen. Für leichte Abkühlung sorgt auch der **Nordostpassat,** der im Spanischen *viento alisio* (elysischer Wind) heißt: Bei seinem Lauf über den Atlantik lädt er sich mit Feuchtigkeit auf und trägt sie in Form dichter Wolken heran. Sobald diese auf das Bergmassiv stoßen, stauen sie sich zu dichten Bänken, die im Tagesverlauf von den Bäumen „gekämmt" werden. Der Grundstein für die üppige Vegetation ist gelegt ...

Wetterscheide
Man kann sagen, dass die Insel La Palma aufgrund ihrer Oberflächenstruktur besonders stark vom Passatwind betroffen ist. Der **Gebirgszug der Cumbre** schlägt um den sich im Zentrum auftuen-

---

Vorhergehende Seite:
Ein beschaulicher Hafen zum Entspannen – Puerto de Tazacorte

den Kessel einen Halbkreis und erstreckt sich dann geradlinig von Norden nach Süden, teilt so die Insel in eine deutlich unterschiedene Ost- und Westseite. Herrscht Nordostwind – und das ist fast immer der Fall –, werden die feuchten, vom Atlantik kommenden Luftmassen gegen die Cumbre gedrückt. Die **Wolken** stauen sich auf der Ostseite auf einer Länge von fast 40 Kilometern, sorgen dort für ständigen Wassernachschub und vielfältige Vegetation. Zwar schaffen es die Wolken, sich mühsam über den Bergkamm zu schieben, aber dann schwindet ihre Kraft – auf der sonnenerwärmten Westseite lösen sie sich in Sekundenschnelle auf.

Gelingt es während der Wintermonate einem atlantischen Tiefausläufer, den Passat zu verdrängen, ist die Überraschung groß: Dann kann es geschehen, dass es auf der Westseite bewölkt ist und auf der Ostseite sonnig. Doch das geschieht nicht häufig, ein Blick auf die Niederschlagsmengen mag das belegen: So kommt das Bergdorf Barlovento auf 900, die östliche Küstenstadt Santa Cruz auf 500, Los Llanos im Westen dagegen nur auf 280 Millimeter Regen pro Jahr.

Unangenehmer als Regen ist für viele der **calima.** Weht der Wind von Ost oder Südost, beleben sich bei vielen Palmeros die Vorurteile gegen alles, was aus Afrika kommt. Die von der nahen **Sahara** herangewehten feinen Sandkörner spannen sich wie eine graue Käseglocke über die Insel und erschweren das Atmen – doch zum Glück ist der Spuk meist nach drei Tagen vorbei.

Grandiose Landschaften

Wo kann man durch den Dschungel eines Lorbeerwalds streifen und noch am gleichen Tag über einen pechschwarzen Lavahang „wedeln"? Wo durch alpine Höhensteppen wandern und sich wenig später am warmen Strand aalen? Ent-

GRANDIOSE LANDSCHAFTEN

fernungen sind auf La Palma kein Problem, hier kann man in kurzer Zeit die unterschiedlichsten Landschaften erleben.

Das Zentrum

Herzstück der vor drei Millionen Jahren aus dem Meeresboden emporgeschleuderten Vulkaninsel ist die **Caldera de Taburiente,** einer der größten Erosionskessel der Welt. Er ist neun Kilometer weit, seine zerklüfteten Flanken schwingen sich bis zu 2426 Meter auf. Seinem Innern entspringen Dutzende von Quellen, die für eine üppige Vegetation sorgen: Auf dem Grund des Kessels finden sich Schilfrohr, Lorbeer- und Kastanienbäume, an den steilen Hängen junge Kiefern. 1981 wurde die Caldera zum **Nationalpark** erklärt; markierte Wanderwege erschließen die dramatische, weitgehend unberührte Naturlandschaft.

Der Norden

Von der Nordseite der Caldera senken sich **tiefe Schluchten** zur Küste hinab, von Gebirgsbächen in jahrtausendelanger Arbeit ins Gestein geschnitten. Zwischen den Schluchten, *barrancos* genannt, blieben breite Bergrücken stehen. Im Norden triumphiert die Farbe Grün: Dichter Lorbeerwald bedeckt die Hänge, man erfrischt sich an kleinen, den Fels herabstürzenden Kaskaden. Vereinzelt, vor allem an sonnigen Stellen, entdeckt man die von den Ureinwohnern als heilig verehrten *dragos* (Drachenbäume).

Der Süden

Von der Caldera zweigt nach Süden ein zweigeteilter, fast geradlinig verlaufender und von Kiefern bedeckter Gebirgszug ab. Älteren Datums ist ihrem Namen zum Trotz die **Cumbre Nueva.** Sie ist niedriger als die sich anschließende **Cumbre Vieja,** die mit über 100 Vulkankegeln und -kratern gespickt ist. Allein in den letzten 500 Jahren erlebte sie sieben große Eruptionen. Zuletzt wälzten sich 1971 **Lavaströme** ins Meer und hinterließen eine Glutspur der Zerstörung. Wo einst Felder die Erde bedeckten, erstreckt sich nun *malpaís*, un-

GRANDIOSE LANDSCHAFTEN

fruchtbares, „schlechtes Land". Nur wenige Zentimeter unter der Oberfläche ist die Erde so heiß, dass man auf ihr Spiegeleier braten könnte.

Der Osten Beiderseits der Cumbre breiten sich weite Täler aus, die sich rampenartig zur Küste neigen: Feuchter und regenreicher ist der Osten, der mit seinen saftigen Wiesen, Feldern und Fluren als **„Garten La Palmas"** bezeichnet wird. Hier werden Obst und Gemüse angebaut, aber auch Tabak und Wein. Wegen ihrer Fruchtbarkeit galt die **Vega de las Breñas,** die „Aue von Las Breñas", stets als besonders gute Gegend zum Leben. Im Osten liegt die Hauptstadt **Santa Cruz** am Fuß steiler Gebirgsflanken; unmittelbar südlich von ihr hat sich **Los Cancajos** als größerer Urlaubsort etabliert.

Im Westen: Wolken schwappen über den Kamm

Schwarze Strände und wilde Küsten

Der Westen

Im sonnigen Westen liegt das **Valle de Aridane** mit den Hauptorten Los Llanos und El Paso; die mächtige Caldera ragt im Hintergrund auf. Zur Küste hin liegen weitläufige Bananenplantagen, der **Badeort Puerto Naos** und der Fischerhafen **Puerto de Tazacorte.** Weiter nördlich, abgetrennt durch die „Schlucht der Ängste" (Barranco de las Angustias), finden sich terrassierte, den steilen Gebirgsflanken abgerungene Felder, auf denen Mandelbäume wachsen.

Schwarze Strände und wilde Küsten

Wie eine uneinnehmbare Festung erhebt sich La Palma aus den Fluten des Atlantiks, ist ringsum von **Steilküsten** eingerahmt. Eine Badeinsel ist sie nicht, aber Strände gibt es auch hier – nicht weiß wie auf Gran Canaria oder Fuerteventura, sondern schwarzsandig, kieselig und steinig. In den Ferienzentren wurde der Sand künstlich aufgeschüttet, so in Puerto Naos und Los Cancajos. Wildromantisch geht es in mehreren abgelegenen Buchten und Naturschwimmbecken zu, die über abenteuerliche Pisten zu erreichen sind (die genaue Beschreibung der Anfahrt findet sich beim jeweiligen Ortskapitel).

Nordostküste

Mit der **Playa de Nogales** verfügt der Nordosten nur über einen einzigen, gut 400 Meter langen Strand am Fuß steiler Klippen. Leider ist hier das Baden aufgrund starker Strömung gefährlich. Sicherer ins Wasser geht man in zwei herrlichen **Naturschwimmbecken:** Am Fuße einer Steilküste nahe Barlovento liegen die Bassins von **La Fajana,** sehr schön ist auch das Naturbecken **Charco Azul** bei San Andrés.

Südostküste

Das große Ferienzentrum der Ostseite ist **Los Cancajos,** wo es sich dank Wellenbrechern an

Schwarze Strände und wilde Küsten

den insgesamt 400 Meter langen Stränden auch bei stärkerer Brandung gut baden lässt. Wer es ursprünglicher liebt, wählt kleine Buchten unterhalb der Küstenstraße LP-132. Beliebte Ausflugsziele sind die Playa del Pozo (aber nur bei Ebbe) und die Playa de Salemeras. Weitere Kiesstrände liegen südlich von Tiguerorte.

Südküste Nördlich des Leuchtturms von El Faro entdeckt man die feinsandige **Playa Chica** und die romantische, klippenumrahmte **Playa Zamora** – die wohl schönsten Strände der Insel, erreichbar über eine Stichstraße, die von der Straße El Faro – Las Indias abzweigt. Wer nur Erfrischung braucht, begnügt sich mit dem Strand direkt am Leuchtturm oder geht zur benachbarten Playa Nueva (Playa Echentive).

Playa de Nogales – herrlich wilder Lavastrand am Fuß steiler Klippen

Üppige Vegetation

Südwestküste

Puerto Naos ist der größte und meistbesuchte Strand der Insel, der sich dank niedrigen Wellengangs vor allem im Sommer sehr gut zum Baden eignet. Er verfügt über Liegestühle und Duschen, ist 600 Meter lang, schwarzsandig und mit Lavakieseln durchsetzt. Eine gute Alternative ist der etwas südlich gelegene Lavastrand **Charco Verde** mit seinen Bambusschirmen. Anhänger der Freikörperkultur sieht man (ausgerechnet) am „Strand der Nonnen" (Playa de las Monjas). An vielen kleinen Buchten befinden sich Snackbars, oft auch heruntergekommene Hütten. Sehr weit und mit schwarzem Sand aufgeschüttet ist der Hauptstrand von **Puerto de Tazacorte.**

Nordwestküste

Im Nordwesten gibt es mehrere versteckt gelegene Strände und bei Puntagorda auch ein winziges Felsschwimmbecken. Doch am meisten lohnt sich ein Besuch der **„Schmugglerbucht"** von Tijarafe: ein riesiger, vom Meer ausgewaschener Felsüberhang, unter dem sich einzelne Häuser ducken. Über Stufen steigt man zur kleinen Badestelle hinab.

Üppige Vegetation

„Die Pflanzenwelt der Kanaren", so der Botaniker *Günther Kunkel,* „ist heute noch genauso faszinierend wie während der Entdeckungsjahre." Generationen von Naturforschern haben sich mit ihr beschäftigt und immer wieder ihre Einzigartigkeit herausgestellt.

Einzigartige Pflanzenwelt

Die Besonderheit der kanarischen Flora verdankt sich ihrer Isolation. Weit ab vom Festland war der Archipel eine Art „Naturlaboratorium". Nur so ist zu erklären, dass fast **1300 Arten endemisch** sind, das heißt nur hier, nirgends sonst auf der Welt, vorkommen. In Millionen von Jahren entwickelten sie sich auf dem vulkanischen Boden. Andere kamen als „blinder Passagier", die Samen versteckt im Gefieder von Vögeln oder in einem Stück Treibholz. Die günstigen klimatischen Bedingungen ließen sie sprießen und gedeihen – so das europäische Heidekraut und den Farn, die hier weit über die uns vertraute Größe hinausgeschossen sind.

Exotische Zier- und Nutzpflanzen Seit der spanischen Eroberung ist die einheimische Flora auf dem Rückzug. Im „biologischen Koffer" der Konquistadoren kamen nicht nur **Zuckerrohr, Mandelbäume** und **Wein** auf die Insel, sondern auch **Hibiskus, Weihnachtsstern** und **Bougainvillea,** ein Potpourri exotischer Zierpflanzen.

Vegetationsformen Wer heute auf La Palma unterwegs ist, wird je nach Lage und Höhe einer sehr unterschiedlichen Vegetation begegnen. Der folgende Überblick über die verschiedenen Vegetationsformen beschränkt sich auf die endemischen, also eigentlich kanarischen Pflanzen.

Küstenvegetation (0–500 m) Der schmale, rasch ansteigende Küstenbereich ist felsig und trocken, die Luft extrem salzig. Nur widerstandsfähige Pflanzen können sich hier behaupten, allen voran die **Kandelaberwolfsmilch** aus der Familie der Dickblattgewächse. Mit ihren gewaltigen Armen erinnert sie an Riesenkakteen. Wie diese speichert sie ihren Lebenssaft im verpanzerten „Blatt". Stattliche, bis zu zwei Meter hohe Exemplare findet man unterhalb von Santo Domingo an der Straße zum Puerto.

Ein weiteres bekanntes Dickblattgewächs ist der **Dachwurz,** eine fast tellergroße Rosette, die sich gern zwischen Dachziegel und Felsspalten krallt.

Nicht eigentlich ein Baum, sondern ein Liliengewächs ist der legendäre **Drachenbaum:** Sein Stamm ist nicht verholzt und zeigt daher keine Jahresringe. Beeindruckt von seinem majestätischen Aussehen, haben ihm Wissenschaftler ein

ÜPPIGE VEGETATION 23

biblisches Alter „von mehreren tausend Jahren" angedichtet. Auf den übrigen Kanaren fast ausgestorben, bildet er auf La Palma bei Las Tricias sowie in Las Toscas kleine Haine.

Die **Kanarische Palme,** der die Insel ihren Namen verdankt, sieht man vor allem in Gärten, wo sie als dekorative Schattenspenderin geschätzt ist.

Lorbeer (500–1200 m) Im feuchten, dem Passat ausgesetzten Inselnorden wächst der **Lorbeerwald,** La Palmas schönste Pflanzenformation. Mit ihrem dichten, immergrünen Kronendach sorgen die Bäume dafür, dass kaum ein Lichtstrahl nach unten dringt. An den lederartigen Blättern kondensieren Nebelschwaden zu Tropfen, die auf den Boden perlen und dort Wildwuchs von Farn, Moos und Efeu nähren.

Fayal-Brezal (1000–1500 m) Im Übergangsbereich zwischen Lorbeer- und Kiefernwald gedeihen **Gagelstrauch** *(faya)* und **Baumheide** *(brezo).* Sie kommen mit weniger Feuchtigkeit aus und können bis zu einer Höhe von 15 bis 20 Metern anwachsen.

Playa Chica und Playa Zamora im Südwesten

ÜPPIGE VEGETATION

Kiefern (bis 2000 m)

In trockeneren Lagen zumeist über den Wolken wächst die **Kanarische Kiefer,** die auf den Cumbres, aber auch auf dem Grund der Caldera anzutreffen ist. Ihre Rinde ist so dick, dass sie selbst vulkanische Feuersbrünste überlebt. Mit ihren langen, buschigen Nadeln „kämmt" sie die Feuchtigkeit aus den Wolken; dabei hilft ihr die Bartflechte, die wie schütteres Lametta von ihren Zweigen hängt.

Alpinstufe (über 2000 m)

Auf den höchsten Gipfeln sind die Pflanzen großen Belastungen ausgesetzt. Sie haben nicht nur mit starkem Wind, sondern auch mit extremen Temperaturschwankungen zu kämpfen. Zu den

Steckbrief La Palma

- **Lage:** im äußersten Nordwesten der Kanarischen Inseln, knapp 400 km vom afrikanischen Festland und 1500 km von Gibraltar entfernt.
- **Fläche:** 726 km², herzförmig, 46 km lang und 28 km breit.
- **Höchster Berg:** Roque de los Muchachos (2426 m)
- **Einwohner:** 96.000, davon ca. 10% Ausländer (vorwiegend Deutsche)
- **Religion:** vorwiegend römisch-katholisch
- **Sprache:** spanisch
- **Hauptstadt:** Santa Cruz, 18.000 Einwohner
- **Verwaltung:** Die Kanarischen Inseln bilden innerhalb Spaniens eine autonome Region (vergleichbar mit den Bundesländern in Deutschland). Sie ist in zwei Provinzen aufgeteilt: La Palma gehört seit 1927 mit Gomera, El Hierro und Teneriffa zur Westprovinz Santa Cruz de Tenerife, Gran Canaria bildet mit Lanzarote und Fuerteventura die Ostprovinz Las Palmas de Gran Canaria. Jede Insel wird von einem Inselrat, dem *Cabildo Insular*, verwaltet; dieser überwacht die Arbeit der *Ayuntamientos*, der Bürgermeisterämter der Gemeinden.
- **Exportgüter:** Bananen, Avocados, Mandeln, Orangen, Zigarren
- **Tourismus:** Ferienzentren in Los Cancajos, Los Canarios und Puerto Naos; daneben über 1500 Landhäuser und Ferienwohnungen, überwiegend im westlichen Aridane-Tal
- **Zeit:** Westeuropäische Zeit (= Mitteleuropäische Zeit minus 1 Std.)

Überlebenskünstlern zählen das **La-Palma-Veilchen,** der flammend rote **Natternkopf** und der unverwüstliche **Ginster,** der im Frühsommer die karge Hochsteppe in ein gelbweißes Blütenmeer verwandelt.

Feste und Folklore

Auf La Palma wird das ganze Jahr über, vor allem aber in den Sommermonaten, ausgiebig gefeiert. Jeder Ort hat seinen **Schutzheiligen,** dem es zu huldigen gilt. Eine **Fiesta** beginnt fast immer mit einer Messe und einer Prozession, doch böse Zungen behaupten, der religiöse Akt sei nur ein Vorwand für das, was anschließend folgt: ein bunter Veranstaltungsreigen, der sich oft tagelang ausdehnt und alles einschließt, was den Bewohnern Spaß macht – Sport und Spektakel, Tanz und Gesang. Es wird gegrillt, was das Zeug hält, ein Weinfass nach dem anderen angestochen.

Allein um die kanarische Musik kennen zu lernen, lohnt der Besuch einer Fiesta. Anfangs treten **Folkloregruppen** in ihren typischen Trachten auf; sie tanzen zu traditioneller Volksmusik, zu den Klängen von Trommel und Gitarre. Danach gibt es teils vertraute, teils ungewohnte Melodien: Der neuen Generation von **Liedermachern** gelingt es, das Kanarische aufzufrischen – viele ihrer Stücke kommen dem nahe, was wir *World Music* nennen. *Ramón Betancor, Kena, Jorge Guerra* und *Lorena Orriba* – sie alle kann man bei einer Dorffiesta antreffen, vielleicht auch *Ima Galguén,* die mit ihrer sanften Stimme die Schönheit La Palmas preist. Inzwischen weit über die Insel hinaus bekannt ist die Gruppe *Taburiente.* „Bajo el piel del agua" (Unter der Haut des Wassers), so lautet der Titel einer ihrer CDs: kraftvolle Poesie, die sich auch andalusischer und afrikanischer Elemente bedient, um der Vision einer befreienden, regionenübergreifenden Musik Ausdruck zu verleihen.

FESTE UND FOLKLORE

Auf andere Art wollen sich die Jugendlichen befreien, die sehnlichst auf die Zeit nach Mitternacht warten. Subtile Töne sind nun nicht mehr gefragt, einheimische **Rock- und Salsa-Bands** feiern ihren Auftritt und heizen den Fans gebührend ein. Zum Abschluss der Fiesta dürfen sich dann alle an einem riesigen Feuerwerk erfreuen ...

Am „Tag der Indianer" tragen alle Weiß

Die schönsten Inselfeste

In der folgenden Übersicht sind die bedeutendsten **Fiestas** zusammengefasst, ergänzt um **Feiertage** und **Festivals.** Die genauen Programme führt die Touristeninformation in Santa Cruz.

In den jeweiligen Ortsbeschreibungen sind alle **lokalen Fiestas** aufgeführt, doch die Termine sind mit Vorsicht zu lesen. Oft verlegt die örtliche Verwaltung die Festlichkeiten auf das nachfolgende Wochenende, um auch den auf anderen Inseln lebenden Palmeros die Teilnahme zu ermöglichen.

- **1. Januar:** *Año Nuevo.* Zu jedem Glockenschlag des alten Jahres essen die Palmeros eine Traube – danach ist der Champagner an der Reihe, es wird gesungen und getanzt.
- **5. Januar:** *Cabalgata de los Reyes Magos.* Am 5. Januar, dem Vorabend des Dreikönigsfests, feiert man in Santa Cruz, Los Llanos und andernorts die **Ankunft der heiligen drei Könige** mit einer großen Bonbon-Parade. In Santo Domingo wird ein archaisches Mysterienspiel aufgeführt.
- **6. Januar:** *Los Reyes.* Brave Kinder bekommen am Tag der **Heiligen Drei Könige** ihre „Weihnachtsgeschenke".
- **Ende Januar:** *Fiesta del Almendro en Flor.* In Puntagorda feiert man zwei Tage lang das **Mandelblütenfest.**
- **Februar/März:** *Fiesta de Carnaval.* Der **Karneval** wandert von einem Ort zum nächsten – und viele Palmeros sind gleich mehrmals dabei. Besonders gut ist die Stimmung in Santa Cruz und Los Llanos. Am Faschingsmontag wird der „Tag der Indianer" *(Día de los Indianos)* begangen, der Faschingsdienstag *(Martes de Carnaval)* ist Feiertag. Das mehrwöchige Fest endet mit dem „Begräbnis der Sardine" *(Entierro de la sardina).*
- **März–Mai:** *Conciertos de Primavera.* „Frühlingskonzerte": eine Veranstaltungsreihe mit klassischer Musik in Santa Cruz und Los Llanos.
- **April:** *Semana Santa.* **Ostern** auf La Palma: Dumpfer Paukenschlag, Weihrauch und Fackelschein – bei prachtvollen Prozessionen werden Heiligenfiguren durch die nächtlichen Straßen getragen, ihnen voran schreiten die Bruderschaften in ihren langen Kapuzenmänteln und Ketten. Offizielle Feiertage sind Gründonnerstag *(Jueves Santo),* Karfreitag *(Viernes Santo)* und Ostersonntag *(Domingo de Pascua).*
- **23. April:** *Día del Libro.* Am Tag des Buches finden in Los Llanos und Santa Cruz Lesungen und Theatervorführungen statt.
- **1. Mai:** *Día del Trabajo.* Am **Tag der Arbeit** bleiben alle Geschäfte geschlossen.

FESTE UND FOLKLORE

- **3. Mai:** *Fiesta de la Cruz.* Vielerorts werden Kreuze geschmückt. In Breña Alta und Breña Baja wird die Eroberung der Insel durch die Spanier gefeiert, in Santa Cruz die Gründung der Stadt.
- **15. Mai:** *Fiesta de San Isidro.* Der Schutzheilige der Bauern wird mit Festen in Breña Baja und La Laguna geehrt.
- **Mitte Mai:** *Fiesta de la Muñeca.* Fest der „lachenden Puppe" in El Paso.
- **30. Mai:** *Día de Canarias.* **Tag der Kanarischen Inseln:** Die Verleihung des Autonomiestatus' ist willkommener Anlass zum Feiern.
- **Anfang Juni:** *Fiesta de Corpus Cristi.* Wer das **Fronleichnamsfest** besonders farbig erleben möchte, fährt an diesem Tag nach Mazo.
- **13. Juni:** *Fiesta de San Antonio.* In San Antonio del Monte trifft man sich zu einem dreitägigen Fest; Hauptattraktion ist der große **Viehmarkt.**
- **24. Juni:** *Fiesta de San Juan.* Zur Sommersonnenwende, in der **Nacht des heiligen Johannes,** werden vielerorts Feuer entzündet.
- **28. Juni bis 5. August:** *Bajada de la Virgen.* Alle fünf Jahre (2010, 2015 usw.), wird in Santa Cruz die **„Herabkunft der Jungfrau vom Schnee"** gefeiert, das bedeutendste aller Inselfeste.
- **2. Juli:** *Fiesta de los Remedios.* Alle zwei Jahre beschenkt die Barmherzige Jungfrau die Bewohner von Los Llanos mit einem dreiwöchigen Veranstaltungsmarathon.
- **16. Juli:** *Fiesta del Carmen.* In den Häfen von Santa Cruz, San Andrés und Tazacorte verlässt die Schutzheilige der Fischer ihre Kapelle und lässt sich übers Meer fahren.
- **25. Juli:** *Santiago Apóstol.* Am Jakobstag bleiben alle Geschäfte geschlossen.
- **August:** *Fiesta de la Virgen del Pino.* Alle drei Jahre wird die Kiefernjungfrau nach El Paso getragen.
- **2. Sonntag im August:** *Fiesta de la Virgen del Rosario.* Beim Rosenkranzfest in Barlovento wird alle drei Jahre die Schlacht von Lepanto von 1571 nachgespielt.
- **15. August:** *Fiesta de Nuestra Señora de las Angustias.* Der **Himmelfahrtstag** ist überall ein Feiertag, doch ein besonderer Höhepunkt ist die Pilgertour von Los Llanos zur „Kapelle der Jungfrau der Ängste" (Ermita Virgen de las Angustias) im gleichnamigen Barranco.
- **Ende August:** *Fiesta de la Vendimia.* Großes **Weinfest** in der Gemeinde Fuencaliente.
- **7./8. September:** *Fiesta del Diablo.* Feuer und Spuk triumphieren beim **Teufelsfest** in Tijarafe.
- **Ende September:** *Fiesta de San Miguel.* Patronatsfest in Tazacorte.
- **Oktober–Dezember:** *Conciertos de Otoño.* Herbstkonzerte – eine Veranstaltungsreihe mit klassischer Musik in Santa Cruz und Los Llanos.

- **12. Oktober:** *Día de la Hispanidad.* **Spanischer Nationalfeiertag** – man gedenkt der so genannten Entdeckung Amerikas durch *Kolumbus.*
- **1. November:** *Todos los Santos.* Zu **Allerheiligen** bleiben alle Geschäfte geschlossen, vielerorts werden Nüsse verzehrt.
- **11. November:** *Fiesta de San Martín.* Am **Sankt-Martins-Tag** öffnen die Bodegas ihre Türen, zum Wein gibt es geröstete Kastanien und gebackenen Speck.
- **22. November:** *Fiesta de Santa Cecilia.* Musikkapellen treffen sich an verschiedenen Orten der Insel und huldigen ihrer Patronin, der heiligen *Cäcilie.*
- **6. Dezember:** *Día de la Constitución Española.* Der **Verfassungstag** wird in ganz Spanien gefeiert.
- **8. Dezember:** *Santa Inmaculada Concepción.* **Mariä Empfängnis** – Prozessionen in vielen Orten der Insel.
- **24./25. Dezember:** *Fiesta de Navidad.* **Weihnachten** auf La Palma: Heiligabend kommen die Familien zum Festmahl zusammen, danach besuchen sie die Mitternachtsmesse. In allen Orten sind Weihnachtskrippen hergerichtet, und es werden Krippenspiele aufgeführt.

Altkanarische Kultur

Wohnhöhlen in weichem Tuffgestein, Kultplätze auf spektakulären Gipfeln und mysteriöse, in die Felswand geritzte Zeichnungen: Dies ist die Hinterlassenschaft der **Benahoritas,** wie sich die prähispanischen Bewohner der Insel nannten. Auch ein paar Brocken ihrer Sprache haben überdauert; Ortsnamen wie Tiguerorte, Tijarafe und Time verweisen auf ihre **berberische Herkunft.** Nachdem die Benahoritas von Nordwestafrika auf die Insel übergesetzt hatten, lebten sie isoliert vom Rest der Welt. Selbst zu den anderen, in Sichtweite gelegenen Inseln unterhielten sie keinen Kontakt. Sie waren Bauern und Ziegenhirten; gingen sie auf Jagd, mussten sie sich mit Waffen aus Stein begnügen, da die Insel über keine Metallvorkommen verfügt.

Die ersten Chronisten beschreiben die Benahoritas als hochgewachsen und kühn, „edle Wilde", die den europäischen Sklavenjägern tapferen **Widerstand** entgegensetzten. So bedurfte es vieler Jahre, bis sie restlos unterworfen waren. 1492,

ALTKANARISCHE KULTUR

als *Kolumbus* sich anschickte, die „Neue Welt" zu entdecken, sandte die spanische Krone Truppen aus, um endlich auch die Insel La Palma zu „befrieden". Nach sieben Monaten hatten sich alle Stämme bis auf einen ergeben. Nur mit List vermochte Militärführer *Alonso de Lugo* den Widerstand des in der Caldera verschanzten Stammesfürsten *Tanausú* zu brechen. Er versprach ihm einen fairen Waffenstillstand, sofern dieser bereit sei, mit ihm zu verhandeln. Der Fürst willigte ein, doch kaum trat er aus seinem Versteck hervor, überwältigten ihn *Lugos* Soldaten und schleppten ihn an Bord eines Schiffes. Als „Siegestrophäe" sollte er den spanischen Königen vorgeführt werden. Dazu aber kam es nicht: *Tanausú* trat in Hungerstreik und starb noch auf hoher See. Sein Stamm hatte sich in der Zwischenzeit ergeben; die Conquista war damit besiegelt, und die Insel fiel in spanischen Besitz.

GESCHICHTLICHER ÜBERBLICK

Sehenswertes — Erst vor wenigen Jahren wurde damit begonnen, das kulturelle Erbe der Altkanarier der Vergessenheit zu entreißen. Im **Besucherzentrum des Nationalparks** erfährt man einiges über ihre Geschichte, in den **Archäologischen Parks** von La Zarza und Belmaco kann man ihre Felszeichnungen kennen lernen. Wichtige **Fundstellen** gibt es auch bei El Paso, Las Tricias und Santo Domingo. Ein archäologisches **Museum** befindet sich in Los Llanos.

Geschichtlicher Überblick

Erste Kontakte

Ab 1100 v. Chr. — **Phönizische Seefahrer** erkunden den Ostatlantik und laufen dabei möglicherweise auch die Kanarischen Inseln an.

Um 800 v. Chr. — Die antiken Schriftsteller **Homer** und **Hesiod** berichten von paradiesischen Inseln jenseits der Straße von Gibraltar.

Ab 500 v. Chr. — **Berber aus Nordwestafrika** besiedeln die Kanarischen Inseln in mehreren Schüben. Da sie keinen Kontakt zur übrigen Welt haben und schriftliche Zeugnisse aus jener Zeit fehlen, ist über die Frühgeschichte der Bewohner nur wenig bekannt.

25 v. Chr. — Der römische Vasall *König Juba II. von Mauretanien* entsendet ein Expeditionskorps zum Archipel. Nachzulesen ist dies in der „Naturgeschichte" des

Ein Relikt der Altkanarier: Felsgravuren bei El Paso

Geschichtlicher Überblick

Historikers *Plinius d. Ä.* (23–79 n. Chr.). Er nimmt eine relativ genaue Verortung der Inseln vor und versieht La Palma mit dem Namen *Iunonia Maior*.

2. Jh. n. Chr. Der alexandrinische Geograf *Ptolemäus* verortet den Rand der Welt an den Kanarischen Inseln. Auf der von ihm erstellten Karte ist *Iunonia Maior* erstmals eingezeichnet. Durch El Hierro, die südwestlichste Insel des Archipels, wird der **Nullmeridian** gezogen.

3. Jh. n. Chr. In einem Text des afrikanischen Schriftstellers *Arnobio* erscheint erstmals der Name *Canarias Insulas*.

4. Jh. n. Chr. Mit dem Zerfall des Römischen Reiches geraten die Kanarischen Inseln aus dem Blickfeld der Europäer.

999 Von Nordwestafrika aus, seit dem 7. Jahrhundert arabisch beherrscht, werden Fahrten zu den Kanaren unternommen. Dem Araber *Ben Farroukh* gelingt im Jahr 999 die **Wiederentdeckung** der Kanarischen Inseln, doch verknüpfen sich hiermit keine Eroberungsabsichten.

Die Zeit der Eroberung

1336 *Lancelotto Malocello,* ein Genueser in portugiesischen Diensten, landet auf der später nach ihm benannten Insel Lanzarote, die 1339 auf der Landkarte des Mallorquiners *Angelino Dulcert* erstmals wieder eingetragen wird.

Ab 1341 Die iberischen Königreiche **Portugal, Kastilien und Aragonien** rivalisieren um den Besitz des kanarischen Archipels und entsenden mehrere Expeditionen. Dabei werden zahlreiche Altkanarier geraubt und als Sklaven verkauft.

1344 Auch die **Kirche** meldet Besitzansprüche an. *Papst Clemens VI.* verleiht den Königstitel über die „herrenlosen" Inseln an seinen Günstling *Luis de la*

Cerda, Sohn des enterbten *Alfons von Kastilien.* Der Besitzanspruch auf den Archipel geht damit laut christlicher Rechtsauffassung auf die kastilische Krone über. Ab 1351 werden **Missionare** entsandt.

1402–05 *Jean de Béthencourt,* normannischer Adliger in kastilischem Dienst, erobert die Insel **Lanzarote** und darf sich daraufhin mit dem Titel „König der Kanarischen Inseln" schmücken. Die Eroberung wird auf **Fuerteventura** und **El Hierro** ausgedehnt, doch scheitert der Versuch, auch La Palma einzunehmen. *Béthencourt* kehrt nach Frankreich zurück und überlässt die Verwaltung der Inseln seinem Neffen.

Ab 1418 Der Archipel wird mehrfach verkauft und getauscht, ist vorübergehend auch in **portugiesischem Besitz.**

1447 Der Versuch des andalusischen Adligen *Hernán Peraza,* La Palma (altkanarisch: *Benahoare*) mit einer 500 Mann starken Truppe einzunehmen, scheitert. Sein Sohn *Guillén* wird bei den Kämpfen durch einen Steinwurf getötet. Wenig später unternimmt er mehrere Feldzüge auf **Gomera.**

1474 Die Heirat von *Isabella von Kastilien* und *Ferdinand von Aragonien* markiert eine wichtige Etappe bei der **Herausbildung des spanischen Staates.** Die vormals um die iberische Vormachtstellung konkurrierenden Königreiche vereinigen sich.

1479 Der Papst als internationale Rechtsinstanz teilt den Atlantik zwischen den aufstrebenden Kolonialmächten Spanien und Portugal auf. Im Vertrag von Alcâcovas wird der kanarische Archipel endgültig Spanien zugesprochen; im Gegenzug erhält Portugal Westafrika und alle weiteren atlantischen Inseln.

GESCHICHTLICHER ÜBERBLICK

1483   Es gelingt den von der spanischen Krone entsandten Militärführern **Gran Canaria** zu unterwerfen.

1492   Die spanische Krone setzt ihr Eroberungswerk fort. *Alonso Fernández de Lugo* landet am 29. September mit einer 900 Mann starken Truppe in Puerto de Tazacorte auf **La Palma.** Nach erbitterten Kämpfen werden die Ureinwohner am 3. Mai des folgenden Jahres zur **Kapitulation** gezwungen. Die Sieger setzen die vorgefundene wirtschaftliche und politische Ordnung außer Kraft und etablieren an ihrer Stelle das spanische Herrschaftsmodell. Über 1000 Altkanarier werden auf dem **Sklavenmarkt** von Sevilla verkauft, die übrige Bevölkerung wird als billige Arbeitskraft eingesetzt, entweder auf den neuen Zuckerplantagen oder als Dienstpersonal.

1496   Nach zweijährigen Kämpfen ergeben sich auch die Bewohner **Teneriffas** den Truppen Lugos. Dieser wird von der kastilischen Krone zum Generalgouverneur beider von ihm eroberter Inseln ernannt.

Geschichtlicher Überblick

Vom Zucker- zum Bananenboom

Ab 1500 Europäische Kaufleute erwerben **Zuckerplantagen** im Westen und Nordosten La Palmas. Zucker wird der große Exportschlager, Santa Cruz avanciert zu einem der wichtigsten Häfen des spanischen Reichs. Als **westlicher Vorposten der Alten Welt** darf die Insel ab 1508 auch am Handel mit den amerikanischen Kolonien teilhaben. Palmerischer Zucker wird eingetauscht gegen exotische Gewürze, auch gegen Silber und Gold geschmuggelt.

Ab 1550 Als Zucker in Amerika billiger produziert werden kann, verlegen sich die palmerischen Großgrundbesitzer erfolgreich auf den Anbau von **Wein.** Wichtigster Abnehmer wird das aufstrebende England. Der blühende Handel lockt **Piraten** an, die Hauptstadt Santa Cruz wird mehrmals attackiert: 1553 vom Franzosen *Le Clerc,* 1585 vom Engländer *Francis Drake.*

1610 **Sevilla** setzt sich immer mehr als Schaltstelle des Amerikahandels durch, der kanarische Warenverkehr wird eingeschränkt.

1657 Die zentrale Zollbehörde, in der alle nach Amerika auslaufenden Schiffe ihre Abgaben zu entrichten haben, wird von La Palma nach Teneriffa verlegt. Die Insel büßt ihren Status als wichtiger Handelsplatz ein.

Ende 17. Jh. Der spanisch-britische Kampf um die Vorherrschaft auf den Weltmeeren führt zum Niedergang des palmerischen Weinexports.

Koloniale Architektur in Santa Cruz

Geschichtlicher Überblick

18. Jh. — Das wirtschaftliche Machtzentrum verschiebt sich von der Iberischen Halbinsel in den Nordseeraum. England und Holland, bald auch Frankreich dominieren den internationalen Handel. Viele Palmeros sehen sich zur **Emigration nach Mittel- und Südamerika** gezwungen.

1778 — Unter *König Carlos III.* wird der Amerikahandel wieder für alle spanischen Häfen freigegeben. La Palma kann jedoch mangels lukrativer Exportgüter nicht am Aufschwung teilhaben.

Ab 1840 — Mit der **Zucht von Koschenille-Läusen,** aus denen der begehrte karminrote Farbstoff gewonnen

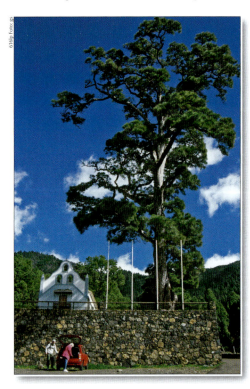

Geschichtlicher Überblick

wird, geht es wirtschaftlich wieder voran. Die Euphorie währt allerdings nur kurz, da man in Europa schon bald beginnt, in der Textil- und Kosmetikindustrie die natürlich hergestellten durch synthetische, billigere Farben zu ersetzen.

1852 Den kanarischen Häfen wird der **Freihandelsstatus** gewährt. Von Zoll- und Steuerschranken befreit, werden sie interessant als internationaler Warenumschlagplatz.

Ab 1880 Der Freihandel lockert die ökonomischen Bande zum Mutterland. Die als Industrie- und Handelsmacht weltweit dominierenden **Briten** können sich als führende Wirtschaftskraft auf dem Archipel etablieren. Sie nutzen ihn als Zwischenstopp auf dem Weg in ihre neuen westafrikanischen Kolonien und führen den **Bananenanbau** ein, um auf dem Rückweg vom Schwarzen Kontinent leeren Laderaum mit profitabler Fracht aufzufüllen.

1898 Nach dem Verlust der letzten Kolonien Spaniens in Übersee (Kuba, Puerto Rico, Philippinen) bemühen sich Deutschland, Frankreich und Belgien vergeblich um den Kauf der Kanarischen Inseln als eines attraktiven Stützpunkts zur Sicherung der Handelsrouten und zur Erschließung Afrikas.

Ab 1914 Der U-Boot-Krieg im Ostatlantik führt zu einer totalen Isolation der Kanarischen Inseln von der Außenwelt.

Ab 1918 Der wirtschaftliche Einfluss der Briten geht zurück, Bananen werden billiger aus den Kolonien in Mittelamerika bezogen. Die spanische Regierung bemüht sich um Reintegration der „vergessenen Inseln", investiert in den **Bau von Straßen und Stauseen.**

Stätte heidnischer Götter – die „Kiefernjungfrau" (Kapelle bei El Paso)

Geschichtlicher Überblick

1936 — Der nach Teneriffa strafversetzte General *Franco* unternimmt am 18. Juli einen **Staatsstreich** gegen die demokratisch gewählte republikanische Regierung in Madrid. Mit den ihm loyalen Truppen aus den spanischen Kolonien Nordwestafrikas marschiert er auf der Iberischen Halbinsel ein und provoziert einen dreijährigen **Bürgerkrieg.** Auf La Palma bricht der Widerstand gegen *Franco* bereits nach wenigen Wochen zusammen.

Tourismus-Ära

Ab 1950 — Bis zum Tod des Generals *Franco* wird Spanien diktatorisch regiert, feudale Verhältnisse werden stabilisiert. Die Inseln werden wieder an das „Mutterland" angebunden, der Fremdenverkehr avanciert auf **Gran Canaria und Teneriffa** zum zentralen Wirtschaftszweig. Eine erste Maschine mit **deutschen Touristen** landet 1954 auf dem Flughafen Gando. Auf den kleinen Inseln ist keine Hoffnung in Sicht, zahllose Palmeros suchen ihr Heil in der Emigration nach Amerika.

Ab 1960 — Die Franco-Regierung gewährleistet politische und fiskalische Rahmenbedingungen, aufgrund derer sich ausländische Investoren sichere Profite ausrechnen dürfen. Auf den kanarischen Hauptinseln kommt es daraufhin zu einem gewaltigen Bauboom, es entstehen riesige **Touristenzentren.**

1971 — **Ausbruch des Vulkans Teneguía** im Süden La Palmas.

Ab 1975 — Nach dem Tod *Francos* setzt in Spanien die Demokratisierung ein. Den Kanarischen Inseln wird im **Autonomiestatut** von 1982 Selbstverwaltung in Fragen von Kultur und Wissenschaft zugebilligt.

1985 — Auf dem Roque de los Muchachos (2426 m) wird ein **Astrophysisches Observatorium** eingeweiht, das zu den modernsten der Welt zählt.

Geschichtlicher Überblick

1986	Spanien wird Vollmitglied von **NATO und EG** (später EU). Es profitiert von ausländischen Investitionen und EU-Subventionen, die dem Land einen ungeahnten Wohlstandsschub bescheren: Das „Armenhaus Europas" wird zum Modell gelungener Modernisierung.
1987	Auf **La Palma** landet die **erste Charter-Maschine**: auch auf den kleineren Inseln wird der Tourismus als Wirtschaftsfaktor entdeckt.
Ab 1992	Nach kurzer Tourismuskrise nimmt die Zahl der Besucher wieder auf allen Inseln zu. Der Archipel profitiert vom Krieg auf dem Balkan sowie der labilen innenpolitischen Situation in einigen Ländern Nordafrikas.
1995	Projekt *Eco Islas*: La Palma schließt sich mit weiteren sechs europäischen Inseln zur Förderung einer **umweltverträglichen Tourismusentwicklung** zusammen.
1996	Der dem Archipel zehn Jahre zuvor eingeräumte wirtschaftliche Sonderstatus wird aufgehoben, die volle Integration in die Europäische Gemeinschaft ist besiegelt.
2001	Bei einem Unwetter im November reißt der Bergfluss im Barranco de las Angustias drei Wanderer in den Tod.
2002	Die Inselregierung von La Palma fördert nun intensiv den Wandertourismus und markiert das Wegenetz.
2003	Die gesamte Insel wird **UNESCO-Biosphärenreservat.**
2009	Die Wirtschaftskrise führt zur Schließung zahlreicher kleiner Läden, die Zahl der Arbeitslosen steigt.

Urlaubsziel La Palma

Praktische Reisetipps A–Z

Anreise

Mit dem Flugzeug

Buchtipp:
„Praxis – Fliegen ohne Angst",
REISE KNOW-HOW Verlag, Bielefeld

Am schnellsten und billigsten reist man per Flugzeug. Seit 1987 gibt es auf La Palma einen Flughafen, der von vielen größeren Städten Deutschlands sowie von Wien und Linz, Zürich und Basel, Amsterdam und Brüssel angeflogen wird. Die meisten Flüge bieten AirBerlin (www.airberlin.com) und Condor (www.condor.com), Condor oft mit „Fliegenpreisen" unter 80 € one way! Kinder unter zwei Jahren ohne Sitzplatzanspruch fliegen meist für 10 % des Erwachsenenpreises, Kinder von 2 bis 11 Jahren erhalten je nach Airline unterschiedliche Ermäßigung.

Der Hin- und Rückflug kostet je nach Saison, Abflughafen und Gesellschaft zwischen 300 und 600 €, am günstigsten ist es fast immer außerhalb oder am Ende der Schulferien.

Sind alle Direktflüge ausgebucht, kann man immer noch versuchen, La Palma via Gran Canaria oder Teneriffa anzusteuern. Gran Canaria ist günstiger, weil man vom dortigen Flughafen direkt weiterfliegen kann. Dagegen muss man auf Teneriffa vom internationalen Südflughafen Reina Sofía einen 90-minütigen Bus- bzw. Taxitransfer auf sich nehmen, bevor es vom regionalen Nordflughafen Los Rodeos weitergeht nach La Palma.

Buchtipp:
„Praxis – Clever buchen, besser fliegen",
REISE KNOW-HOW Verlag, Bielefeld

Buchen Buchen kann man Nur-Flüge ebenso wie Pauschalarrangements in fast allen Reisebüros und natürlich auch im **Internet.** Im E-Mail-Newsletter, den man bei einigen Ferienfliegern kostenlos anfordern kann, machen diese auf Sonderaktionen aufmerksam.

Vorhergehende Seite: Rast unterwegs

Restplätze Restplätze zu ermäßigtem Preis bieten ab etwa 14 Tage vor Abflug auch die auf das Last-Minute-Geschäft spezialisierten Agenturen an. Dazu gehören:

- www.ltur.com
- www.de.lastminute.com
- www.5vorflug.de
- www.restplatzboerse.at
- www.fluege.de
- www.billig-flieger-vergleich.de
- www.swoodoo.de
- www.megaflieger.de
- www.easypilot.de
- www.skyscanner.net

Ankunft Der **Flughafen von La Palma** liegt im Osten der Insel, acht Kilometer südlich der Hauptstadt Santa Cruz. Pauschalreisende werden von der örtlichen Reiseleitung in Empfang genommen und zu ihren Bussen geleitet, brauchen sich fortan um (fast) nichts mehr zu kümmern.

Wer auf eigene Faust unterwegs ist, findet in der Ankunftshalle ein Touristeninfo und mehrere **Autovermietungen;** vor dem Hallenausgang warten **Linienbus** und **Taxi.** Busse der Linie 8 fahren in einer Viertelstunde nach Santa Cruz (ein Busfahrplan findet sich im Anhang, die Preise für Bus- und Taxifahrten sind im Kap. „Geldfragen" aufgeführt). Am Flughafen ist ein **Geldautomat** vorhanden.

Mit Auto und Schiff

Wer nicht fliegen will oder darf oder sein eigenes Fahrzeug dabei haben möchte, kann La Palma auch über Land (hohe Mautgebühren!) und per Schiff erreichen. Einmal wöchentlich startet eine **Autofähre** der spanischen Gesellschaft *Acciona/Trasmediterránea* in Cádiz (südspanische Atlantikküste), zwei Tage später erreicht sie Teneriffa. Von dort geht es weiter nach Santa Cruz de la Palma. Aktuelle **Abfahrtszeiten** und **Preise** findet man im Internet unter www.trasmediterranea.es, die Ticketreservierung erfolgt über DER-Reisebüros.

„Kleines Flug-Know-how"

Wichtig!

Bei den meisten Flügen muss man **60 bis 90 Minuten vor dem Abflug** am Schalter der Airline eingecheckt haben. Späteres Erscheinen kann die Verweigerung der Beförderung nach sich ziehen. Einige Fluggesellschaften bieten für frühe Abflüge die Möglichkeit, bereits am Vorabend einzuchecken. Sitzplatzreservierungen bei Buchung sind möglich, aber oft mit Zusatzkosten verknüpft. Größere Beinfreiheit bieten die Sitzplätze am Notausgang (meist kostenpflichtig), in der ersten Reihe werden sie an Touristen mit Kindern vergeben. Im vorderen Teil des Flugzeugs bis etwa zu den Tragflächen spürt man die Bewegungen der Maschine weniger: Reisende mit Flugangst fühlen sich dort sicherer.

Bei Billigtickets, die ein festes Datum beinhalten, gibt es keine Änderungsmöglichkeit bezüglich des Flugtermins. Wenn man den Flug verpasst, hat man Pech gehabt. Nur noch selten sind die Mitarbeiter der entsprechenden Airline bereit, Sie aus Kulanz auf die nächste freie Maschine umzubuchen. Anders ist es mit normalen Tickets: Hier kann der Flugtermin (sofern Plätze frei sind) innerhalb der Geltungsdauer verschoben werden, wofür freilich Gebühren anfallen. Geht ein **Ticket** verloren, das schon rückbestätigt wurde, hat man gute Chancen, einen Ersatz dafür zu erhalten. Einige Airlines kassieren dafür aber noch einmal 50 bis 100 Euro und bei manchen läuft gar nichts mehr. Gut ist es, deutlich lesbare Fotokopien des Tickets zu machen und bei einer Vertrauensperson zu hinterlegen. Das hilft bei einer Neuausstellung des Tickets.

Das Gepäck

Gepäck darf man in der Economy-Class gratis bis zu 20 kg pro Person einchecken, nur bei Billigfliegern wie *Ryanair* ist die Freigepäckgrenze niedriger und kostenpflichtig. Zusätzlich kann jeder Fluggast ein Handgepäck von 3–8 kg mit den Höchstmaßen 55x45x25 cm mit an Bord nehmen. Übersteigt das Gepäck die Freigewichtsgrenze, ist die Airline nicht verpflichtet, es auf dem gleichen Flug zu befördern, und man trägt die Mehrkosten für die Versendung als Frachtgut oder die Zulassung als Übergepäck. Als solches werden meist 5–9 Euro pro Kilo berechnet. Beim Kauf des Tickets sollte man sich über die Bestimmungen der Airline informieren. Aus Sicherheitsgründen sind Taschenmesser, Nagelfeilen, Scheren und Ähnliches im aufzugebenden Gepäck zu verstauen. Findet man sie bei der Sicherheitskontrolle im Handgepäck, werden

Kleines „Flug-Know-how"

sie weggeworfen. Darüber hinaus haben leicht entzündliche Gase (in Sprühdosen, Campinggas) und entflammbare Stoffe (in Benzinfeuerzeugen, Feuerzeugfüllung) nichts im Passagiergepäck zu suchen.

Flüssigkeiten sowie wachs- und gelartige Stoffe (wie Kosmetik- und Toilettenartikel, Sprays, Shampoos, Cremes, Zahnpasta, Suppen) dürfen nur mit an Bord genommen werden, sofern sie die Höchstmenge von 100 ml nicht überschreiten und in einem durchsichtigen, wiederverschließbaren Plastikbeutel verpackt sind (den Beutel vorher kaufen, Fassungsvermögen max. 1l). Von den Einschränkungen ausgenommen sind Babynahrung und verschreibungspflichtige Medikamente sowie alle Flüssigkeiten/Getränke/Gels, die nach der Fluggastkontrolle z.B. in Travel-Value-Shops erworben wurden (Weitere Infos: www.auswaertiges-amt.de).

Sondergepäck (sperrige Gepäckstücke) muss bei der Fluggesellschaft 1–4 Wochen im Voraus angemeldet werden. Tauch- und Golfgepäck werden in der Regel kostenlos befördert, sofern sie nicht schwerer als 30 kg sind. Dagegen ist die Beförderung von Fahrrädern und Surfbrettern fast immer mit Zusatzkosten verknüpft. Für die sichere Verpackung hat man selber zu sorgen. Das Personal am Check-in-Schalter erwartet, dass der Fahrradlenker parallel zum Rahmen steht und die Pedalen nach innen gedreht oder abmontiert sind; die Luft ist aus den Reifen herauszulassen. Wer Kratzer am kostbaren Drahtesel vermeiden will, holt sich im Fahrradladen einen speziellen Karton (meist gratis). Noch vor Reiseantritt sollte man in Erfahrung bringen, ob der Veranstalter bereit ist, das sperrige Gepäck im Transferfahrzeug zu befördern. In der Vergangenheit kam es vor, dass „aus sicherheitstechnischen Gründen" der Transport verweigert wurde und sich der Gast selber um die Beförderung von Fahrrad und Surfbrett zu kümmern hatte. Sollte statt des gebuchten Bustransfers ein Taxitransfer zum Urlaubsort nötig sein, muss der Urlauber die dafür entstehenden Kosten tragen!

Rückbestätigung

Die Bestätigung des Rückfluges ist bei einigen Airlines immer noch obligatorisch. Sie sichern sich damit gegen kurzfristig auferlegte Änderungen der Abflugzeit ab. Ruft man nicht an, kann es passieren, dass die Buchung im Computer der Airline gestrichen wird. Bei Billigtickets ist dann der Anspruch auf Beförderung verwirkt, ansonsten verfällt das Ticket erst mit Überschreiten der Gültigkeitsdauer. Steht die Rufnummer zur Rückbestätigung nicht auf dem Ticket, sollte man sie sich bei Mitarbeitern der Airline am Flughafen oder im Hotel geben lassen.

Autofahren

Wer die Schönheit der Landschaft entdecken will, mietet sich am besten ein Auto oder ein Motorrad – und sei es nur, um zu den Startpunkten der Wanderrouten zu kommen, die oft mit dem Bus nicht erreichbar sind. Dank finanzieller Hilfen der EU befinden sich die Straßen La Palmas in gutem Zustand, doch so schnell, wie man vermuten könnte, kommt man nicht voran. Die Straßen sind kurvenreich, nach starkem Regen ist in der Bergregion mit Steinschlag zu rechnen.

Eine gute **Inselkarte** ist bei Reise Know-How im world mapping project erschienen: La Palma/Gomera/El Hierro, im Maßstab 1:50.000. Wer auf den Hauptstraßen bleibt, ist freilich auch mit der Karte gut bedient, die in der Touristeninformation kostenlos ausgegeben wird.

Es muss ja kein Cabriolet sein ...

AUTOFAHREN

Miet-fahrzeug

Viele Pauschalurlauber buchen einen Wagen bereits in Deutschland, meist direkt über den Reiseveranstalter. Fahrzeuge können aber problemlos auch auf La Palma gemietet werden, und zwar überall dort, wo es Geschäftsleute und Touristen gibt: auf der Ostseite am Flughafen und in Santa Cruz, in Los Cancajos, Breña Baja, Mazo und Barlovento; auf der Westseite in El Paso, Los Llanos und Tazacorte.

Wer auf La Palma ein Auto mieten will, muss mindestens **21 Jahre** alt und schon ein Jahr im Besitz eines Führerscheins sein. Als Beleg muss man Ausweis und **nationalen Führerschein** vorlegen. Bevor man den Vertrag unterschreibt, sollte man beim Fahrzeug die Lenkung, Bremse und Kupplung überprüfen sowie nachschauen, ob Seitenspiegel und Scheibenwischer in Ordnung sind und ob sich ein Ersatzreifen sowie zwei Warndreiecke im Gepäckraum befinden.

Ein **Preisvergleich** zwischen den örtlichen Anbietern lohnt. Viele Firmen locken mit einem soliden Grundpreis, überraschen den Kunden dann jedoch mit hohen Versicherungskosten. Faustregel: Für einen Kleinwagen *(Seat Marbella, Opel Corsa)* sollte man nie mehr als **30–35 € pro Tag** inklusive Steuer und Versicherung zahlen. Preiswerter wird es bei einer Miete ab drei Tagen oder auf Wochenbasis. Zu den günstigsten (einheimischen) Anbietern zählt die Firma *CICAR* mit der Hauptfiliale am Flughafen. Abgesehen von der Weihnachtszeit sind Fahrzeuge stets in ausreichender Zahl vorhanden, schlimmstenfalls fehlt der gewünschte Wagentyp und man bekommt für den gleichen Preis einen besseren.

● **CICAR,** Reservierung Tel. 928822900, info@cicar.com.

Benzin

Der Preis für Superbenzin liegt auf La Palma bei etwa **80 Cent pro Liter.** Tankstellen öffnen zwischen 7 und 9 Uhr und schließen meist gegen 20 Uhr; an Sonn- und Feiertagen bleiben sie bis auf

AUTOFAHREN

wenige Ausnahmen (rund um Santa Cruz und El Paso, bei Puntagorda und Barlovento) geschlossen. Keine Selbstbedienung!

Verkehrsregeln

In Spanien werden Verkehrsverstöße mit hohen **Geldstrafen** geahndet; wer zuviel Alkohol im Blut hat, muss gar mit dem Entzug des Führerscheins rechnen. Hier die wichtigsten Vorschriften:

- **Alkoholgrenze:** 0,5 Promille
- **Anschnallpflicht:** innerhalb und außerhalb geschlossener Ortschaften; für Kinder unter drei Jahren sind Kindersitze vorgeschrieben; Kinder über drei Jahren sollten, sofern sie keine 1,50 m groß sind, auf einer Rückhaltevorrichtung sitzen.
- **Höchstgeschwindigkeit:** innerhalb geschlossener Ortschaften 50 km/h, auf Landstraßen 90 km/h, auf Straßen mit mehr als einer Fahrbahn in jeder Richtung 100 km/h
- **Park- bzw. absolutes Halteverbot:** gelbe bzw. rote Kennzeichnung am Bordstein
- **Gebührenpflichtiges Parken (Automat):** blaue Markierung am Bordstein
- **Überholverbot:** 100 m vor Kuppen und an Stellen, die nicht mindestens 200 m zu überblicken sind
- **Telefonieren:** nur mit Freisprechanlage erlaubt
- **Abschleppen:** privat nicht erlaubt, nur von Unternehmen mit Lizenz (*Grúa*)

Kreisverkehr

Viele Unfälle sind falschem Verhalten im Kreisverkehr geschuldet, insbesondere dem direkten Ausscheren von der inneren Spur auf die Ausfahrt. Bitte zweierlei beachten: Erstens haben alle Fahrer, die sich innerhalb des Kreises bewegen, grundsätzlich **Vorfahrt** gegenüber denen außerhalb des Kreises. Dazu kommt, dass Autos auf der äußeren Spur des Kreises Vorrang gegenüber denen auf der inneren Spur genießen. Nur von der äußeren Spur aus (und bei Betätigung des Blinkers) ist die Ausfahrt aus dem Kreisverkehr gestattet!

Unfall

Nach einem Unfall ist die Verleihfirma umgehend zu verständigen. Wurde eine Person verletzt, sollte unbedingt die Polizei über die **Notrufnummer 112** angerufen werden (⇨ „Notfälle"). Dieselbe Nummer gilt für Arzt und Feuerwehr. Anrufe werden auch auf Deutsch beantwortet.

Es empfiehlt sich in jedem Fall, die KFZ-Nummern der Beteiligten sowie deren Namen, Anschrift und Versicherung aufzuschreiben. Rat in Notsituationen geben Automobilclubs wie z.B. der ADAC, ÖAMTC oder TCS für Mitglieder stets kostenlos.

- **ADAC** München ist erreichbar unter Tel. 0049-89-222 222 oder in Barcelona unter Tel. 935082828, unter Tel. 0049-89-767676 gibt es Adressen von deutschsprachigen Ärzten in der Nähe des Urlaubsortes.
- **ÖAMTC** Wien unter Tel. 0043-12512000 oder in Barcelona unter Tel. 935082825, für medizinische Notfälle Tel. 0043-12512020.
- **TCS** Genf unter Tel. 0041-224172220.

Behinderte unterwegs

Es gibt mehrere Hotels, die sich auf Personen mit Handicap eingestellt haben: Im Ferienzentrum Los Cancajos bietet das Hotel **Taburiente Playa** fünf behindertenfreundliche Zimmer, für Rollstuhlfahrer ist gleichwohl eine Begleitperson nötig. Das Bad ist mit dem Wohnraum durch eine Schiebetür verbunden, der Waschtisch im Bad unterfahrbar. Auf Anfrage wird Schonkost serviert. Noch besser eingerichtet ist das Aparthotel **Las Olas,** weil alle Räumlichkeiten der Anlage, u.a. der Pool-Garten, über Rampen erreichbar sind; vier Zimmer sind behindertengerecht. In der **Hacienda San Jorge** ist das Haupthaus geeignet, doch auch hier bedürfen Rollstuhlfahrer einer Begleitperson. Zum Haupteingang können Rampen angelegt werden, der Weg zum Restaurant ist befestigt. Behinderten sei die Kontaktaufnahme mit der Firma „Bernardo" empfohlen, die barrierefreien Urlaub der „neuesten Generation" verspricht und sich um Transfer und Unterbringung (vorzugsweise in Los Cancajos) kümmert. Aktuelle Infos gibt es bei: Bernard Götzl, Tel. 922430985, www.bernadosinbarreras.com.

Camping

Der Schweizer *Hannes Keller* bietet alternativen, kinderfreundlichen Urlaub auf dem privaten Campingplatz bei **La Laguna** (ausführliche Info ⇨ „Rund um Todoque").

Umweltschützer leiten das *Centro de Naturaleza La Rosa* in **Puntagorda** – im Winter kann es dort zuweilen kühl werden. Dies gilt noch stärker für den öffentlichen Campingplatz **Laguna de Barlovento** im feuchten Nordosten. Wanderwege führen zu den Plätzen in der **Caldera** und auf die Cumbre bei **El Pilar,** doch ist das Übernachten hier offiziell nur mit schriftlicher Erlaubnis der Behörde gestattet. Diese erhält man gegen Vorlage einer Ausweiskopie sowie eines Papiers mit den Namen und Ausweisnummern aller Begleitpersonen.

Für die Caldera wende man sich (spätestens eine Woche im Voraus) an das *Centro de Visitantes Parque Nacional*, das Besucherzentrum bei El Paso (⇨ „Im Zentrum: Caldera u. Cumbre, Überblick").

Wer die Anlage El Pilar benutzen möchte, wendet sich ans Medio Ambiente, die Umweltbehörde in Santa Cruz (⇨ „Die Inselhauptstadt, Kurzinfo"). Diese ist auch zuständig für die Campingfläche oberhalb von **Los Canarios.** Man kann den Antrag per Fax stellen, doch ist zu bedenken, dass die Genehmigung spätestens zwei Tage vor der Übernachtung abzuholen ist.

Diplomatische Vertretungen

Spanische Botschaften

- **Botschaft des Königreichs Spanien,** Lichtensteinalle 1, 10787 Berlin, Tel. 030-254007100, Fax 25799557, www.spanischebotschaft.de.
- **Botschaft des Königreichs Spanien,** Argentinierstr. 34, 1040 Wien, Tel. 01-50557880, Fax 505578825.
- **Botschaft des Königreichs Spanien,** Kalcheggweg 24, 3006 Bern, Tel. 031-3505252, Fax 3505255.

EINKAUFEN UND MITBRINGSEL

Konsulate auf den Kanaren

In den Konsulaten auf den Kanarischen Inseln bekommt man Hilfe in unangenehmen Lebenslagen. So wird beim **Verlust des Passes** ein Ersatz-Reiseausweis ausgestellt; ist das **Geld weg,** werden Kontakte mit Freunden vermittelt oder es wird – natürlich gegen Rückzahlungsverpflichtung – ein Überbrückungsgeld gezahlt. Auch hilft man z.B. im Falle einer Festnahme, bei der Suche nach einem Übersetzer oder Anwalt. Im Sterbefall benachrichtigt das Konsulat die Hinterbliebenen und ist bei der Erledigung der Formalitäten vor Ort behilflich.

- **Deutsches Honorarkonsulat,** Santa Cruz de la Palma, Av. Marítima 66, Tel. 922420689, Fax 922413278, Mo–Fr 10–13 Uhr.
- **Deutsches Konsulat,** Calle Albareda 3, 2. Stock (nahe Parque Santa Catalina), 35007 Las Palmas, Tel. 928491880, Fax 928262731, Mo–Fr 9–12 Uhr (zuständig für alle Inseln).
- **Österreichisches Konsulat,** Calle Villalba Hervás 9, Santa Cruz de Tenerife, Tel./Fax 922243799, Mo–Fr 9–12 Uhr (zuständig für die Westprovinz)
- **Schweizer Konsulat,** Edificio de Oficinas Local 1, 35107 Playa de Tarajalillo/Bahía Feliz (Gran Canaria), Tel. 928157979, Fax 928157900, Mo–Fr 9–12 Uhr.

Einkaufen und Mitbringsel

La Palma genießt – wie auch die übrigen Inseln des Archipels – eine **steuerliche Sonderstellung.** Das freut die Touristen, denn dadurch werden für sie einige Produkte billiger. Das gilt insbesondere für Zigaretten und Tabak, zum Teil auch für Parfums und Spirituosen. Allen, die etwas typisch Palmerisches kaufen möchten, seien die Erzeugnisse des heimischen Kunsthandwerks empfohlen, dazu Ziegenkäse und Wein sowie z.B. CDs von *Taburiente* und *Ima Galguén,* einer populären Liedermacherin aus Tijarafe (⇨ „Urlaubsziel La Palma, Feste und Folklore").

Markt

Die Früchte der Vulkanerde kauft man am besten auf den Märkten. An jedem Vormittag (außer

Sonntag) herrscht ein reges Treiben in den **Markthallen von Santa Cruz und Los Llanos.** Doch noch beliebter sind die **Bauernmärkte in Mazo und Puntagorda/El Fayal** (Samstagnachmittag und Sonntagvormittag). Sie ziehen Urlauber von der ganzen Insel an, die sich hier mit frischem Obst und Gemüse, Brot, Käse und Wein eindecken – natürlich auch mit Süßigkeiten, die sich hervorragend zum Mitnehmen eignen. Da ist eine Marmelade verlockender als die andere, alle hausgemacht aus Papaya, Guayabo, Quitten und Maulbeeren. Sehr gut ist auch der „Honig der tausend Blumen" aus Santo Domingo und das Mandelmus aus Puntagorda!

Kunsthandwerk
Palmerisches Kunsthandwerk hat alle wirtschaftlichen Krisen überlebt, die Alten haben es immer wieder verstanden, ihr Wissen an die nachfolgenden Generationen weiterzureichen. Nicht ohne Stolz vermerkt das *Patronato* in seiner Broschüre: „Unvorstellbar ist auf La Palma eine Braut, die in ihrer Kiste nicht handgearbeitete Leinentücher und Decken hätte, unvorstellbar die Aussteuer eines Neugeborenen ohne bestickte Taschentücher und Bettwäsche." Außer Stickerei bieten sich weitere Mitbringsel an: Keramik und Seide, Korbflechtereien und handgemachte Zigarren, Bananenmesser und die beliebten *timples* (Mini-Gitarren). Offizielle Verkaufsstellen für Kunsthandwerk gibt es in **Mazo** (Escuela de Artesanía) und **Santa Cruz** (Casa de Salazar).

Tipps zur Reisevorbereitung
- Prüfen Sie, ob Ihre **Personaldokumente noch gültig** sind!
- Fertigen Sie **Kopien** von Personalausweis und Führerschein an.
- Denken Sie an **Krankenversicherungsschutz!**
- Notieren Sie **Konto-, Kredit- und EC-Kartennummern** sowie die **Telefonnummern** Ihrer Bank und Kreditkartenbüros, damit Sie bei Verlust oder Diebstahl sofort eine Sperrung veranlassen können!
- Nehmen Sie zur Sicherheit so viel **Bargeld in Devisen** mit, wie Sie für die ersten zwei Aufenthaltstage brauchen!

Ein- und Ausreisebestimmungen

Dokumente Bürger aus Deutschland, Österreich und der Schweiz benötigen zur Einreise einen gültigen **Personalausweis** oder Reisepass. Auch Kinder brauchen einen eigenen Ausweis (ab 10 Jahren mit Lichtbild und eigenhändig unterschrieben).

Hinweis: Der neu eingeführte elektronische Reisepass mit integriertem Computerchip und Fingerabdrücken ist für alle Bürger ab zwölf Jahren vorgeschrieben. Die bis 2007 ausgestellten Ausweise bleiben jedoch bis zum Ablauf der eingetragenen Frist gültig.

Wer auf La Palma ein Auto mieten möchte, sollte seinen **Führerschein** nicht vergessen. Das Mindestalter für das Mieten eines Autos beträgt 21 Jahre. Wer mit dem eigenen Fahrzeug unterwegs ist, benötigt die grüne Versicherungskarte.

Tiere Es ist keine so gute Idee, Tiere mit nach La Palma zu nehmen – in fast allen Unterkünften und Restaurants sind sie unerwünscht. Wer dennoch auf seinen Vierbeiner nicht verzichten kann, benötigt einen **EU-Heimtierausweis,** in dem Name, Alter, Rasse und Geschlecht des Tieres sowie die Kennzeichnungsnummer vermerkt sind. Der Arzt hat im Pass die gültige Tollwutimpfung zu bescheinigen. Sowohl Hund als auch Katze müssen mit einer Tätowierung oder einem unter die Haut injizierten Mikrochip identifizierbar sein. Vergessen Tierhalter die nötigen Vorbereitungen, werden die Vierbeiner auf Kosten des Halters zurückgeschickt oder für die Dauer von mindestens vier Monaten in amtlicher Quarantäne untergebracht.

Artenschutz Exemplare von Tier- und Pflanzenarten, die vom Aussterben bedroht sind, dürfen nicht ein- und ausgeführt werden. Auch für Deutschland und Spanien ist das Washingtoner Artenschutzabkommen verbindlich. Die „Fibel zum Artenschutz" verschickt das Referat Öffentlichkeitsarbeit im Bundesumweltministerium auf Anfrage kostenlos.

Zoll

Aufgrund der steuerlichen Sonderstellung gelten auf den Kanarischen Inseln bis auf weiteres die bekannten **Mengenbeschränkungen:** 200 Zigaretten oder 100 Zigarillos oder 50 Zigarren oder 250 g Tabak, 1 Liter Spirituosen (Alkoholgehalt über 22%) oder 2 Liter Wein bzw. Spirituosen unter 22%, 50 g Parfum oder 0,25 Liter Eau de Toilette. Vor der Abfahrt sollte man sich bei der Reiseleitung erkundigen, ob diese Angaben noch gültig sind. Weitere Infos gibt es im Internet unter www.zoll.de bzw. www.bmf.gv.at und www.ezv.admin.ch.

Bei der **Rückeinreise in die Schweiz** sollten Schweizer folgende Freimengen beachten:

- **Tabakwaren:** 200 Zigaretten, 50 Zigarren oder 250 g Schnitttabak und 200 Stück Zigarettenpapier.
- **Alkohol:** 2 l bis 15 Vol.-% und 1 l über 15 Vol.-%.
- **Nahrungsmittel:** 3,5 kg Fleisch, 1 l/kg Rahm/Butter, 5 l Milch, 20 kg Käse/Quark, 20 kg Gemüse, 20 kg Früchte, 20 kg Getreide, 2,5 kg Kartoffelerzeugnisse, 4 l/kg Öle/Fette/Margarine, 3 l Apfel-, Birnen- und Traubensaft.
- **Sonstiges:** neu angeschaffte Waren für den Privatgebrauch bis zu einem Gesamtwert von 300 SFr.

Essen und Trinken

Keine Haute Cuisine, eher deftig-kräftige Hausmannskost – das ist es, was Besucher auf La Palma erwartet. Da dreht sich viel um **Fisch und Fleisch,** kräftig gewürzt und am liebsten *a la brasa,* d.h. vom Grill. Als Beilage reicht man **Kartoffeln,** gern auch **Gofio,** eines der wenigen kulinarischen Überbleibsel der Ureinwohner: ein Mehl aus geröstetem Getreide, das mit Brühe vermischt einen nährstoffreichen Brei ergibt.

Typische Speisen

Beim Reisen um die Insel gibt es eine ganze Reihe von Lokalen, die ihren ursprünglichen Charakter bis heute bewahrt haben. Vor allem in den Bergdörfern macht es Spaß einiges auszuprobieren. Fast immer gut schmeckt das in einer Wein-Kräuter-Soße marinierte **Zicklein** *(cabrito),* zur Jagdzeit im Herbst auch **Kaninchen** *(conejo).* Wer zum Fleisch keine Pommes frites essen möchte, bestellt *papas arrugadas con mojo:* **Kartöffelchen mit Salzkruste,** die in eine scharfe **Mojo-Soße** getunkt werden. Mal wird sie in grüner, mal in roter Farbe serviert; grün verrät die Zutat Koriander, rot die Beigabe von Chili – beide natürlich mit einer gehörigen Portion Knoblauch!

Wer im kühlen Norden unterwegs ist, mag auch Lust auf einen deftigen **Eintopf** bekommen. Wie wäre es z.B. mit dem aus sieben verschiedenen Gemüsesorten bestehenden *puchero* oder *rancho*? Kürbis sorgt für die Sämigkeit, Paprika für den pikanten Geschmack.

Frischen **Fisch** gibt es in den Küstenorten, in einigen Lokalen kann man sich „seinen" Fisch direkt in der Vitrine aussuchen. Besonders häufig werden Seehecht, Sardine und Tunfisch gefangen. Daneben gibt es zarten Kalamar *(calamar),* den man aber nicht mit den kleinen, dünnhäutigen Tin-

Hoch über den Wellen – „La Gaviota" in La Fajana (bei Barlovento)

tenfischen *(chipirones)* oder der fleischigen Krake *(pulpo)* verwechseln sollte. Wer eine Fischsuppe probieren möchte, bestellt *caldo de pescado*: oft ist sie mit Muscheln angereichert und fast immer mit Safran gewürzt.

Typische **Nachspeisen** sind *bienmesabe* (Mandelmus), *queso de almendras* (Mandelkuchen) und *rapaduras* (zuckerhutförmiges Gebäck aus Gofio, Mehl aus geröstetem Getreide, mit Zimt und Anis).

Hervorragend ist der **Inselkäse** *(queso palmero)*, der aus der Rohmilch einer einheimischen Ziegenart hergestellt wird. Wie zu prähispanischer Zeit weiden die Tiere bis zu einer Höhe von 2000 Metern und ernähren sich von einheimischen Pflanzen. Da gibt es zarten Frischkäse *(queso tierno)*, Halbgereiften *(semicurado)* und Reifen *(curado)*. Eine Delikatesse ist auch der Räucherkäse *(ahumado)*, der – je nachdem, womit das Feuer angefacht wurde – nach Mandel, Kiefer oder Trockenkaktus schmeckt (www.quesopalmero.es).

> **Fisch an der Küste**
>
> Nahe am Meer sitzen, wo Möwen kreisen und sich die Wellen brechen? Und dazu gegrillter Fisch und ein Gläschen Wein? Dann sind die folgenden Orte genau richtig: besonders urig sind **El Remo** (⇨ Puerto Naos, Badebuchten in der Umgebung) und **Playa Zamora** (⇨ Los Canarios, Strände), etwas vornehmer **Puerto Espíndola** und **Puerto de Tazacorte!**

Internationale Küche

In der Hauptstadt Santa Cruz und vor allem in Los Llanos wächst mit jedem Jahr die Zahl der Restaurants, die mehr bieten wollen als „nur" traditionelle Kost. Es sieht so aus, als würde La Palma aus seinem kulinarischen Dornröschenschlaf erwachen und neugierig werden auf Fremdes. *Cocina canaria creativa* ist angesagt – Klassiker der einheimischen Küche, abgespeckt und fantasievoll variiert. Außerdem gibt es Italiener, Chinesen, Mexikaner und Teutonen ...

Essen und Trinken

Essens-zeiten

Das Mittagessen *(almuerzo)* beginnt nicht vor 13 Uhr, das Abendessen *(cena)* nicht vor 20 Uhr. Nur in den Ferienstädten Puerto Naos und Los Cancajos, wo Palmeros in der Minderheit sind, werden die Öffnungszeiten den Bedürfnissen der Touristen angepasst. Dort gibt es oft schon ab 18 Uhr Abendessen, einige Restaurants sind von 12 bis 24 Uhr durchgehend geöffnet. Kleine Strandbars schließen oft schon bei Einbruch der Dunkelheit.

Wein

Auf Lavafeldern, durch ein ganzjährig mildes Klima begünstigt, reift **guter Inselwein.** In den Bodegas von Los Canarios und Tijarafe kann man verschiedene Tropfen kosten, darunter süßen Malvasier, der vor 400 Jahren schon *Shakespeare* begeisterte. Nicht jedermanns Sache ist **vino de tea** aus dem Nordwesten der Insel, ein in Kiefernfässern gelagerter, herb-harziger Wein. An der Straße aufgestellte Schilder informieren über das jeweilige Anbaugebiet und verweisen auf kleinere Bodegas, die man besuchen kann.

Gastronomisches Glossar

Vor allem in abgelegenen Berg- und Küstendörfern gibt es nach wie vor keine mehrsprachigen **Speisekarten.** In der kleinen Sprachhilfe im Anhang findet sich ein „Wörterbuch" mit allen wichtigen gastronomischen Begriffen, die einem auf Speisekarten begegnen.

Preiskategorien

Um dem Leser eine Vorstellung zu vermitteln, wie teuer die in diesem Buch vorgestellten Restaurants sind, wurden sie in drei Preisklassen unterteilt. Die Preise gelten für ein **Hauptgericht mit Nachspeise und Getränk.**

- **Untere Preisklasse** €: bis 15 Euro
- **Mittlere Preisklasse** €€: 15–25 Euro
- **Obere Preisklasse** €€€: ab 25 Euro

Geldfragen

Währung Auch in Spanien ist der **Euro** (ausgesprochen: e-u-ro) die gültige Währung. Bürger der Schweiz müssen weiterhin die lästigen Wechselmodalitäten ertragen. Die **Umtauschgebühren** der spanischen Banken schwanken zwischen 1 und 4%. Für einen Schweizer Franken erhält man 0,67 €, 1 € entspricht 1,53 SFr (Stand Februar 2009).

Wechsel Der Umtausch von Banknoten sowie die Einlösung von Travellerschecks ist bei allen Banken und Sparkassen möglich. Außerhalb der üblichen Schalterstunden (Mo–Fr 9–14, Sa bis 13 Uhr) können auch die Geldautomaten (*telebancos*, blau-

Richtwerte für Preise

Unterkunft
- Einfache Pension, DZ pro Tag: ab 25 €
- Apartment pro Tag: ab 30 €
- Hotel, DZ pro Tag: ab 40 €
- Landhaus pro Woche: ab 285 €

Strand und Sport
- Liegestuhl/Sonnenschirm pro Tag: je 3 €
- Geführte Tageswanderung: 30–40 €
- Tennisplatz pro Stunde: 9–12 €

Verkehrsmittel
- Linienbus Santa Cruz – Los Llanos: 6 €
- Taxi Flughafen – Santa Cruz: 10 €
- Taxi Flughafen – Los Cancajos: 7 €
- Taxi Flughafen – Los Llanos: 34 €
- Taxi Flughafen – Puerto Naos: 40 €
- Mietauto pro Tag: ab 30 €
- Fahrradmiete pro Tag: ab 12 €
- Super-Benzin, 1 Liter: 0,80 €

GELDFRAGEN

weiße Hinweisschilder) in Anspruch genommen werden, an denen mit der **Maestro-(EC-)Karte** (Electronic Cash) Geld abgehoben werden kann. Je nach Hausbank wird dafür pro Abhebung eine Gebühr von ca. 1,30–4 € bzw. 4–6 SFr. berechnet.

Kreditkarten

Die auf La Palma gängigsten Kreditkarten sind **Visa und Mastercard** (jeweils am Emblem erkennbar). Sie werden von allen größeren Hotels und Restaurants, Geschäften und Autovermietungen akzeptiert.

Vor Antritt der Reise ist die **Gültigkeitsdauer** der Karte zu überprüfen. Bitte bedenken: Oft dauert es mehrere Wochen, bis eine neue Karte ausgestellt ist! Diese ist am heimischen Geldautoma-

Im Lokal
- 3-Gang-Tagesmenü: 8–14 €
- Fischplatte vom Grill: 8–12 €
- Kaninchen: 6–8 €
- Tortilla: 4 €
- Bier, 0,3 Liter: 2,20 €
- Glas Wein, 0,2 Liter: 2,20 €
- Kaffee mit Milch: 1,50 €
- Frisch gepresster Orangensaft: 2,50 €

Im Supermarkt
- Brötchen: 0,30 €
- Milch, 1 Liter: 0,80 €
- Wurst, 100 g: ab 0,90 €
- Käse, 100 g: ab 0,85 €
- Apfelsinen, 1 kg: 1,25 €
- Flasche Bier: 0,65 €
- Wasserkanister, 5 Liter: 1,10 €
- Zigaretten, 200 Stück: 14–18 €

Trinkgeld
In Restaurants sind 5–10 Prozent Trinkgeld üblich, freilich nur, wenn die Bedienung den Gast wirklich zufriedengestellt hat. Zimmermädchen und Rezeption erwarten 3 € wöchentlich, weitere Gelder gehen an Reiseführer sowie Privatbus- und Taxifahrer.

ten zu testen, denn ist sie beschädigt, nützt sie am Urlaubsort nichts.

Die **Barauszahlung per Kreditkarte** sollte innerhalb der EU nicht mehr kosten als im Inland, aber die Praxis sieht oft anders aus. Je nach ausgebender Bank werden bis zu 5,5% der Abhebungssumme berechnet, wobei dieser Satz am Bankschalter in der Regel höher ist als am Geldautomaten. Für das bargeldlose Zahlen per Kreditkarte innerhalb der EU darf die ausgebende Bank keine Gebühr für den Auslandseinsatz veranschlagen; für die Schweizer wird jedoch ein Entgelt von ca. 1–2% des Umsatzes berechnet.

Checkliste für Kreditkarten

- Bitte prüfen, bis wann die Karte **gültig** ist.
- **Geheimnummer (PIN)** auswendig lernen, damit Bargeld an Automaten abgehoben werden kann.
- Vorder- und Rückseite der Karte fotokopieren und die 16-stellige **Kartennummer** notieren.
- Die **Fotokopien** getrennt von der Karte aufbewahren, damit man diese bei eventuellem Verlust sperren lassen kann.
- Auch den Namen des kartenausgebenden **Geldinstituts** notieren.
- Bei der Bedienung von **Geldautomaten** sicherstellen, dass niemand die Geheimnummer sieht.

Diebstahl/ Verlust

Geht die Karte verloren oder wird sie gestohlen, lassen Sie sie sofort **sperren!** Für Kunden der wichtigsten deutschen Kreditinstitute (Sparkassen, Landesbanken, Volks- und Raiffeisenbanken) gibt es die einheitliche Sperrnummer **0049-116116.** Sie gilt für Maestro-(EC-), Handy-, Kredit- und Krankenkassenkarten. Leider können Österreicher und Schweizer diesen Service vorerst nicht in Anspruch nehmen – sie sollten vor der Reise wie bisher bei ihrer Bank die für ihre Kreditkarte zuständige Sperrnummer erfragen.

Informationen

Aktuelles **Informationsmaterial** kann unter Tel. 06123-99134 oder Fax 9915134 angefordert werden. Auskünfte werden unter dieser Nummer nicht erteilt. Dafür sind allein die Büros des Spanischen Fremdenverkehrsamts (www.spain.info) zuständig.

Fremdenverkehrsämter

- **Spanisches Fremdenverkehrsamt,** Kurfürstendamm 63, 10707 Berlin, Tel. 030-8826543, Fax 8826661.
- **Spanisches Fremdenverkehrsamt,** Grafenberger Allee 100, Kutscherhaus, 40237 Düsseldorf, Tel. 0211-6803981, Fax 6803985.
- **Spanisches Fremdenverkehrsamt,** Myliusstr. 14, 60323 Frankfurt, Tel. 069-725033, Fax 725313.
- **Spanisches Fremdenverkehrsamt,** Postfach 151940, 80051 München, Tel. 089-53074611, Fax 53074620.
- **Spanisches Fremdenverkehrsamt,** Walfischgasse 8 Nr. 14, 1010 Wien 1, Tel. 01-5129580, Fax 5129581.
- **Spanisches Fremdenverkehrsamt,** Seefeldstr. 19, 8008 Zürich, Tel. 044-2536050, Fax 044-2526204.

Touristeninformation

Auf **La Palma** erhält man viele gute Tipps und Broschüren bei der spanischen Touristeninformation in Santa Cruz, auf dem Flughafen, in Los Cancajos, El Paso und Los Llanos.

Magazine und Broschüren

Wer sich über La Palma in deutscher Sprache informieren möchte, greift zu einer der nachfolgend genannten, in Hotels und Geschäften erhältlichen Broschüren. Das **„La Palma Info",** herausgegeben vom Büro Contacto in Los Llanos, erscheint nur zweimal im Jahr und ist vor allem im Westen der Insel verbreitet. Gute Infos findet man auch im Halbjahresmagazin **„La Palma para ti!"**

Führendes Anzeigenblatt der Insel ist das spanisch-deutsche **L'Ocasión.** Er erscheint alle zwei Wochen, liegt in Geschäften aus und kann gratis mitgenommen werden. Veröffentlicht werden private Kleinanzeigen, Kultur- und Einkaufsangebote.

Internet

La Palma ist im Web oft vertreten, und ständig kommen neue Seiten hinzu. Doch was da veröffentlicht wird, ist oft nichts als Werbung. Viele Autoren von Websites scheinen einzig an der Frage interessiert: „Wie viel zahlt mir der touristische Betrieb, wenn über den Eintrag auf meiner Homepage eine Buchung erfolgt?", und präsentieren ausschließlich die an Werbung interessierten Veranstalter und Hoteliers. Auch Restaurantbesitzer berichten immer häufiger von jungen „Internet-Spezialisten", die hohe Geldsummen für einen Eintrag auf ihrer Homepage verlangen. Wer die folgende Übersicht sorgfältig liest, wird erkennen, auf welchen Websites Information noch im Vordergrund steht.

Allgemein

- **www.lapalmaturismo.com:** Die Inselregierung hat auf ihrer Site mit deutscher Sprachversion interessante Infos zu Kultur und Geschichte, Gastronomie und Kunsthandwerk zusammengetragen; auch Hinweise auf Freizeitaktivitäten kommen nicht zu kurz.
- **www.la-palma-turismo-rural.de:** *Karin Pflieger* vermietet Ferienhäuser im Auftrag der einheimischen Eigentümer. Auf ihrer Homepage werden sie in Text und Bild ausführlich präsentiert, eine schöne Einstimmung auf die Urlaubsinsel La Palma!
- **www.ecoturismocanarias.com:** Im „Canary Islands Nature and Tourism Guide" klickt man auf das Symbol der Insel La Palma und bekommt Einblick ins Angebot von *Isla Bonita,* dem einheimischen Verband für ländlichen Tourismus; alle Häuser mit Bild, Text und Preisangabe.
- **www.la-palma.de:** Das deutsche Büro *Contacto* in Los Llanos gibt auf seiner Homepage bekannt, welche Immobilien auf der Insel noch zu kaufen sind. Außerdem werden Artikel aus der alle sechs Monate erscheinenden Zeitschrift „La Palma Info" abgedruckt, darin enthalten ein ausführlicher „Freizeitplaner".
- **www.la-palma.com:** Das private Info-Büro von El Paso veröffentlicht hier seine Tipps und Verkaufsempfehlungen.
- **www.senderosdelapalma.com:** Toller Service für Wanderer: Hier werden alle von der Inselregierung markierten Wege vorgestellt, unter „Google Earth" können sie sogar virtuell „abgelaufen" werden. Zugleich enthält diese Seite wichtige Tipps für Unterbringung in Herbergen.

Essen und trinken

- **www.la-isla-bonita.info/forum/:** Diskussionsforum über Bars und Restaurants auf La Palma.
- **www.larutadelbuenyantar.com:** Präsentation ausgewählter palmerischer Restaurants.

Medien

- **www.la-palma-aktuell.de:** Wer wissen will, was sich auf seiner Urlaubsinsel jüngst zugetragen hat, schaut in den

Nachrichtenüberblick, zusammengestellt von *Ingrid* und *Mathias Siebold*.
- **www.d-ocasion.net:** Anzeigenblatt mit Nachrichten zu La Palma.
- **www.kanarische-rundschau.com:** In Teneriffa hergestelltes Internetmedium für alle Kanarischen Inseln.
- **www.wochenblatt-kanaren.com:** Das Wochenblatt erscheint in Konkurrenz zur Kanarischen Rundschau.
- **www.lapalmanoticias.com:** Erste digitale Zeitung La Palmas.

Verkehr
- **www.transporteslapalma.com:** Busverbindungen auf La Palma.
- **www.fredolsen.es:** Übersicht über alle Verkehrsverbindungen der Reederei *Olsen* auf dem kanarischen Archipel mit genauem Fahrplan und Preisen.
- **www.trasmediterranea.es:** Unter „Routes & Services" findet man die wichtigsten Fährverbindungen der Gesellschaft *Trasmediterránea*.
- **www.navieraarmas.com:** Innerkanarische Fährverbindungen des Unternehmens *Armas*.

Sonstiges
- **www.benahoare.com:** Künstler und Kunsthandwerker aus der Gegend um Tijarafe präsentieren ihre Arbeit.
- **www.wetteronline.de/LaPalma.htm:** Aktuelle Wetterdaten von der Urlaubsinsel.

Hinweis
Die Online-Adressen der wichtigsten **Last-Minute-Anbieter** werden im Kapitel „Anreise" genannt. **Sportlich Aktive** finden Anlauf- und Online-Adressen in der „Aktiv"-Rubrik der jeweiligen Ortschaften: **Wanderer** und **Radler** in Los Cancajos, Los Llanos und Puerto Naos, **Taucher** z.B. in Los Cancajos, Los Canarios und Puerto Naos.

Kinder

Die Palmeros sind sehr kinderfreundlich – wenn gar ein Blondschopf auftaucht, sind sie nicht mehr zu halten. So gut aufgehoben, bedarf das Kind keiner Animation, verlangt nicht nach Vergnügungsparks und künstlicher Erlebniswelt.

Kinder, die eine besondere Vorliebe fürs Wasser haben, kommen auf La Palma nur in Puerto Naos und Los Cancajos auf ihre Kosten. Dort können sie Gleichaltrige kennen lernen, im Sand herumtoben und im Meer planschen. Vieles spricht für die Bu-

chung einer Pauschalunterkunft, in der ein Pool zusätzliche Bademöglichkeit bietet und sich Kinder am morgendlichen Frühstücksbüffet nach Lust und Laune bedienen können.

Ist man mit dem Auto unterwegs, lohnen Stopps an den **Abenteuerspielplätzen** von El Pilar (⇨ „Im Zentrum: Caldera und Cumbre"), Hoya del Lance (⇨ „Tijarafe") und an der Lagune von Barlovento (⇨ „Barlovento"). Großen Spaß macht bei ruhiger See eine **Bootstour** ab Puerto de Tazacorte. Ein uriger Zoo, der **Maroparque,** befindet sich in Buenavista de Arriba.

Unter den Museen lohnt vor allem das **Inselmuseum** in Santa Cruz einen Besuch – mit vielen ausgestopften Meerestieren. Spaß macht Kindern auch das **Ethnografische Museum** in der Casa Luján mit seinen lebensgroßen Puppen (⇨ „Puntallana").

Kleidung, Medizinische Versorgung

Kleidung

In den Wintermonaten kann es auf der „grünen" Insel La Palma ein paar feuchte und auch kühle Tage geben. Für die Ausflüge ins Bergland und in den Nordosten empfiehlt sich die Mitnahme warmer Kleidung, auch Pullover und Anorak, Regenschutz und festes Schuhwerk sind gefragt. Wer im Sommer wandern will, sollte eine schützende Kopfbedeckung dabei haben.

Medizinische Versorgung

Gesetzlich krankenversicherte Patienten der EU-Länder können sich im Krankheitsfall gegen Vorlage der Europäischen Versicherungskarte **kostenfrei** bei spanischen Ärzten behandeln lassen, sofern sie sich direkt an ein staatliches Gesundheitszentrum (*centro de salud*) oder Krankenhaus (*hospital*) wenden. Die Versicherungskarte bekommt man von seiner Krankenkasse, die Anschriften des Krankenhauses und Rufnummern der Gesundheitszentren finden sich im Info-Kasten der jeweiligen Region.

Sucht man direkt einen Arzt auf, zahlt man diesem in der Regel die vor Ort erbrachten Leistungen und erhält von der Krankenkasse jene Summe zurück, die beim entsprechenden Arztbesuch im Heimatland angefallen wäre. Zur **Erstattung der Kosten** benötigt man ausführliche Quittungen mit Namen des Arztes und des Patienten, Datum, Art, Umfang und Kosten der Behandlung. Um der Gefahr entgegenzuwirken, dass die Krankenkasse nicht alle entstandenen Kosten übernimmt, empfiehlt sich der zusätzliche Abschluss einer **privaten Auslandskrankenversicherung** (Kosten 5–15 € pro Jahr). Hier freilich sollte man auf Leistungsunterschiede achten:

● **Reisedauer:** Bei einigen Versicherern wird von einer maximalen Reisedauer von einem oder zwei Monaten ausgegangen. Bleibt man länger, wird die Versicherung erheblich teurer.

- **Selbstbeteiligung:** Einige fordern z.B. bei Zahnbehandlungen eine Selbstbeteiligung, andere zahlen 100%.
- **Chronische Krankheiten:** Wird aufgrund einer Krankheit, die schon vor Antritt der Reise bestand, eine Behandlung fällig, wird diese nur von wenigen Versicherungen gedeckt.
- **Altersgrenze:** Die Kosten sind nach Alter gestaffelt. Die Altersgrenzen sind je nach Versicherer unterschiedlich.
- **Rücktransport:** Dieser wird meist nur auf ärztliches Anraten (und von gesetzlichen Krankenkassen gar nicht) übernommen. Für die Rücküberführung im Todesfall zahlen private Versicherer unterschiedlich hohe Beträge.

Apotheken Apotheken *(farmacias)* sind durch ein grünes Kreuz auf weißem Grund gekennzeichnet und öffnen zu den normalen Geschäftszeiten. Der Kauf von Medikamenten lohnt sich; sie sind durchweg preiswerter als in Deutschland. Viele sind auch ohne Rezept (allerdings oft unter anderem Namen) erhältlich. Feiertags- und Nachtdienst *(farmacia de guardia)* sind an der Eingangstür der Apotheken angezeigt.

Gesundheitstipps
- Setzen Sie sich zu Beginn des Aufenthalts nicht zu lange der **Sonne** aus, tragen Sie möglichst Sonnenbrille und Kopfbedeckung und verwenden Sie ein Präparat mit ausreichendem Lichtschutzfaktor (je nach Hauttyp Faktor 8 und höher)!
- Muten Sie Ihrem Körper an heißen Tagen **keine eiskalten Getränke** zu!
- Das **Leitungswasser** auf La Palma ist von vergleichsweise guter Qualität, dennoch sollte man lieber Wasser aus Flaschen oder 5-Liter-Kanistern trinken!
- Achten Sie bei **Durchfallerkrankungen** auf eine ausreichende Flüssigkeitszufuhr! Abgepackte Glukose-Elektrolyt-Mischungen sind im Handel erhältlich und gehören in jede Reiseapotheke.

Museen und Besucherzentren

Die wichtigsten Museen La Palmas, das **Inselmuseum** und das **Schifffahrtsmuseum,** befinden sich in der Hauptstadt Santa Cruz. Daneben gibt es auf der Insel Museen über Volkskunde und Archäologie, oft verknüpft mit Verkaufsstellen, in denen die Einwohner des Dorfes ihre Erzeugnisse anbieten. Ein großes **Archäologisches Museum** wurde in Los Llanos eröffnet, **ethnografische Museen** befinden sich in Puntallana und Los Sauces sowie in Mazo, Tijarafe und Santo Domingo; dazu kommt ein **Weinmuseum** in Las Manchas sowie ein **Bananen- und Mojo-Museum** in Tazacorte.

Im **Besucherzentrum** des Nationalparks *(Centro de Visitantes Parque Nacional)* erhält man eine multimediale Einführung in Geologie, Flora und Fauna. Ein weiteres Besucherzentrum befindet sich in Los Tilos, einem Biosphärenreservat der UNESCO. Gleichfalls sehenswert sind die Petroglyphen bei El Paso sowie die Felsbilder in den **Archäologischen Parks** von Belmaco und La Zarza.

Nachtleben

Wer auch nach Mitternacht gern noch etwas erleben möchte (wenigstens am Wochenende), lebt am besten in **Los Llanos,** der „heimlichen Hauptstadt" La Palmas. Wenn man auf der Insel überhaupt von Nachtleben sprechen kann, spielt es sich hier ab. Es gibt ein paar Discos. In der Hauptstadt Santa Cruz gehen die Bewohner nur in den Monaten Juli und August nachts auf die Straße; dann öffnen zahlreiche Bars und Terrassencafés.

Notfälle

Auch auf den Kanarischen Inseln wurde der Notruf **112** eingeführt: eine **Zentrale für alle Notfälle** – Polizei, Arzt und Feuerwehr. Anrufe werden auch auf Deutsch beantwortet, der Anschluss ist rund um die Uhr besetzt.

Für Diebstahlsanzeigen ist die *Guardia Civil* zuständig:
- **Guardia Civil Santa Cruz:** Tel. 922425360
- **Guardia Civil El Paso:** Tel. 922497448
- **Guardia Civil Los Llanos:** Tel. 922460990
- **Guardia Civil Los Sauces:** Tel. 922450131
- **Guardia Civil Tijarafe:** Tel. 922491144

Weitere wichtige Rufnummern:
- **Berg- und Seerettung:** 922411024
- **Rotes Kreuz** *(Cruz Roja):* 922461000
- **Deutsche Rettungsflugwacht** Stuttgart: 0049-711-701070
- **Sperrung der Kreditkarte oder Maestro-(EC-)Karte:** ⇨ „Geldfragen"

Öffnungszeiten

- **Banken:** Mo–Fr 9–14, Sa 9–13 Uhr
- **Post:** Mo–Fr 9–14, Sa 9–13 Uhr
- **Behörden/Fundbüro:** Mo–Fr 9–14 Uhr
- **Geschäfte:** Supermärkte 9–20 Uhr, kleinere Läden meist Mo–Fr 9–13 und 17–20 Uhr, Sa 9–13 Uhr; in Touristengebieten sind Geschäfte oft auch Sonntagvormittag geöffnet.
- **Kirchen:** meist nur während der Messe geöffnet.

Im Hochsommer öffnen viele Geschäfte nur vormittags, die Banken bleiben samstags geschlossen und auch für Museen gelten eingeschränkte Öffnungszeiten.

Post

Briefmarken *(sellos)* bekommt man beim Postamt *(correos)* und in Tabakläden *(estancos)*. Kaufen Sie Marken an der Hotelrezeption, so sollten Sie sich vergewissern, dass diese von keinem privaten Postanbieter stammen. Wirft man nämlich solcherart frankierte Briefe in die staatlichen, gelben Priefkästen, so werden sie nicht befördert! Das Porto für Postkarten und Briefe in andere europäische Länder nähert sich immer mehr dem EU-Standard. Die „Laufzeit" beträgt meist 5–8 Tage, während der Weihnachtsferien 2–8 Wochen.

Man kann bei der Post auch Briefe erhalten. **Postlagernde Sendungen** (Zusatz: *Lista de correos*, Nachname in Druckbuchstaben) werden bei der Post vier Wochen aufbewahrt. Beim Abholen den Ausweis nicht vergessen!

Routenvorschläge

Die meisten Urlauber wohnen im Westen der Insel, darum haben unsere Vorschläge für **Tagesausflüge** hier ihren Ausgangspunkt. Damit noch genügend Raum für eigene Entdeckungen bleibt, werden bei dieser Übersicht nur die wichtigsten sehenswerten Orte aufgeführt.

Eine willkommene Unterbrechung der Fahrt bieten die quer über die Insel verstreuten, gut gepflegten **Rastplätze.** Holzbänke und -tische laden zum Picknick ein, dazu gibt es oft Spielplätze für Kinder. Der meistbesuchte Rastplatz ist El Pilar unterhalb des Berges Birigoyo, mitten in einem großen Kiefernwald. Er ist der Startpunkt der Vulkanroute.

Nordostroute	Los Llanos – Santa Cruz – Puntallana – San Andrés – Charco Azul – Puerto Espíndola – Barlovento – La Tosca – (bei gutem Wetter bis Roque Faro und über die Höhenstraße LP-109 zurück) – Los Tilos – Las Nieves – Mirador de la Concepción – Los Llanos
Nordwestroute	Los Llanos – Santa Cruz – Roque de los Muchachos – Llano Negro – Santo Domingo – Las Tricias – Puntagorda – Tijarafe – Mirador El Time – Puerto de Tazacorte – Tazacorte – Los Llanos
Südroute	Los Llanos – El Paso – La Cumbrecita – Santa Cruz – Mazo – Los Canarios – El Faro – Playa Zamora – Las Indias/Los Quemados – Vulkane San Antonio/Teneguía – Los Canarios – San Nicolás – Los Llanos

Sicherheit

Das Wegreißen von Taschen und Kameras, Uhren und Halsketten kennt man auf dieser Insel nur aus dem Fernsehen, doch vom Risiko des **Diebstahls** bleibt auch das Ferienziel La Palma nicht mehr verschont. Für Wertsachen und Dokumente, die in der Unterkunft verloren gehen, übernehmen Hotels bekanntermaßen keine Haftung, daher empfiehlt es sich, diese im **Safe** – gegen Quittung und Gebühr – zu deponieren.

Wer den Mietwagen unterwegs abstellt, sollte keine Gegenstände sichtbar im Auto liegen lassen. Auch am **Strand** ist Vorsicht geboten. Es kann nicht ausgeschlossen werden, dass sich Langfinger unter die Badegäste mischen und genau registrieren, wann sich bestimmte Touristen ins Meer stürzen und ihre Gegenstände unbewacht zurücklassen. Am besten trifft man eine Übereinkunft mit den Strandnachbarn und löst einander bei der Bewachung der Privatsachen ab.

Buchtipp:
„Schutz vor Gewalt und Kriminalität unterwegs", Reihe Praxis, REISE KNOW-HOW Verlag, Bielefeld

Wird man trotz aller Vorsichtsmaßnahmen Opfer eines Diebstahls, so muss, um spätere Ansprüche bei der Versicherung geltend machen zu können, ein **Polizeiprotokoll** angefertigt werden. Wer nicht Spanisch spricht, lässt sich, bevor die Meldung *(denuncia)* bei der Polizeistelle erfolgt, beim Konsulat ein zweisprachiges Formblatt (Schadensmeldung) ausstellen. Wurde der Personalausweis gestohlen, so wird ein Ersatzausweis erst dann vom örtlichen Konsul ausgestellt, wenn diesem die Anzeige- und Verlustbestätigung der örtlichen Polizeibehörde (*Guardia Civil*, ⇨ „Notfälle") vorliegen, dazu zwei Passfotos und möglichst auch eine Kopie des gestohlenen Ausweises.

Selbst Duschen fehlen nicht am Strand von Puerto de Tazacorte

Sport und Erholung

Sport und Erholung

La Palma ist eine Wanderinsel – eine Auswahl der 20 schönsten Touren wird im Kapitel „Wanderungen" vorgestellt. Doch man kann sich auch auf andere Art sportlich betätigen und dabei die Insel kennen lernen: zum Beispiel durch Radfahren und Reiten, Paragliding oder Tauchen.

Radfahren

Radfahrer kommen in immer größerer Zahl – doch was sie auf dieser Insel erwartet, ist nicht nur

Vergnügen, sondern auch harte Arbeit. Zwar ist das Straßennetz gut ausgebaut (450 geteerte Kilometer), doch die **Steigungen** auf der „steilsten Insel der Welt" sind enorm: gute Kondition ist unerlässlich, um das stete Auf und Ab in den Schluchten zu bewältigen.

Geeignete Strecken

Radwege gibt es bislang keine; in öffentlichen Bussen wird der Drahtesel nicht, in Taxis nur gegen Aufpreis mitgenommen. Palmerische Autofahrer gelten als nicht sehr rücksichtsvoll, d.h. vielbefahrene Strecken wie Santa Cruz – Los Llanos und Santa Cruz – Mazo können für Radler anstrengend und gefährlich sein. Schöner sind **einsame Nebenstraßen** wie die Nordroute Barlovento – Santo Domingo oder die Asphaltpiste Puntagorda – Briestas. „Konditionsbolzen" wählen die Höhenstraße von Santa Cruz zum Roque de los Muchachos, die mit den härtesten Etappen der Tour de France mithalten kann: auf 40 Kilometern wird in unzähligen Kurven ein Höhenunterschied von knapp 2500 Metern bewältigt – flache Abschnitte zum Atemholen gibt es nicht!

Geführte Touren

Auf La Palma kann man in den **Bike-Stationen** von Puerto Naos und Los Llanos (⇨ „Südwesten") bestens gewartete **Räder mieten;** in allen Stationen besteht auch die Möglichkeit, sich geführten Touren anzuschließen. Beliebt sind vor allem die Vulkan- und Caldera-Tour, eine Fahrt zum Pico Bejenado, nach Tinizara oder Hoya Grande. Ein Vorteil der geführten Touren: Per Bus wird man in die Berge hinaufgefahren und erspart sich so eine schweißtreibende Anfahrt.

Natürlich kann man an diesen Touren auch teilnehmen, wenn man ein **eigenes Fahrrad** dabei hat (⇨ „Anreise") – der Ausflug wird dann billiger. Das eigene Rad sollte über eine bergtaugliche Gangschaltung und breite Bereifung verfügen, ein Mountainbike ist besser als ein Renn- oder Tourenrad. Unverzichtbar sind wichtige Ersatzteile wie

Sport und Erholung

Schlauch, Mantel, Flick- und Werkzeug, dazu Sturzhelm und Radhandschuhe und für die feuchten Passatwolken der Regenschutz.

Der Mainzer Veranstalter *Atlantic Cycling and Freeride Holiday* (www.atlantic-cycling.de) bietet auf seiner Website mehrere **La-Palma-GPS-Touren** zum Herunterladen an.

Baden

Ein Badeparadies ist La Palma nicht, ausgedehnte **Strände** mit schwarzem Lavasand gibt es nur in Puerto Naos und Los Cancajos. Attraktive, aber kleine Badebuchten entdeckt man im Südwesten, **Naturschwimmbecken** bietet der Nordosten. **FKK** wird bisher nur an der Playa de las Monjas, einem Strand zwei Kilometer südlich von Puerto Naos, toleriert.

Gefahren Ob mit oder ohne Hüllen: Grundsätzlich sollte man beim Baden auf La Palma vorsichtig sein und nie zu weit hinausschwimmen! Bei gefährlicher See werden an den Touristenstränden **Flaggen** gehisst. Bei Grün darf man ins Meer gehen, bei Gelb wird zu Vorsicht gemahnt, und bei Rot heißt es: Baden verboten!

Nur wenige Urlauber wissen um die Risiken gefährlicher **Unterströmung** *(corriente de fondo)*. An manch einem Küstenabschnitt ist der Sog so stark, dass man aufs offene Meer gezogen wird und nur schwer zum Ufer zurückkommt. Ein Tipp von Palmeros: Wird man vom Sog erfasst, so empfehlen sie, ihm 100 bis 200 Meter nachzugeben und – sobald er an Stärke verliert – seitlich aus ihm hinauszuschwimmen, um an anderer Stelle das Ufer zu erreichen.

Buchtipp: „Sicherheit im und auf dem Meer", Reihe Praxis, REISE KNOW-HOW Verlag, Bielefeld

Nicht unterschätzen sollte man auch die von **Quallen** ausgehende Gefahr. Besonders tückisch sind die Geschwader der Portugiesischen Galeere, die im Winter wiederholt den Küsten zutreiben. Ihre Tentakel, die bis zu 15 Meter lang wer-

Sport und Erholung

den können, verursachen auf der Haut schon bei flüchtigen Berührungen Schmerzen, bei längerem Kontakt auch Verbrennungen und Lähmungen. In solchen Fällen empfiehlt es sich, umgehend einen Arzt aufzusuchen.

Wassersport

Tauchen

Dank des klaren, hellen Wassers und der **spektakulären Unterwasserlandschaft** findet das Tauchen immer mehr Freunde. Die schönsten Reviere liegen im Süden und Südosten sowie – dank des Meeresreservats – im Südwesten. Die unter Wasser erkalteten Lavaströme bieten hier eine bizarre Landschaft aus Grotten, Domen und Schluchten. Bei La Salina wachsen schon in 15 Metern Tiefe schwarze Korallen, hier und bei Malpique tummeln sich Wrackbarsche, Trompetenfische und Barrakudas. Sehr beliebt sind auch die beiden Tauchplätze am Fels Las Cabras; der erste führt zum „Korallenturm", am zweiten kann man manchmal Meeresschildkröten beobachten.

Es gibt auf La Palma **Tauchschulen** in Los Cancajos (⇨ „Südosten"), Puerto Naos (⇨ „Südwesten") und Los Canarios (⇨ „Südzipfel"). Voraussetzung für die Teilnahme an geführten Tauchgängen und Kursen ist in der Regel ein ärztliches Attest, das nicht älter als zwei Jahre sein darf. Die Tauchschulen verleihen Schnorchel, Maske und Flossen, auf Wunsch auch komplette Ausrüstung mit Anzug, Lampe und Pressluftflasche.

Buchtipp:
„Tauchen in warmen Gewässern", Reihe Praxis, REISE KNOW-HOW Verlag, Bielefeld

> **Warnung:** Wer sich allein ins Unterwasser-Abenteuer stürzt, sollte sich zuvor nach den Strömungsverhältnissen erkundigen. Schon manch ein Taucher wurde aufs Meer hinausgetragen und kam nur unter größten Schwierigkeiten zurück.

Bike-Tour im Osten der Insel

Sport und Erholung

Boots-touren	Bei ruhiger See starten in Puerto de Tazacorte (⇨ „Südwesten") Bootsausflüge entlang der steilen Nordwestküste zum Schmugglerhafen von Tijarafe oder zur Cueva Bonita, die „Schöne Höhle".
Surfen und Segeln	Surfer können der Insel La Palma nicht viel abgewinnen. Die einzigen halbwegs akzeptablen Surfspots befinden sich an der Playa del Puertito nahe der Inselsüdspitze sowie nördlich von Puerto Naos an der Playa Nueva bzw. in Puerto de Tazacorte. Und auch Segler steuern lieber andere Inseln an: Auf La Palma gibt es kaum einen Strand ohne Unterwasserfelsen!

Tennis und Reiten

Nur in wenigen Ferienanlagen gibt es die Möglichkeit **Tennis** zu spielen: auf der Ostseite in Los Cancajos (Taburiente Playa), Barlovento (La Palma Romántica) und Breña Alta (Vista Bella), auf der Westseite in Puerto Naos (Sol), Todoque (Sonvida, La Plantación) und Los Llanos (La Palma Jardín).

Sport und Erholung

Kleinere **Reitställe** findet man bisher nur in El Paso (⇨ „Südwesten") und Breña Alta (⇨ „Südosten"). Immerhin ist es dort möglich, **Reitunterricht** zu nehmen oder sich an einem organisierten Ausritt zu beteiligen.

Paragliding

Auch **Drachen- und Gleitschirmfliegen** ist „in", immer mehr Leute drängt es, La Palma von oben zu erleben. Anfänger starten am 250 Meter hohen Bergrücken hinter Puerto Naos und landen nach 10 bis 15 Minuten am Strand. Fortgeschrittene treibt es weiter hinauf; sie starten meist am Pico Birigoyo (1808 m), auf dem Reventón (1435 m) oder dem Hoya Grande (1387 m). Doch auch wer über gar keine Vorkenntnisse verfügt, darf sich vom Kitzel des Abenteuers packen lassen: An der Seite eines Experten geht es beim **Tandemflug** im Gleitschirm hinab. Infos bekommt man bei *Javier* im *Palmaclub* (⇨Puerto Naos).

Rast für Radler – am Picknickplatz El Pilar

Telefonieren

Die **Vorwahl** für La Palma von Deutschland, Österreich und der Schweiz lautet 0034 für Spanien, dann folgt die neunstellige Nummer des Anschlussinhabers. Bei Gesprächen von Spanien ins Ausland wählt man 0049 für Deutschland, 0043 für Österreich und 0041 für die Schweiz, dann die Ortsvorwahl ohne Anfangsnull und die Rufnummer des Teilnehmers.

Die nationale **Fernsprechauskunft** ist unter der Nummer 11818, die internationale unter 11825 zu erreichen.

Mobiltelefon	Das eigene **Mobiltelefon** lässt sich auf La Palma problemlos nutzen. Wegen hoher Gebühren sollte man bei seinem Anbieter nachfragen oder auf dessen Website nachschauen, welcher der Roaming-Partner günstig ist und diesen per **manueller Netzauswahl** voreinstellen. Nicht zu vergessen sind die **passiven Kosten,** wenn man von zu Hause angerufen wird (Mailbox abstellen!). Der Anrufer zahlt nur die Gebühr ins heimische Mobilnetz, die teure Rufweiterleitung ins Ausland zahlt der Empfänger. Besorgt man sich allerdings eine Prepaid-Karte *(tarjeta prepago)* und tauscht diese gegen die deutsche SIM-Karte (Handy muss lock-frei sein), zahlt man nichts für ankommende Anrufe. Günstig ist es auch, sich von vornherein auf **SMS** zu beschränken, der Empfang ist dabei in der Regel kostenfrei. Nachteil: Freunde im Heimatland kennen die Rufnummer nicht, müssen erst informiert werden ...
Wichtige Telefonnummern	Unter dem Stichpunkt „Notfälle" stehen wichtige Notrufnummern. Die Telefonnummern für Krankenhaus und Gesundheitszentren finden sich im Info-Kasten der jeweiligen Region, die Adressen deutschsprachiger Fachärzte unter „Medizinische Versorgung". Wurde man bestohlen, wendet man sich an die *Guardia Civil* (⇨ „Notfälle").

Unterkunft

Pauschalurlaub

Viele Urlauber wohnen in den wegen ihrer Sandstrände beliebten Ferienorten Puerto Naos und Los Cancajos sowie im Hotel La Palma Princess in Los Canarios. Da sich die Reiseveranstalter verpflichten, in großen Hotels eine bestimmte Zahl von Betten dauerhaft anzumieten, erhalten sie gute Konditionen – oft unter Listenpreis. Ein Teil des Gewinns wird an den Kunden in Form günstiger Angebote weitergegeben.

Individualurlaub

Eine Fülle schöner Unterkünfte gibt es abseits der Touristenzentren, teils an der Küste, teils höher gelegen. Das Angebot reicht von ⇨Campingplätzen über Pensionen und einfache Hotels bis zu Apartments, Ferienwohnungen und attraktiven Landhäusern. In den Ortsbeschreibungen werden viele Unterkünfte detailliert vorgestellt.

Von Ort zu Ort Urlaub von Ort zu Ort – und dies zu günstigen Preisen – ist auf La Palma immer noch machbar. Als Stützpunkte sind zu empfehlen: **Santa Cruz** – Mazo – **Los Canarios** – Todoque – **El Paso** – **Los Llanos** – Tazacorte – **Puntagorda** – **Franceses** – San Andrés (die hervorgehobenen Orte sind besonders empfehlenswert). Notfalls kann man auch in der Pension von Roque Faro im „kalten" Norden einkehren. Übrigens gibt es auch eine Reihe von Pensionen, etwa in El Paso und Puntagorda, die so schön sind, dass man dort seinen gesamten Urlaub verbringen möchte!

Herbergen Längs des „Großen Wanderwegs" GR-130 (⇨ Wandern auf La Palma, Wegenetz) wurden im Jahr 2009 sechs Herbergen eingerichtet: alle mit Schlafsälen (30–40 Plätze), Gemeinschaftsraum,

Preiskategorien

Um dem Leser eine Vorstellung zu vermitteln, wie teuer die in diesem Buch vorgestellten Unterkünfte sind, wurden die Landhäuser und Hotels, Pensionen und Apartments in vier Preisklassen unterteilt. Die Preise gelten jeweils für ein **Doppelzimmer ohne Frühstück.** Für ein Einzelzimmer zahlt man in der Regel 70% des Preises für ein Doppelzimmer.

- **Untere Preisklasse** €: bis 35 Euro
- **Mittlere Preisklasse** €€: 35–70 Euro
- **Obere Preisklasse** €€€: 70–140 Euro
- **Luxuspreisklasse** €€€€: über 140 Euro

Kollektivbädern und Küche. Sie befinden sich in **Puntallana** und **Las Lomadas** (bei Los Sauces), **El Tablado** und **El Pinar** (bei Tijarafe), **El Charco** (bei Los Canarios) und **Tigalate.** Nähere Infos bekommt man bei der Touristeninformation in Santa Cruz.

Reservierung

La Palma ist zwar das ganze Jahr über gut besucht, Schwierigkeiten bei der Unterkunftssuche gibt es jedoch im Großen und Ganzen nur in den **Weihnachts- und Osterferien.** Dann sind Hotels, Apartments und Pensionen meist gut belegt und es kann nicht schaden sich wenigstens für die ersten beiden Nächte ein Dach über dem Kopf zu sichern. Die Vorwahl für die Insel La Palma lautet 0034 (für Spanien), es folgt die Fax- oder Telefonnummer der gewünschten Unterkunft.

Urlaub im Landhaus

In den vergangenen Jahren wurden in den Berggemeinden über 150 Landhäuser in **traditionell kanarischem Stil** restauriert und zu attraktiven Urlaubsunterkünften umgestaltet. Die meisten von ihnen sind wunderbar ruhig gelegen, teils eingebettet in die Dorfstruktur, teils liegen sie mitten in unzerstörter Natur, „abseits der Zivilisation". Da

UNTERKUNFT

die meisten *Casas Rurales* fernab des öffentlichen Busnetzes liegen, empfiehlt es sich, ein Auto zu mieten. Nur selten leben die Besitzer mit im Haus – in der Regel haben Gäste die Finca ganz für sich allein. Einige Häuser sind ideal für nur zwei Personen, in anderen können auch Familien mit Kindern oder kleine Gruppen Quartier finden. Oft liegen die Häuser so nah beieinander, dass sich die Möglichkeit eines Gemeinschaftsurlaubs für mehrere Gruppen oder Familien bietet.

Angaben zur Lage der Häuser finden sich in den einzelnen Ortskapiteln, zusätzliche Infos erhält man über die Buchungszentralen bzw. übers Inter-

Traveller-Treff in Santa Cruz – Pensión La Cubana

UNTERKUNFT

net. Die meisten Häuser werden **wochenweise vermietet,** der Preis für zwei Personen liegt je nach Anbieter **zwischen 300 und 720 €** pro Woche.

Agenturen in Deutschland

Unter den Agenturen, die um die Gunst der Kunden rivalisieren, hat sich dank günstiger Preise und guter Beratung *Karin Pflieger* einen Namen gemacht. Sie vermietet Ferienhäuser im Auftrag der einheimischen Eigentümer. Zur Hauptsaison sollte man schon mehrere Monate im voraus buchen.

- **Karin Pflieger,** Lohkoppelweg 26, D–22529 Hamburg, Tel. 040-5604488, Fax 5604487, www.la-palma-turismorural.de, turismorural.pflieger@t-online.de.

Weitere Häuser sind buchbar über:
- **Las Casas Canarias,** *The Dream Destination Travel S.L.,* El Lomo Felipe 3, 38780 Tijarafe, Tel. 922491900, Fax 922 490016, www.lascasascanarias.com.
- **La-Palma-Urlaub,** *Ingrid & Mathias Siebold,* Calle el Torreón 5/7, 38750 El Paso, Tel./Fax 922497216, www.la-palma-urlaub.de.
- **Elke Janke Reisen,** Klaustaler Str. 5, 13187 Berlin, Tel. 030-4743997, Fax 4743996, www.janke-reisen.de.
- **Isla Bonita,** Calle O'Daly 39, Santa Cruz, Tel. 92243 0625, Fax 922430308, www.islabonita.com.
- **Asociación Casitas La Palma,** Calle Vandewalle 8, La Punta, Tel. 922464416, www.casitaslapalma.es.

Unterkünfte für Sterngucker

Beim Blick in den Nachthimmel La Palmas geriet der Astrophysiker *Herbert Anton Kellner* ins Schwärmen: „Der Anblick des Nachthimmels mit bloßem Auge war ebenso spektakulär wie der Blick durch das Teleskop, z.B. auf das Streifensystem des Jupiter und die Monde in seinem Reigen, die Ringe des Saturn, oder die abnehmende Sichel unseres eigenen, guten alten Mondes. Ein fantastisches Schauspiel bot fast jeden Abend der aufgehende Orion, Gürtelsterne vertikal, während sich gegenüber im Westen Leier, Schwan und Adler verabschiedeten. Danach, wenn sich der große Wagen bereits hochgedreht hatte, stieg Orion schon wieder ab – darunter hier in Europa nie gesehene und mir unbekannte südliche Sternbilder wie Lepus, Hase, nahe Sirius ... Nicht zu vergessen die blendend helle Venus an diesem Morgenhimmel!"

Wer La Palmas Sternenhimmel (vgl. Exkurs) durch Teleskope anschauen möchte, quartiert sich in einer der folgenden Unterkünfte ein: **Casa Rosabel** (⇨El Jesús) oder **La Palma Romántica** (Barlovento).

Verkehrsmittel

Bus

Busse *(guaguas)* sind auf La Palma preiswert, 20% spart man mit den *bonobilletes* (Mehrfachfahrkarten), erhältlich in Souvenir- und Zeitungsläden. Man kann mit ihnen so oft fahren, bis das Guthaben aufgebraucht ist. Gepäckstücke, ausgenommen Fahrräder, werden kostenlos befördert. Doch obgleich man fast alle Inselorte mit öffentlichen Bussen erreichen kann, sind gerade Wanderer über den Fahrplan nicht glücklich. Zu selten verkehren Busse in den bevölkerungsarmen Gebieten des Nordens – und wenn, dann oft zur „falschen" Zeit. Kein Bus fährt hinab in die abgelegenen Küstenorte und keiner zum Observatorium.

Fahrplan — Was per Bus machbar ist, lässt sich mit Hilfe des Fahrplans, der **im Anhang** abgedruckt ist, planen. Details können sich ändern, darum empfiehlt es sich, die Angaben vor Ort zu überprüfen. Mit etwas Glück erhält man bei der Touristeninformation in Santa Cruz oder am Flughafen einen Ausdruck mit den letzten Änderungen. Vielleicht stehen sie auch in der neuesten Ausgabe der in Geschäften kostenlos verteilten Inselzeitschriften.

Taxi

In allen Ortschaften gibt es Taxi-Haltestellen *(parada de taxi)*, wo man anrufen kann. Die Rufnummern für die Taxistände der einzelnen Gemeinden sind in den Infokästen der Region angegeben.

Der Fahrpreis wird mit dem Taxameter berechnet, zum festgelegten Grundpreis wird die Zahl der Kilometer mit einem bestimmten Eurobetrag multipliziert und addiert (plus Flughafen-, Nacht- und Gepäckzuschlag). Bei längeren Fahrten sollte man sich schon vor Antritt der Fahrt auf einen

Festpreis einigen. Bitte beachten Sie, dass es schwer ist, nach 23 Uhr ein Taxi zu bekommen! Preisbeispiele sind im Kapitel „Geldfragen" aufgeführt.

Flug- und Fährverbindungen zu den Nachbarinseln

Flug

Der kanarische Schiffs- und Flugverkehr ist ausgerichtet auf Teneriffa und Gran Canaria, die beiden Hauptinseln des Archipels. Was den Verkehr der kleinen Inseln untereinander angeht, sieht die Situation nicht sehr gut aus. Zwar sind z.Z. von La Palma zwei Flüge pro Woche nach Gomera vorgesehen, doch diese könnten jederzeit gestrichen werden, falls sie nach Meinung der Verantwortlichen nicht rentabel sind. Und das könnte bedeuten: Nach Gomera kommt man nur mit Umsteigen in Teneriffa – ärgerlich und zeitraubend!

Fähre

Mit *Olsen* fährt man täglich von Santa Cruz de la Palma nach **Los Cristianos (Teneriffa),** von dort geht es weiter nach **Gomera** und **El Hierro.** Mehrmals wöchentlich geht es mit *Armas,* einmal wöchentlich mit *Acciona / Trasmediterranea* via Santa Cruz de Tenerife nach Las Palmas auf **Gran Canaria.**

Die Fahrpläne ändern sich auf den Kanarischen Inseln leider sehr oft. Wer die aktuellen Abfahrtszeiten und Preise erfahren möchte, wende sich an ein Reisebüro vor Ort oder erkundige sich online:

- www.fredolsen.es
- www.trasmediterranea.es
- www.navieraarmas.com

Versicherungen

Kranken-versicherung

Wichtig ist vor allem der Krankenschutz. Mit der europäischen Krankenversicherungskarte **EHIC (European Health Insurance Card),** gültig für alle Länder der EU und die Schweiz, können sich Mitglieder einer gesetzlichen Krankenkasse kostenlos in den Gesundheitszentren und im Krankenhaus behandeln lassen (⇨ „Medizinische Versorgung").

Ein Ständchen auf dem Schiff

Freilich gibt es gute Gründe für eine private **Zusatzversicherung.** Wichtiger Vorteil: Man kann sich jederzeit bei einem Arzt eigener Wahl behandeln lassen. Reguläre Auslandskrankenversicherungen sind billig und können kurzfristig abgeschlossen werden, gelten freilich nur für maximal zwei Monate. Sehr viel teurer sind Versicherungen mit einer Laufzeit von mehr als zwei Monaten. Besonders vorsichtig sollte man bei Reisen von einem halben Jahr und länger sein. Meldet man sich korrekterweise bei der Einwohnerkontrolle ab, so kündigen viele Krankenkassen den Versicherungsschutz!

Bei Eintreten eines Notfalls sollte die Versicherungsgesellschaft telefonisch verständigt werden. Ausführliche **Quittungen** (mit Datum, Namen, Bericht über Art und Umfang der Behandlung, Betrag) sind Voraussetzung, damit die Auslagen von der Versicherungsgesellschaft erstattet werden.

Gepäck-versiche-rung	Darüber, ob man eine Reisegepäckversicherung abschließen sollte, gehen die Meinungen auseinander. **Stiftung Warentest** rät davon ab, denn „Kosten und potentieller Nutzen stehen in keinem vernünftigen Verhältnis". Luxusgegenstände und wertvolle Dinge wie Geld, Schecks und Tickets sind ohnehin nicht mitversichert, alle anderen Gegenstände werden nur zum Zeitwert ersetzt – und auch dies nur, wenn, so nachzulesen in den klein gedruckten Klauseln, keine „Unachtsamkeit" des Versicherten vorliegt. „Grob fahrlässig" handelt z.B., wer die Kamera nicht am Körper befestigt, sondern nur locker über die Schulter hängt, wer Gegenstände im verschlossenen Auto bzw. unbeaufsichtigt am Strand liegen lässt. In einem solchen Fall gibt es bei Diebstahl keine Entschädigung, woraus man folgern darf: Besser alle wertvollen Gegenstände zu Hause lassen und auf den Abschluss der Gepäckversicherung verzichten! Sportgeräte (Surfbretter, Tauchausrüstung u.a.) sind ohnehin in dieser nicht abgedeckt, für sie

müsste eine spezielle „Sportgeräte-Versicherung" abgeschlossen werden.

Aber es gibt auch gute Nachrichten: Nicht selten ist man durch Kreditkarten oder Mitgliedschaft in einem Automobilclub für bestimmte Fälle schon versichert. Auch wer eine Hausratsversicherung abgeschlossen hat, kann davon ausgehen, dass beschädigtes oder gestohlenes Gepäck bis zu 10% der Versicherungssumme aus dieser beglichen wird. Warum also sollte man sich doppelt versichern?

Das **Abkommen von Montreal** (2004) hat die Rechte der Fluggäste erheblich verbessert. Geht aufgegebenes Gepäck bei der Anreise verloren oder wird es beschädigt, sind Fluggesellschaften und Reiseveranstalter nun zur Zahlung einer Entschädigungssumme bis zu einem Betrag von ca. 1200 Euro pro Fluggast verpflichtet (hierbei gilt der Zeitwert bei Vorlage der Kaufrechnung). Beschädigungen sind innerhalb von sieben Tagen nach Gepäckausgabe zu melden, bei Verspätung und Verlust gilt eine Frist von drei Wochen. Allerdings wird empfohlen, unverzüglich bei der zuständigen Lost & Found-Stelle vorzusprechen.

Bis zur verspäteten Ablieferung kann sich der betroffene Passagier auf Kosten der Airline mit Toilettenartikeln und Ersatzbekleidung versorgen. Im Falle verspäteter Flugbeförderung ist ein Schaden bis zu einem Höchstbetrag von zirka 5000 Euro zu ersetzen – allerdings nur dann, wenn er (nachweisbar durch Belege) auch tatsächlich, z.B. durch verspätungsbedingte Hotelübernachtungen und geplatzte Geschäftstermine entstanden ist. Bei so genannter „höherer Gewalt", in Fällen von Streik oder Unwettern, geht der Passagier leer aus.

Storno — Die **Reiserücktrittsversicherung** übernimmt bis zu 80 Prozent des Reisepreises, wenn man aus ernst zu nehmenden Gründen zu Hause bleiben muss. Gründe sind: Tod, schwerer Unfall oder Erkrankung, Impfunverträglichkeit, betriebsbedingte

Kündigung, neuer Arbeitsplatz nach Arbeitslosigkeit, Schwangerschaft, Schaden an Eigentum durch Feuer o.Ä. Nicht als triftiger Grund gelten Krieg, Unruhen, Streik etc.

Haftpflicht Für die Dauer des Urlaubs kann man eine **Reisehaftpflicht-Versicherung** abschließen und sich damit gegen Ansprüche schützen, die aus Sach- und Personenschäden herrühren, die man selbst verursacht hat. Keine Versicherung braucht abzuschließen, wer bereits in Deutschland haftpflichtversichert ist.

Kombination Das in Reisebüros angebotene **Versicherungspaket** ist eine Kombination aller hier vorgestellten Versicherungsleistungen (ohne Haftpflicht- und auch ohne Unfallversicherung). Der zu entrichtende Preis hängt ab von der Dauer des Urlaubs und der Höhe der Reisekosten.

Sicherungsschein Bei Bezahlung der Reise erhält man einen so genannten Sicherungsschein. Dies ist eine Bürgschaftserklärung des Reisepreis-Versicherungsdienstes, der bei Konkurs des Veranstalters die gezahlte Summe in voller Höhe zurückerstattet. Unternehmen, die diesen Service nicht anbieten, sollte man meiden, denn bei Insolvenz wird kein Heller an den Kunden zurückgezahlt.

Zeitungen und Zeitschriften

Deutsche Zeitungen und Zeitschriften kommen in La Palma mit einem Tag Verspätung an. Man findet sie am Flug- und Fährhafen sowie in Zeitungsläden und Supermärkten der Ferienorte.

Führendes Anzeigenblatt der Insel ist das zweiwöchig erscheinende **D'Ocasion** (deutsch-spanisch); kanarischen Themen widmet sich das deutschsprachige Wochenblatt **InfoCanarias.**

KOLONIALSTADT SANTA CRUZ

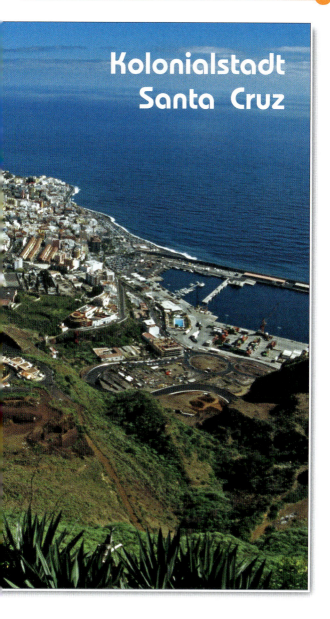

Kurzinfo Santa Cruz

- **Touristeninformation:** Die zentrale Infostelle befindet sich auf einer Verkehrsinsel der Plaza de la Constitución am Südeingang der Stadt (gegenüber von der Hafenzufahrt).
- **Deutsches Honorarkonsulat:** Av. Marítima 66, Eingang Calle Jorge Montero, Tel. 922420689, Fax 922 413278, Mo-Fr 10-13 Uhr.
- **Umweltbehörde:** *Medio Ambiente,* Av. de los Indianos 20-2°, 2. Stock, Tel. 922411583, Fax 922420187, Mo-Fr 9-14 Uhr. Hier erhält man die Erlaubnis zum kostenlosen Kampieren in Freizeitzonen außerhalb der Caldera (z.B. El Pilar).
- **Agentur Turismo Rural:** *Isla Bonita,* Calle O'Daly 39, Tel. 922430625 und 902430625, www.islabonita.com. Buchungszentrale für über 80 Landhäuser auf La Palma, wenige Schritte von der Touristeninformation entfernt.
- **Banken:** entlang der Calle O'Daly
- **Post/Telefon:** Plaza de la Constitución s/n
- **Krankenhaus:** *Hospital General de La Palma,* Buenavista de Arriba s/n, Tel. 922185000.
- **Gesundheitszentrum:** *Centro de Salud* (nahe Hotel *Marítimo*), Tel. 922418027.
- **Apotheken:** allein drei auf der Calle O'Daly, eine davon immer geöffnet.
- **Autovermietung:** viele Anbieter dicht beieinander an der Av. Marítima, ein Vergleich der Tagesangebote ist ratsam!
- **Taxi:** *Radio Taxi,* Tel. 922416070
- **Bus:** Die zentrale Haltestelle für Überlandbusse befindet sich an dem großen Kreisverkehr an der Hauptpost. Gute Verbindungen nach **Los Llanos** direkt (Linie 1) oder in großer Runde über die **Nordachse** (Linie 2, Los Sauces – Barlovento – Santo Domingo de Garafía – Puntagorda – Tazacorte) bzw. die **Südachse** (Linie 3, Breña Baja – Mazo – Fuencaliente). Viele Verbindungen auch nach **Los Cancajos** und zum **Flughafen** (Linie 8), nach **San Isidro** (Linie 14) sowie über Velhoco zum **Krankenhaus** (Linie 10). **Fahrplan im Anhang!**

Vorhergehende Seite:
Blick auf Santa Cruz von Buenavista

Die Inselhauptstadt

Gerade einmal 18.000 Menschen leben in der Inselhauptstadt Santa Cruz. Sie liegt an einem schmalen Uferstreifen der Ostküste und wirkt, wenn man vom Flughafen kommt, nicht gerade einladend. Man glaubt eine ganz normale Hafenstadt anzusteuern: Terminals mit aufgeschichteten Containern, Lastwagen und Kränen, dazu nüchterne Häuserblocks, eine Zoll- und Polizeistation.

Erst wenn man am Rondell vorbei in die Calle O'Daly, die „Flanierstraße", einbiegt, begreift man, weshalb Santa Cruz als architektonisches Schmuckstück gepriesen wird. Adelspaläste und Bürgerhäuser künden von früherem Glanz, lauschige Winkel bewahren den Zauber verflossener Jahrhunderte. Über kopfsteingepflasterte Gassen gelangt man zu Kirchen und Klöstern und taucht ein in ein Ambiente, das frei ist von Hektik und Hast.

Ein Blick zurück

Ihren Namen verdankt die Stadt dem **Konquistador** *Alonso Fernández de Lugo.* Am 3. Mai 1493 rammte er zum Zeichen des Sieges über die Ureinwohner ein Heiliges Kreuz *(Santa Cruz)* in den Boden und erkor die Bucht zur Hauptstadt der Insel. Mit dem Eroberer kamen die **Missionare.** Dominikaner und Franziskaner ließen sich Klöster erbauen und sorgten für die Christianisierung der Heiden. Rasch avancierte die Stadt zu einem wichtigen Atlantikhafen; die Werften waren bald so berühmt, dass sich ein Chronist zu der Behauptung verstieg, „unsere Werften haben mehr Schiffe auf den Atlantik gebracht, als es dort Wellen gibt."

Als westlichster Vorposten der Alten Welt erwarb Santa Cruz 1508 das königliche Recht, **Handel mit Amerika** treiben zu dürfen. Nur zwei weitere Städte des spanischen Imperiums kamen in

DIE INSELHAUPTSTADT

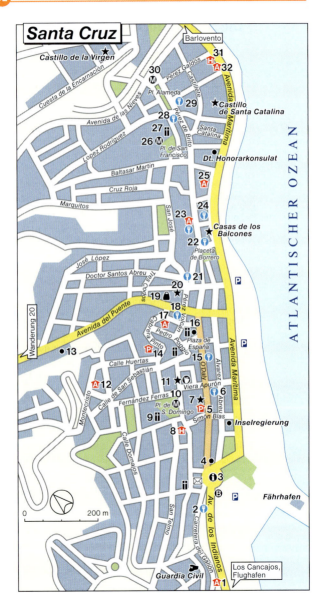

DIE INSELHAUPTSTADT 93

Unterkünfte
- 🅐 1 El Galeón
- 🅟 5 Pensión La Cubana
- 🅗 8 San Telmo
- 🅐 12 Montecristo & Casa Cajita Blanca
- 🅟 14 Pensión Canarias
- 🅐 17 Casa Julian
- 🅐 23 La Fuente
- 🅐 25 Baltasar Martin
- 🅗 31 Maritimo
- 🅐 32 El Castillete

Essen und Trinken
- 🍴 2 La Balandra
- 🍴 6 La Bodeguita del Medio
- 🍴 15 Arepera El Encuentro (Filiale)
- 🍴 18 Tajurgo/Mambrino
- 🍴 21 Heladomania
- 🍴 22 La Placeta
- 🍴 23 El Negresco
- 🍴 24 La Lonja/La Ola
- 🍴 28 Arepera El Encuentro
- 🍴 29 Alameda

Sonstiges
- ❶ 3 Plaza de la Constitución/Touristeninfo
- • 4 Büro Isla Bonita
- ★ 7 Casa Salazar
- ⓘ 9 Iglesia Santo Domingo
- Ⓜ 10 Museo de Arte Moderno
- ★○ 11 Teatro Circo de Marte
- • 13 Multicines
- ⓘ 16 Iglesia de El Salvador, Plaza de España und Rathaus
- 🔒 19 Mercado
- ★ 20 Teatro Chico
- Ⓜ 26 Museo Insular
- ⓘ 27 Convento de San Francisco
- Ⓜ 30 Museo Naval

- ▬ Fußgängerzone
- Ⓑ Bushaltestelle
- 🅿 Parkplatz
- ✉ Post
- ⓘ Kirche

den Genuss dieses Privilegs: Sevilla und Antwerpen. So segelte mehrmals im Jahr die spanische Flotte nach Santa Cruz und nahm dort palmerischen Zucker und Wein an Bord, den sie in den amerikanischen Kolonien vorteilhaft verkaufte. Auf dem Rückweg war Gold dabei, eine besonders begehrte Fracht. Neben Silber und exotischen Spezereien gelangte sie via Santa Cruz ins spanische Mutterland. Da verwundert es nicht, dass sich viele ausländische Kaufleute in der palmerischen Hauptstadt niederließen, um am blühenden Amerikahandel teilzuhaben. Noch heute verraten viele Straßennamen, woher die zu Geld gekommenen „Palmeros" stammten: *Van Dalle* aus Antwerpen, *Van Ghammert* aus Maastricht und *Aguiar* aus Portugal.

Doch nicht nur Kaufleute fühlten sich angelockt – auch **Piraten** rochen die flackernde Lunte. Sie überfielen die Schiffe mal auf offener See, mal direkt im Hafen, plünderten Häuser und Kirchen der

Stadt. Am schlimmsten erging es Santa Cruz 1553, als *Le Clerc,* ein französischer Freibeuter, den Ort in Schutt und Asche legte.

Doch es dauerte nicht lange, da war Santa Cruz wieder aufgebaut – mit prachtvollen **Renaissancehäusern,** die noch heute als Perlen kanarischer Architektur gelten. Auch die **Befestigungsanlagen** stammen aus jener Zeit: Das Castillo de Santa Catalina und das Castillo de la Virgen wurden so reich mit Kanonen bestückt, dass selbst der Angriff des gefürchteten Sir *Francis Drake* 1585 erfolgreich abgewehrt werden konnte.

Rundgang durch die Altstadt

Plaza de la Constitución

Eingangstor zur kolonialen Altstadt ist die Plaza de la Constitución, an deren Nordseite sich das Post- und Telegrafenamt erhebt, ein protziger Bau aus der Franco-Ära. Am Platz geht es fast großstädtisch zu. Mit Bananen beladene Lastwagen brausen zum Hafen, während von dort Karawanen von Autos und Taxis heranrollen.

Wer nach Santa Cruz mit dem Mietwagen kommt, sollte ihn auf dem großen Parkplatz abstellen (Richtung Puerto abbiegen und dann sofort wieder rechts), denn die schönsten Straßen der Stadt sind nur zu Fuß zu erkunden.

Calle O'Daly

Direkt am Platz beginnt die **Calle Real** (Königliche Straße), den Palmeros meist als Calle O'Daly vertraut. Der Name erinnert an einen aus Irland eingewanderten, politisch engagierten Kaufmann, der die Insel 1773 vom Joch des von Madrid eingesetzten Gouverneurs befreite. Die „Königliche Straße" mit ihrer Verlängerung, der nach dem Mitstreiter benannten Calle Pérez de Brito, ist die **Hauptgeschäftsstraße** von Santa Cruz. Sie ist kopfsteingepflastert und von schmucken Herrenhäusern gesäumt.

Stadtplan S. 92 **RUNDGANG DURCH DIE ALTSTADT** 95

Santa Cruz

Calle Real: Flanierstaße von Santa Cruz

Fast sogartig zieht die Straße Besucher wie auch Bewohner an: Auf ihr – und nur auf ihr – spielt sich das öffentliche Leben der Hauptstadt ab. Mindestens einmal am Tag flaniert man auf und ab, trifft alte Freunde und schließt neue Bekanntschaften. Trotz einiger moderner Bars und Boutiquen verströmt sie einen liebenswert nostalgischen Charme. Hier gibt es sie noch, die **alten Läden,** die fast unverändert von einer Generation zur nächsten weitergegeben werden, so zum Beispiel die Dulcería La Palmera, in der zuckerhutförmige *rapaduras* (Mandelkrokant) und leckere *piedras de la Caldera* („Caldera-Steine") hergestellt werden, die **Barbierstube,** wo sich ältere Herren allmorgendlich ihren Bart abnehmen lassen, oder die **Apotheken** (Belloso und El Puente), die wie kleine Pharmaziemuseen wirken. Verstaubte **Bars** wie das *Exlor* sind schon morgens ab 6.30 Uhr geöffnet, bewirten Frühaufsteher mit *tortilla* und starkem Kaffee.

Casa Salazar

Im frühen 17. Jahrhundert entstand das schönste Haus der Calle O'Daly mit einer Renaissance-Fassade aus Naturstein. Über dem von schraubenförmigen Säulen flankierten Portal steht der Satz „Soli Deo sit gloria" (Gott allein sei Ehre) – Leitspruch der dem Calatrava-Orden zugehörigen Familie *Salazar*. Die rings um den Innenhof verlaufenden, vierstöckigen Galerien sind aus dem unverwüstlichen Kernholz der Kiefer geschnitzt. Die Räume des Erdgeschosses beherbergen palmerisches Kunsthandwerk; im Obergeschoss veranschaulichen original eingerichtete Säle feudale Wohnkultur von anno dazumal.

●**Casa Salazar,** Calle O'Daly 22

Plaza de Santo Domingo

Hinter der Casa Salazar kann man über einen Treppenweg zum **Dominikanerplatz** hinaufsteigen. An seinem Rand findet man das im Art-Déco-Stil restaurierte **Teatro Circo de Marte** (1913), die verspielte Villa des **Colegio de Arquitectos** und – als minimalistisches Gegenstück – das **Museo de Arte Moderno** mit einer repräsentativen Sammlung kanarischer Künstler. Den Platz selbst dominiert die **Dominikanerkirche,** von außen weiß und schlicht, jedoch mit reichem Innenleben. In goldenem Barock präsentiert sich der Hauptaltar; Gemälde aus Flandern, z.B. das „Heilige Abendmahl" von *Ambrosio Francken* (1544–1616), erinnern an die engen Handelsbeziehungen der Insel mit der ehemaligen spanischen Provinz.

● **Museo de Arte Moderno,** Calle Virgen de la Luz, Eröffnung 2009.

Plaza de España

Zurück auf der „Flaniermeile" kommt man geradewegs zum **schönsten Platz der Kanaren,** der Plaza de España, die durch hohe, schlanke Palmen von der Straße abgetrennt liegt. Rathaus und Kirche sind, wie man es von spanischen Orten gewohnt ist, vereint, daneben ist der Sitz der Fernuniversität in einem ehemaligen Kaufmannspalast. Fast zu jeder Tageszeit tummeln sich Tauben am trogartigen Brunnen (1588), Bänke gruppieren sich um das Denkmal eines bekannten „Ketzers", des wegen seiner liberalen Ideen von der Insel verbannten Priesters *Manuel Díaz Hernández* (1774–1863).

Die Nordseite des Platzes wird von der **Iglesia de El Salvador,** der „Erlöserkirche", dominiert. Sie besitzt nicht nur einen mächtigen Glockenturm aus schwarzem Vulkanstein und ein imposantes Renaissance-Portal, sondern hat auch eine bewegte Geschichte. Kurz nach der *Conquista* erbaut, wurde sie 1553 von französischen Korsaren in Brand gesetzt, aber schon wenige Jahre später neu errichtet.

Der Innenraum besteht aus drei Schiffen, die durch halbkreisförmige, auf Säulen ruhende Bögen voneinander getrennt sind. Darüber wölbt

RUNDGANG DURCH DIE ALTSTADT

sich ein offener Dachstuhl im Mudejar-Stil: Die Holzbalken sind in raffinierten geometrischen Mustern angeordnet, mit Ornamenten verziert und vielfarbig bemalt. Blickfang der Kirche ist das Ölgemälde „Verklärung" des Romantikers *Antonio M. Esquivel* am Hauptaltar (1837). Sehenswert sind

Stadtplan S. 92 **RUNDGANG DURCH DIE ALTSTADT** 99

Santa Cruz

aber auch die zu Beginn des 19. Jahrhunderts geschaffenen Christus- und Mariafiguren von *Fernando Estévez* aus Teneriffa.

Während des Karnevals

Rundgang durch die Altstadt

Ayuntamiento

An der Ostseite der Plaza de España erhebt sich das **Renaissance-Rathaus,** das auf den Trümmern des von Piraten zerstörten Vorgängers erbaut wurde. Mit seinem Säulengang wirkt es luftig und elegant; in der hinter ihm liegenden, weit eingezogenen Galerie laden Bänke zum Verweilen ein. Wer ein gutes Auge hat, kann am Fassadenrelief das politische Programm des Stadtrats „ablesen": Verworfen werden Verleumdung und Intrige – Eigenschaften, die in Form einer Fratze mit herausgestreckter Zunge dargestellt sind. Als positive Leitfigur gilt den Ratsherren der Delphin, ein Symbol für Intelligenz und Klugheit. Einer Frau, die mit bloßer Hand zwei Schlangen erwürgt, ist ein Leitspruch in lateinischer Sprache beigefügt: „Invidos virtute superabis" (Neidhammel wirst du mit Tugend überwinden).

Lange Zeit diente das Rathaus als Tagungsstätte des Gerichts, in den Kellerräumen befand sich der Kerker. Heute ist hier ein Archiv untergebracht, das wertvolle **Dokumente zur Stadtgeschichte** bis zurück ins Jahr 1553 beherbergt. Das Innere des Hauses ist mit **Fresken** Mariano de Cossios (1890–1960) ausgemalt; gezeigt werden Szenen aus dem Alltag der Bewohner: Palmeros beim Bestellen der Felder, beim Schiffsbau und beim Fischfang auf hoher See.

●**Ayuntamiento,** Plaza de España/Calle O'Daly, Mo–Fr 9–14 Uhr.

Casa Pinto

Das herrschaftliche **Kaufmannshaus** gleich neben dem Rathaus stammt aus dem 18. Jahrhundert und beherbergt den Sitz von **Trasmediterránea,** der bekannten spanischen Reederei. Die holzgeschnitzten Tresen und großformatigen Fotos aus der Pionierzeit der Dampfschifffahrt wirken fast museal; alte Seekarten und Schiffstresore im Innenhof verstärken diesen Eindruck.

●**Casa Pinto,** Calle Anselmo Pérez de Brito 2, Mo–Sa 9–13 Uhr.

Mercado

Die vielbefahrene Avenida del Puente durchschneidet die Altstadt. An ihr befindet sich die alte **Markthalle:** klein, doch stets gut besucht. Je nach Saison sind die Stände mit Orangen und Avocados, Papayas und Guayabos prall gefüllt, in Vitrinen stapeln sich Käselaibe und Räucherwürste. In der einen Ecke wird Fisch verkauft, frisch und auch gedörrt, in einer anderen hängen geschlachtete Kaninchen. Während die Frauen einkaufen, verlustieren sich ihre Männer meist in der Marktbar.

● **Mercado,** Avenida del Puente, Mo–Fr 7–14, Sa 7–13 Uhr

Teatro Chico

Neben der Markthalle steht ein attraktiver gelbgetünchter Bau, von den Palmeros liebevoll „Teatro Chico", Kleines Theater, genannt. Auf ihrem Weg nach Amerika gaben sich hier die besten Theater- und Musikensembles ein Stelldichein, und noch heute werden im Rahmen des **kanarischen Musikfestivals** sowie der Frühjahrs- und Herbstkonzerte hochkarätige Solisten eingeladen.

Placeta de Borrero

Der Platz mit Springbrunnen, Grünpflanzen und Bürgerhäusern an der Calle Pérez de Brito gehört zu den lauschigsten Winkeln der Altstadt. Auf der Terrasse des **Bistro La Placeta** genehmigt man sich einen frisch gepressten Saft – ist's zu voll, findet man ein zweites schönes Plätzchen 100 Meter weiter vor dem Apartmenthaus *La Fuente*.

Convento de San Francisco

Biegt man links ein in die Calle Baltasar Martín und geht dann sogleich rechts den Treppenweg hinauf, kommt man zu einem weitläufigen, vom **Franziskanerkloster** gesäumten Platz. Bereits kurz nach der Conquista, im frühen 16. Jahrhundert, hatten sich die Mönche hier niedergelassen, um die zwangsgetauften Palmeros vor einem Rückfall in ihren heidnischen Glauben zu „bewahren". Die zugehörige dreischiffige **Kirche** ist leider meist nur zur Messezeit geöffnet. Im nüchternstrengen Innenraum sticht die aus der Renaissance stammende, reich verzierte Kassettendecke hervor. Besonders wertvoll ist eine vergoldete, gotisch-flämische Figurengruppe, die die heilige Anna sowie Maria mit dem Jesuskind in entrückter Anmut zeigt.

Um die Schönheit des Klosters kennen zu lernen, lohnt ein Besuch des **Inselmuseums** (Museo Insular). Über einen großen Hof mit Kreuzgang gelangt man in den intimen Orangen-Patio. Seit Jahrhunderten ist dieser Innenhof vom Duft blühender Apfelsinenbäume durchweht – die jüngsten Exemplare wurden von europäischen Staatsoberhäuptern gepflanzt, als sie 1985 der Hauptstadt anlässlich der Einweihung des Astrophysischen Observatoriums einen Besuch abstatteten. Im Innenhof sind altkanarische Felszeichnungen zu sehen, die erst kürzlich auf dem höchsten Berg La Palmas gefunden wurden. Über blank polierte Holztreppen geht es ins Obergeschoss hinauf. Der Bogen der Museumssammlung spannt sich von Naturkunde bis zu Handwerk und Kunst. Ausgestellt sind Relikte altkanarischer Kultur, ausgestopfte Tiere und Mineralien sowie Gemälde und Skulpturen aus der Zeit vom 16. bis 20. Jahrhundert.

●**Museo Insular / Antiguo Convento de San Francisco,** Plaza de San Francisco 3, Tel. 922420 558, Mo–Sa 10–20, So 10–14 Uhr, Eintritt 4 €, Kinder bis 12 Jahre frei.

Plaza Alameda

Den Endpunkt der Altstadt markiert die Plaza Alameda, ein großer, von indischen Lorbeerbäumen beschatteter Platz. An seiner Westseite ist ein großes Holzkreuz in den Boden gerammt – zur Erinnerung an das „Heilige Kreuz" (Santa Cruz), unter dessen Banner die heidnische Insel am 3. Mai 1493 erobert wurde. Errichtet wurde es 1893 zum Zeichen des Sieges über die „minderwertigen" Benahoritas, die früher hier lebten.

In der Mitte des Platzes steht der kreisrunde **Kiosko Alameda,** wo man zu allen Tageszeiten tapas und belegte Brötchen essen kann. Dabei schaut man hinüber zur **„Santa María",** einer 1940 gebauten, originalgroßen Replik jenes Schiffes, mit dem *Kolumbus* in die Neue Welt segelte. Zwar ist der „Entdecker Amerikas" nie auf La Palma gewesen, doch wen stört's – Gomera, wo er mehrmals anlegte, ist ja schließlich nicht weit!

Museo Naval

Im Bauch der „Santa María" wurde das **Schifffahrtsmuseum** eingerichtet. Unter den ausgestellten Schiffsmodellen befindet sich die deutsche „Pamir", ein Viermaster, der im 1. Weltkrieg in den neutralen Gewässern La Palmas festlag und sich ob drohender U-Boot-Angriffe nicht von der Stelle rühren konnte. Daneben sieht man kostbare, auf Pergament gezeichnete Seekarten, alte Navigationsgeräte, ausgestopfte Fische und Haifischkiefer. Über eine Wendeltreppe gelangt man aufs Oberdeck, von wo man einen Ausblick aufs Meer hat.

●**Museo Naval / Barco de la Virgen,** Plaza de la Alameda, Tel. 922416550, Mo–Do 9.30–14 und 16–19 Uhr, Fr 9.30–14 Uhr, Eintritt 1,30 €, deutschsprachiger Prospekt kostenlos.

Castillo de Santa Catalina

Die quadratische Bastion ist das einzige Relikt der einst weitläufigen **Befestigungsanlagen,** die Santa Cruz vor Piratenangriffen schützen sollten. Als sie 1674 fertig gestellt wurde, war diese Gefahr längst gebannt, sodass sie ihre Wirksamkeit nicht unter Beweis stellen musste. Sie hat heute ebenso wie die vor ihr postierte Skulptur des kanarischen Starbildhauers *Martín Chirino* rein dekorativen Charakter, eine Besichtigung ist nicht möglich.

Casas de los Balcones

Für den Rückweg zum Ausgangspunkt des Rundgangs empfiehlt sich die direkt am Meer verlaufende Avenida Marítima. Die dortigen **Balkonhäuser** sind zum heimlichen Wahrzeichen der Hauptstadt aufgerückt. Mit ihren frischen Pastellfarben und der verspielten Architektur verkörpern sie südländische Lebensart. Einwanderer aus Portugal

Rundgang durch die Altstadt

haben den Baustil mitgebracht. Jeder Balkon ist ein Ausguck in die Weite und wurde in unterschiedlichster Weise gestaltet. Da gibt es hölzerne und verglaste Veranden, frei und überdacht, geschnitzt und mit gedrechselten Säulen!

● **Casas de los Balcones,** Av. Marítima 38–46.

Strand

Zum Baden ist die Hauptstadt nicht ideal. Der einzige Strand befindet sich hinter dem Jachthafen an der Straße zum Flughafen, 15 Gehminuten vom Stadtzentrum entfernt. Er ist schwarzsandig und künstlich angelegt, Palmeros nutzen ihn vor allem im Sommer. Besser ist da schon der Strand in **Los Cancajos** fünf Kilometer südlich oder Charco Azul, das **Meerwasserschwimmbecken** von San Andrés im Nordosten der Insel.

Die charakteristischen Balkone in der
Avenida Marítima wurden zum Wahrzeichen von Santa Cruz

Praktische Tipps

Info

- **Touristeninformation:** *Oficina Insular de Turismo,* Plaza de la Constitución s/n, 38700 Santa Cruz, Tel. 922412106, www.lapalmaturismo.com, Mo–Fr 9–19, Sa 9–15 Uhr (in der Saison auch So 9–14 Uhr). Im Pavillon auf der Verkehrsinsel bekommt man aktuelle Tipps zu Festen und Veranstaltungen, auf Nachfrage bunte Broschüren (z.B. zu Kunsthandwerk, Höhlenkunde und Gastronomie) und den neuesten Busfahrplan; personalbedingt mehr oder weniger freundlicher Service, leider keine Gepäckaufbewahrung.

Unterkunft

- **El Galeón** €€€, Carretera del Galeón 10, Tel. 922411000, Fax 922412826, www.elgaleon.info. In Rundform erbautes Aparthotel oberhalb des Hafens mit gut geschnittenen und modern ausgestatteten Apartments. Das Dreisternehaus liegt an einer stark befahrenen Straße, trotz gut isolierter Fenster sind die vorbeifahrenden Autos zu hören.
- **Marítimo** €€€, Av. Marítima 80, Tel. 922420222, Fax 922 414302, www.hotelmaritimo.com. Stadthotel an der vielbefahrenen Küstenstraße mit zwei Gebäudetrakten – das einstige *Avenida-Hotel* wurde angegliedert, die Zimmerzahl hat sich damit auf 96 erhöht. Es gibt zahlreiche Räume mit Meerblick, wer zur Landseite wohnt, erkauft den ruhigeren Schlaf mit einem traurigen Ausblick. Alle Zimmer sind modern eingerichtet und verfügen über Sat-TV. Gutes Frühstücksbüffet.
- **El Castillete** €€€, Av. Marítima 75, Tel. 922420840, Fax 922420067, www.aparthotelcastillete.com. Vierstöckiges, familiär geführtes Aparthotel an der Küstenstraße. Einige der 42 freundlich und hell eingerichteten Apartments haben direkten Blick aufs Meer, sind aber nicht gerade leise. Auf der Dachterrasse befindet sich ein kleiner Süßwasserpool; gefrühstückt werden kann im Café im Erdgeschoss.
- **Hotel San Telmo** €€€, Calle San Telmo 5, Tel. 922415385, www.hotel-santelmo.com. 2009 eröffnetes Mini-Hotel unter Leitung von *Marita Retzlaff,* wenige Schritte von der Plaza Santo Domingo entfernt. Acht pastellfarben eingerichtete Zimmer mit Sat-TV, ruhig und zum Innenhof, einige mit Holzdachstuhl.
- **Ap. La Fuente** €€, Calle Pérez de Brito 49, Tel./Fax 922415636, www.la-fuente.com, info@la-fuente.com. Die beste Adresse in Santa Cruz: ein historisches Haus im Herzen der Altstadt an einem kleinen Platz mit Palmen und Brunnen. Die neun Apartments wurden vor einiger Zeit renoviert, verfügen über Sat-TV, einige auch über Balkon und kostenlosen Internetzugang bei mitgebrachtem Laptop. Die Dachterrasse steht allen Gästen offen. Die größten Wohneinheiten (Nr. 5 und als oberstes Nr. 7) bestehen aus Schlafraum, Wohnzimmer, Küche, gepflegtem Bad und

Terrasse mit Meerblick. Doch es gibt auch Räume mit offenem Dachstuhl wie anno dazumal. *Thomas, Rupert* und *Mona,* die das Haus leiten, sind um das Wohl aller Gäste bemüht und stellen auf Wunsch bereits am Flughafen einen Mietwagen bereit. Ist bei La Fuente alles belegt oder möchte man's einsamer haben, kann man über die Rezeption eine der fünf nachfolgend aufgeführten Altstadtwohnungen oder die 200 Jahre alte Mühle in Las Nieves (➪ „Umgebung") anmieten.

- **Casa Julian** €€, Cabrera Pinto 15, Tel. 922415636. Schräg gegenüber der Markthalle, an einer steil aufwärts führenden Gasse, befindet sich ein kleines historisches Haus mit einem Apartment, das mit Holzdielen und -decken gemütlich eingerichtet ist. Es verfügt über Wohnraum, Schlafzimmer für zwei Personen, Küche und Bad. Doppelglasfenster halten den Straßenlärm fern, auf dem Dach befindet sich eine große Terrasse mit Blick in Nachbars Garten.

- **Ap. Montecristo** €€, Calle Montecristo 33, Tel. 922415636, Fax 922412303. Leben wie die Palmeros: Zwei Apartments für je zwei bis drei Personen in einem neuen Haus im oberen Teil der Stadt, von der Plaza de España fünf Minuten bergauf. Jedes Apartment ist 40 Quadratmeter groß, hell und behaglich; die gemeinschaftlich genutzte große Dachterrasse bietet über die Hausdächer von Santa Cruz einen weiten Blick aufs Meer. Privater Parkplatz. Alles Lebensnotwendige kauft man in einem Tante-Emma-Laden schräg gegenüber (Mindestaufenthalt mehrere Tage).

- **Casa Cajita Blanca** €€, Calle Cajita Blanca 5, Tel. 922 415636, Fax 922412303. Historisches, aufwendig restauriertes Haus in einer ruhigen Seitenstraße in der Altstadt. Auf 60 Quadratmetern Wohnfläche befinden sich ein Schlafzimmer, ein Salon mit Balkon und Meerblick sowie ein Essraum mit Wintergarten. Der Garten ist üppig bepflanzt, eine herrliche Oase mitten in der Stadt; privater Parkplatz (Mindestaufenthalt mehrere Tage).

- **Ap. Baltasar Martín** €€, Calle Baltasar Martín 10, Tel. 922 415636, Fax 922412303. Nahe La Fuente: ein 35 Quadratmeter großes Apartment für max. drei Personen in einem historischen Haus in der Altstadt.

- **Pensión La Cubana** €, Calle O'Daly 24, Tel. 922411354, Fax 922412303. „La Cubana" (die Kubanerin): Das Porträt einer dunkelhäutigen Frau mit roter Blume im Haar weist den Weg in ein historisches Haus, das mit Kachelböden, knarrenden Dielen und Balkendecken auf La Palma als z.Z. beste Adresse für Traveller gilt. Die Pension liegt an der für Autos gesperrten Flaniermeile von Santa Cruz, das freundliche deutsche Team sorgt dafür, dass es den Gästen an nichts mangelt. Ob Ausgehtipps oder beste Busverbindung für die anstehende Wanderung – für alle Lebenslagen wird gesorgt. Die acht Zimmer sind gemütlich eingerichtet, bunte Farben sorgen für Modernität und Frische. Da verschmerzt man es, dass sich die Gäste zwei Bäder teilen müssen, die allerdings picobello sauber sind. Für eine Pension keineswegs selbstverständlich: Die Zimmer werden täglich (außer So) gereinigt, Handtücher zweimal, die Bettwäsche einmal die Woche gewechselt. Leicht lernt man die anderen Reisenden in der Gemeinschaftsküche kennen; im alten Salon, dessen Fenster auf die „Königsstraße" hinausgehen, liegt Lektüre über die Insel aus. Gern trifft man sich dort auf ein Glas Wein und tauscht Erfahrungen aus.

●**Pensión Canarias** €, Calle Cabrera Pinto 27, Tel. 922 413182, www.pensioncanarias.com. Außen gesichtslos, innen freundlich und familiär. *Señora Teresa* führt ihre kleine, oberhalb der Calle O'Daly gelegene Pension mit viel Elan. Die 14 Zimmer (bis auf eines mit eigenem Bad) sind sauber und geräumig, etwas dunkel, aber mit hellen Holzmöbeln eingerichtet. Kleiner Wermutstropfen: Schon am ersten Tag haben die Gäste zu zahlen!

Essen und Trinken

●**La Placeta** €€€, Calle Pérez de Brito/Placeta de Borrero 1, Tel. 922415273, www.placeta.com, tgl. außer So 10–23 Uhr. Auf dem romantischen Platz trinkt man Kaffee oder Saft, stärkt sich mit Kuchen oder belegten Brötchen. Im Obergeschoss wird stilvoll und teuer gespeist: Lammfilet in Portwein, Kaninchen in Mandelsoße und – in Erinnerung an die früheren Besitzer – hausgemachte Käsespätzle.

●**La Ola** €€, Avenida Marítima 55, Mobiltel. 637411718, www.laola-restaurante.com. „Die Welle" nennen *Klaus* und *Tonia* das historische Haus am Meer, das außen und innen blau gehalten ist. Auf der Terrasse genießt man Bistro-, in den oberen Stockwerken mediterran inspirierte Gerichte. Gut schmeckt „Salat des Hauses" aus mehreren, unterschiedlich angerichteten Zutaten. Der Fisch kommt frisch aus dem Hafen, das Fleisch von palmerischen Bauern. Süßschnäbel sollten sich die hausgemachten Desserts nicht entgehen lassen. Hervorragend schmeckt die leichte Schoko-Torte mit Zitronenraspeln.

●**La Balandra** €€, Av. de los Indianos 2, Tel. 922691244, Mo–Sa ab 13–16 und 18.30–23 Uhr. Rustikales Restaurant mit Bodega gegenüber vom Hafen. Stimmungsvoll ist das Interieur mit dunkelroten Wänden, Holzbalken und historischen Schiffsfotos, erstklassig das Fleisch vom Grill: Zartsaftig das Entrecôte, ausgefallen *pluma iberica,* ein Lendenstück vom iberischen Schwein. Wer großen Hunger hat, wählt vorneweg die mit einem lokalen Gastro-Preis prämierten *calabacines rellenos,* mit Garnelenfleisch und -creme gefüllte Zucchini. Das Obergeschoss birgt ein kleines Kunsthandwerksmuseum.

●**La Lonja** €€, Av. Marítima 55/Calle Pérez de Brito, Tel. 922415266, tgl. außer So 12–16, 19–23 Uhr. Aufwendig restauriertes Haus von 1530, in das man sowohl von der Meer- als auch von der „Landseite" hineingelangt. Man

sitzt im Innenhof und hört das Plätschern eines Brunnens, noch gemütlicher ist der Salon im Obergeschoss und die Promenadenterrasse. *José,* der seit seinem neunten Lebensjahr in der Küche steht, bereitet vorzügliche Hühnchenleberpastete *(pastel La Lonja)* und lockere Käse-Quiche *(pastel de queso)* zu. Die Desserts sind hausgemacht, besonders gut schmecken Zitronentorte *(tarta de limón)* und Apfelkuchen *(tarta de manzana).*

● **Mambrino** €€, Avenida del Puente 19, Tel. 922411873, tgl. ab 12 Uhr. Im rustikalen Lokal gegenüber vom Markt kocht *Señor Guillermo* nach Rezepten seiner Mutter *Carmela.* Vorneweg gebratenen Ziegenräucherkäse *(queso asado),* dann Thun-Kroketten *(croquetas a la abuela)* und Stückchen vom gedörrten Hai in pikanter Soße *(tollos en salsa).* Ein Dessert-Klassiker ist Käsekuchen *(quesillo).* Mit preiswertem Menü.

● **Alameda** €€, Calle Pérez Camacho 3/Plaza Alameda, Tel. 922420865, Mo–Sa 12.30–15.30 und 19–23.30, So 18.30–23.30 Uhr. Kleines, gemütliches Lokal an der gleichnamigen Plaza, man kann auch draußen auf der Terrasse sitzen. *Antonio* und *Lorella* bieten knusprige Pizza, außerdem gibt es Pasta in vielen Varianten.

● **Pizzería Pequeño Paladar** €/€€, Pérez del Brito 56, Tel. 922417097, tgl. 12.30–24 Uhr. Neben *La Lonja:* kleines, mit Kuba-Reminiszenzen geschmücktes Lokal, in dem vorzugsweise Pizzen serviert werden. *Marco,* der zuvor viele Jahre

Blumenkauf vor der Markthalle

auf Kuba arbeitete, serviert abends Cocktails wie *Mojito* und *Daiquirí.*

●**Tajurgo** €, Avenida del Puente 21, Tel. 922415051, tgl. 9–24 Uhr. Gegenüber der Markthalle, steril, doch beliebt. Die lange Bar ist fast zu jeder Tageszeit von Palmeros belagert, während Urlauber bevorzugt an den Tischen Platz nehmen. Vor laufendem Fernseher verputzt man Tapas oder *platos combinados* (Tellergerichte) – kein kulinarischer Höhenflug, aber schnell und preiswert.

●**Arepera El Encuentro** €, Calle Pérez de Brito 87 (mit einer Filiale in der Calle O'Daly 9), Tel. 922411044, tgl. 10.30–24 Uhr. Frisch gepresster Saft, reich belegte Brötchen und venezolanische Tapas: Kaum hat die kleine Cafetería geöffnet, füllen sich die Plätze auf der schattigen Plaza Alameda vor dem Conquista-Kreuz. Serviert werden v.a. *arepas,* Teigtaschen mit pikanten oder süßen Ingredienzen, und *cachapas,* gefüllte Mais-Crêpes.

●**Negresco** €, Calle Pérez de Brito 47, Tel. 922411100, tgl. ab 9 Uhr. Bei *Sergio,* in einem romantischen Winkel auf dem Weg zur Plaza Alameda, gibt's Tapas und belegte Brötchen, oft auch Tagesgerichte. Bitte vor der Bestellung Preise erfragen!

●**La Bodeguita del Medio** €, Calle Álvarez de Abreu 58 (gegenüber vom Cabildo), tgl. außer So 11–16 und 19–1.30 Uhr. Filiale der berühmten *Hemingway-Bar* in Havanna. Hier herrscht beste Stimmung, rasch füllen sich die vier Holztische und die kleine Bar, bald auch der Nebenraum. Ausgeschenkt wird Wein von allen Kanarischen Inseln und vom spanischen Festland, dazu gibt es üppige Portionen geräucherten Schinkens, deftige Wurst und gereiften Käse. Sehr gut sind auch der von *Miguel* zubereitete *revuelto de setas* (eine Art Pilzomelette) und die *pimientos padrón* (grüne und scharfe Paprika). Das Hausgetränk ist der kubanische *mojito,* mit Zitrone und frischer Pfefferminze abgeschmeckter weißer Rum. Oft erlebt man hier auch *musica en vivo* (Livemusik).

●**Heladomanía** €, Calle Vandale 8, Mo–Sa 11–14 und 16–20, So 11–14 Uhr. Hausgemachtes Eis in vielen geschmackvollen Varianten, oft auf der Basis von Biofrüchten. Außerdem gibt es sehr leckere Milchshakes. Die Eisdiele ist leicht zu finden: am Markt einbiegen in die Calle Pérez Volcán, dann sogleich erste Gasse rechts!

Einkaufen

●**Markt:** Mercado, Av. del Puente, Mo–Sa 7–14 Uhr. In der Markthalle der Hauptstadt bekommt man alles, was frisch ist: Obst und Gemüse der Saison, Ziegenkäse (zart, geräuchert und gereift), Wurst, Fleisch und Fisch.

●**Naturkost:** *Chayota,* Calle Pérez de Brito 36. *María Jesús* verkauft Bio-Honig aus La Palma, Ziegenjoghurt aus Gran Canaria, ökologisch angebautes Obst und Gemüse sowie Kosmetika.

Praktische Tipps

Hierba Buena, Calle Dr. Santos Abreu 4, www.hierbabuena.com. Hinter dem Theater liegt ein weiterer Öko-Laden mit Gemüse, Kräutern, Tofu, Soja, Mojo und Gofio.

● **Kunsthandwerk:** *Artesanía Cristina,* Calle Pérez de Brito 28, Tel. 922417169. Seidenschals in allen Farben, Tops und Tücher aus Glitzergarn sowie in Silber gefasster Lavaschmuck.

● **Souvenirs:** *Sanlupe,* Calle O'Daly 50. Die Ladenkette hat Zigarren aus La Palma, Wein und Rum, Mandelgebäck und andere Süßigkeiten; das Kunsthandwerk stammt oft nicht von der Insel.

The Best of La Palma, Calle Pérez de Brito 24. Der Engländer *Nigel* und die Finnin *Lisa* bieten ausschließlich Palmerisches: Stickereien, Keramik und Lava-Fliesen, Schnäpse und Liköre der Marke „Tierra", La Palma-Wein, Honig und Marmelade.

● **Bücher:** *Papiro Libros,* Calle A. Pérez de Brito 20, Tel. 922425088. Große Auswahl an spanischer Literatur, man findet auch (nicht immer aktuelle) Inselkarten und deutschsprachige Wanderbücher.

● **Mode:** Längs der Calle O'Daly gibt es Läden von *Benetton* und anderen internationalen Markenunternehmen.

Kultur

● **Theater:** *Teatro Circo de Marte,* Calle Virgen de la Luz 5. Im Theater an der Dominikanerkirche werden Konzerte von Jazz und Folklore bis Kammermusik aufgeführt. Karten gibt es ab 19 Uhr an der Abendkasse. Das zweite traditionsreiche Stadttheater ist das Teatro Chico neben der Markthalle (Calle Díaz Pimienta 1).

● **Kino:** *Multicines,* Avenida del Puente s/n. Filmfreunde finden in Santa Cruz eines der beiden einzigen Kinos der Insel. In drei Sälen werden die neuen Kassenschlager aufgeführt, allerdings nur selten im Originalton, fast immer synchronisiert.

● **Kunst:** Ausstellungen kanarischer oder auf La Palma lebender deutscher Künstler erlebt man oft im **Palacio de Salazar** (Calle O'Daly 22) und in der **Casa Monteverde** (Sala de Exposiciones, Calle O'Daly 2).

Nightlife

Obwohl Santa Cruz die Inselhauptstadt ist, bewegt sich hier während der Wintermonate nur wenig. Man trifft sich in den Bars an der Uferpromenade (Sputnik / Slogan) oder in den Tascas und Bodegas der Calle Álvarez de Abreu. Doch spätestens um Mitternacht machen sie zu, nur während der Fest- und Karnevalstage sowie im Sommer, wenn die Festlandsspanier kommen, wird überzogen.

Gasse in Santa Cruz' „oberer Etage"

Feste

●**Februar/März:** *Fiesta de Carnaval*. Eine volle Woche darf gefeiert werden – Spaß und Stimmung rund um die Uhr mit Puderschlachten, Salsamusik und Tanz! Der Höhepunkt des **Karnevals** ist die „Ankunft der Indianer" am Rosenmontag: Elegante, ganz in Weiß gekleidete Gestalten spazieren die Straße entlang, die Damen mit Rüschenblusen und langen Seidenröcken, die Herren im weißen Smoking, auf dem Kopf ein Panamahut, im Mundwinkel eine Zigarre. Vielleicht tragen sie einen Koffer, vielleicht auch

Starker Tobak – La Palmas Meisterdreher

Karibischer Einfluss spiegelt sich nicht nur in der Musik der Palmeros, sondern auch in ihrer Vorliebe für **Zigarren.** Die kleinen Felder mit der buschgroßen Tabakpflanze sieht man überall. Geerntet wird im August: Erst werden die Blätter sechs Wochen luftgetrocknet, dann ebenso lange in einer Scheune gebeizt. Ledrig geworden, werden sie in einer Kammer bei max. 20% Luftfeuchtigkeit und 35° Wärme ein halbes Jahr gelagert. Dabei fermentiert die Tabakpflanze, d.h. Eiweiß und andere unerwünschte Elemente werden zersetzt, wobei Duft und Aroma frei werden. Während der Fermentierung sinkt der Nikotin-Gehalt und die Farbe der Blätter nimmt eine braune Tönung an.

Alsdann treten die „Meisterdreher" in Aktion, die jede Zigarre einzeln mit der Hand herstellen. Ihre Kunst besteht darin, die Tabakblätter so zu falten und zu brechen, dass die Luftkanäle gleichmäßig über die Einlage verteilt sind, die Zigarre also ausgeglichen brennt. Schlägt das „Herz" der Zigarre, darf der nächste Schritt folgen: Sie wird in einen hölzernen Pressstock gelegt, in Form gebracht und alsdann mit einem dünnen Deckblatt umwickelt. Für das Mundstück wird dann ein weiteres Deckblatt zurechtgeschnitten und mit dem geschmacksneutralen Gummi des Tragacántha-Baums angeklebt. In einem letzten Arbeitsschritt wird die Zigarre mit der so genannten „Guillotine" auf die gewünschte Größe gebracht. Ein Tabakmuseum führt in die Welt der palmerischen *puros* ein (Museo del Tabacco, Calle de San Sebastián, Eröffnung 2010).

einen Käfig mit Papagei, und manch einer hat einen schwarzen Diener im Schlepptau. Auf ein geheimes Zeichen hin wird das „Chaos" ausgerufen: Jeder, der kann, zieht weißes Pulver aus seinen Taschen und bewirft damit die „feine Gesellschaft". Erinnert wird mit diesem Ulk an die aus Amerika zurückgekehrten neureichen Palmeros, denen man es verübelte, dass sie keine Gelegenheit ausließen, sich mit ihrem in Übersee erworbenen Vermögen zu brüsten.

Ein Zigarrendreher bei der Arbeit

> ### Wandertipp
>
> Auf dem „Mandelbaumweg" geht es durch die „Schlucht der Schmerzensreichen" steil hinauf zum Wallfahrtsort **Las Nieves** (⇨Wanderung 20). Aufgrund verstärkter Bautätigkeit ist der Aufstieg allerdings nicht mehr so attraktiv wie noch vor einigen Jahren. Naturliebhaber fahren besser hinauf bis Las Nieves und machen die Runde auf dem neu markierten Cabildo-Weg PR-LP 2.3 (doch Vorsicht: die Wanderung ist nur für Schwindelfreie geeignet!).

●**April:** *Semana Santa.* In den Prozessionen der **Karwoche** werden Heiligenfiguren durch die Stadt getragen, begleitet von Büßern mit langen Gewändern und spitzen Kapuzen.

●**3. Mai:** *Fiesta de la Cruz.* In allen Stadtvierteln werden Kreuze mit Blumen und Glitter geschmückt. Gefeiert wird der **Gründungstag von Santa Cruz** und die Eingliederung der Insel in den westlichen Kulturkreis.

●**28. Juni bis 5. August:** *Bajada de la Virgen.* Seit die **Schneejungfrau** 1676 La Palma vor einer Dürrekatastrophe bewahrte, darf sie alle fünf Jahre, das nächste Mal 2010 und 2015, von Las Nieves „herabsteigen" nach Santa Cruz. In einer prachtvollen Prozession wird die Figur von der Wallfahrtskirche zur Plaza de España getragen. Es folgen 14 großartige Tage voller Feierlichkeiten, Aufführungen und Tänze. Begeisterung weckt vor allem der Maskentanz der Zwerge *(Danza de Enanos)* vor der Dominikanerkirche, mit dem an die Dürrekatastrophe von 1676 erinnert wird.

●**1. Septemberhälfte:** *Fiesta de Nuestra Señora de la Luz y San Telmo.* Mit einer Prozession zu Ehren der hl. Jungfrau vom Licht und von San Telmo.

Eine der Wassermühlen in Las Nieves wurde in eine Unterkunft verwandelt

Las Nieves

Zum „kulturellen Pflichtprogramm" gehört ein Ausflug zum **Wallfahrtsort** Las Nieves, vier Kilometer oberhalb von Santa Cruz (ausgeschildert ab dem Nordende der Avenida Marítima). An einem steingepflasterten Platz mit einem Brunnen und einer hohen chilenischen Fichte erhebt sich das **Santuario de Nuestra Señora de las Nieves,** das spirituelle Zentrum der Palmeros. Alle fünf Jahre, das nächste Mal 2010, startet hier eine farbenprächtige Prozession, bei der die in der Kirche aufbewahrte „Schneejungfrau" nach Santa Cruz hinabgetragen wird *(Bajada de la Virgen)*. Doch auch in den Zwischenjahren bleiben die Palmeros nicht untätig: jedes Jahr ehren sie ihre Schutzpatronin einen Monat lang mit einer Vielzahl von Messen und Prozessionen (im Sommer auf Plakate achten!).

Die „Schneejungfrau" hat eine wahre Odyssee hinter sich. Von Mallorca segelte ihr Bildnis 1481

im Gepäck des Eroberers *Alonso de Lugo* nach Gran Canaria, wo es dem Ort Puerto de las Nieves seinen Namen gab. Ein paar Jahre später wurde die Figur nach La Palma gebracht, um auch bei der Eroberung dieser Insel geistlichen Beistand zu leisten. Heute wird die Schneejungfrau als Wundertäterin verehrt; auf ihre Anrufung hin kamen angeblich Vulkanausbrüche zur Ruhe, Dürren und Epidemien wurden erfolgreich bekämpft.

LAS NIEVES

Die 82 Zentimeter große Figur thront wie eine Königin auf dem pompösen Silberaltar, ihr Gewand ist mit Edelsteinen geschmückt. Altarbilder und Malereien, Schmiedearbeiten und gläserne Lampen machen aus dem Gotteshaus im Verein mit dem prächtigen Schrein der Jungfrau ein kleines Museum für sakrale Kunst. Gegenüber der Kirche befindet sich die **Casa de Romeros,** ein Pilgerhaus mit schönem Holzbalkon.

●**Santuario de Nuestra Señora de las Nieves,** tgl. 8.30–20 Uhr, Messe So und feiertags 9.30 und 11.30 Uhr.

Unterkunft

Landhäuser:
●**El Molino Remanente** €€, Las Nieves, buchbar über Tel./Fax 922415636, www.la-fuente.com, lafuente@infolapalma.com. Eine hervorragende Adresse, nur zwei Gehminuten von der Wallfahrtskirche entfernt. Die 200 Jahre alte, denkmalgeschützte Gofio-Mühle wurde restauriert und in zwei schmucke Apartments verwandelt. Die Wände sind meterdick, fast alle Räume sind mit offenem Dachstuhl ausgestattet. Aus den Fenstern eröffnet sich ein herrlicher Blick auf den grünen Barranco und das Meer. Terrasse und Garten gehören natürlich dazu.
●**Casa El Abuelo** €€, Carretera a las Nieves, Tel. 922429439 (*Señora Fefi*), buchbar über *Isla Bonita* (⇨ „Unterkunft, Urlaub im Landhaus"). Knapp 70 Quadratmeter großes Häuschen auf halber Strecke zwischen Las Nieves und dem Lokal *Chipi-Chipi*. Um hinzugelangen, verlässt man die Straße an den großen, weithin sichtbaren Elektromasten auf einer abwärts führenden Piste. Mit Doppelzimmer, Küche, Bad und Terrasse sowie weitem Blick übers Tal.

Essen und Trinken

●**Las Nieves** €€, Las Nieves, Tel. 922416600, tgl. außer Do 12.30–24 Uhr. Traditionelles Ausflugslokal im Schatten der Wallfahrtskirche mit Riesenportionen Fleisch aus eigener Schlachterei. Gewöhnungsbedürftig sind Kaninchen und Zicklein, die mit gespaltenem Kopf serviert werden (um das als Delikatesse geschätzte Hirn leichter verspeisen zu können). Auch die *chicharrones*, in *gofio* gewälzte Speckgrieben, sind nicht jedermanns Sache. Am Wochenende ist Reservierung nötig!
●**Los Almendros** €€, Carretera a las Nieves (LP-101 Km. 4.8), Tel. 922411288, tgl. außer Mo 12–16 und 19–23 Uhr. Das Restaurant liegt auf halber Strecke zwischen der Kirche und dem Lokal *Chipi-Chipi*. Typisch kanarische Küche mit *gofio*, *chicharrones* und *papas arrugadas*, aber auch Internationales wie *solomillo* (Filetsteak), *bacalao* (Kabeljau), Paëlla und Pizza; preiswertes Mittagsmenü.

LAS NIEVES

Wallfahrtskirche Las Nieves –
hier wird die „Schneejungfrau" aufbewahrt.
Alle fünf Jahre trägt man die Figur der Schutzheiligen
in einer farbenprächtigen Prozession zum Meer hinunter

Velhoco

Seit es das Lokal Chipi-Chipi gibt, ist der Ort Velhoco (2,8 km südlich von Las Nieves) in aller Munde – ein Treffpunkt für Ausflügler von der ganzen Insel, die hoch über der Hauptstadt und in gemütlich-rustikalem Ambiente essen und Spaß haben wollen. Und wer keine großen Ansprüche an Matratzen stellt, kann sich hier einquartieren und den Ort als Ausgangspunkt für Wander- und Autotouren nutzen.

Unterkunft

●**Ap. Chipi Chipi** €, Velhoco 42 (LP-101 Km 6), Tel. 922 411024, Fax 9224 16655, www.chipichipi.net. Sieben funktionale Apartments für zwei bis fünf Personen oberhalb des gleichnamigen Ausflugslokals, 2,8 Kilometer südlich von Las Nieves; in den Wintermonaten etwas kühl (keine Heizung!). Ohne Auto ist man hier etwas abgeschnitten, eine Einkaufsmöglichkeit liegt zehn Gehminuten entfernt.

Essen und Trinken

●**Chipi-Chipi** €€, Velhoco 42, Tel. 922411024, tgl. außer Mi und So 12–17 und 19–23 Uhr. Beliebtes Gartenlokal südlich von Las Nieves mit igluähnlichen Separees inmitten wuchernder Vegetation (*chipichipi* = Sprühregen). Hier gibt es ausschließlich Fleisch, das auf offenem Feuer gebraten und mit *papas arrugadas* und pikanter Mojo-Soße aufgetischt wird. Hieß es noch in einem Merian-Heft von 1982, „die abgenagten Knochen wirft man hinter sich, für die Aufräumungsarbeiten sorgen die unzähligen Hunde und Katzen", so geht es heute professionell-zivilisiert zu, alles wird fein säuberlich abgeräumt.

Buenavista de Arriba

Monasterio

In gebührendem Abstand zur „Schneejungfrau", 3,5 Kilometer südlich im Weiler Buenavista, haben sich **Nonnen des Zisterzienserordens** niedergelassen. Bis 1998 hausten sie in einem romantischen, aber feucht-kalten Bau; zum 900-jährigen Bestehen des Ordens wechselten sie in ein repräsentatives **Kloster** über, in dem auch mehrere Einzelzimmer vermietet werden – freilich nur an ruhige und meditationsfreudige Gäste (*Hospedería*

BUENAVISTA DE ARRIBA

Bernardo €). Die Nonnen verkaufen hausgemachten Kräuterlikör, Marmelade und köstliche Süßigkeiten, zubereitet nach geheimer Rezeptur. Am beliebtesten sind *marzapán* (Marzipan) und *truchas de batata* (Teigtaschen mit Süßkartoffelmousse). Da die Frauen in Klausur leben und mit „Normalsterblichen" keinen Kontakt pflegen dürfen, werden die Leckereien dem Gast über eine streng abgeschirmte Ladentheke gereicht – zuvor hat man höflich zu klingeln.

Allein, um diese Prozedur zu erleben, lohnt sich der Abstecher zum Kloster: Von Las Nieves der Straße LP-101 3,5 Kilometer in Richtung Süden folgen, gegenüber dem Restaurant La Graja rechts abbiegen und der schmalen, von Palmen gesäumten Piste 400 Meter folgen.

●**Monasterio del Císter,** Camino La Corsillada 10, Tel. 922 414500, tgl. 10–19 Uhr.

Mirador

Am zentralen Kreisel (Kreuzung der Straßen LP-101 und LP-202) geht es auf einer Stichstraße zur **Kapelle Mariä Empfängnis** (Ermita de la Concepción) mit einem auffallenden Drachenbaum. Wer am 15. August hierher kommt, erlebt ein großes Fest mit Messe und Prozession. Vom zugehörigen **Mirador de la Concepción** hat man einen großartigen Blick auf Santa Cruz und die Ostküste.

Maroparque

Folgt man am Buenavista-Kreisel der Straße nach Santa Cruz, geht es nach 500 Metern, am Kilometerstein 6 der LP-202, rechts hinab zum Maroparque (identisch mit Wanderweg GR 130 Santa Cruz – San Pedro). Ein **Tierpark** der ungewöhnlichen Art krallt sich an den steil abfallenden Hang: Auf kühn angelegten Holzstegen spaziert man durch wucherndes Grün, vorbei an exotischen Vögeln, aber auch Kaimanen, Python-Schlangen, Waschbären, Kängurus und winzigen Titi-Äffchen.

●**Maroparque,** La Cuesta 28, geöffnet tgl. 10–17 Uhr, Eintritt 11 €.

Übersichtskarte S. 116

BUENAVISTA DE ARRIBA

Unterkunft

Alle hier genannten Häuser befinden sich auf etwa **400 m Höhe,** im Winter liegen sie oft in Wolken, man braucht warme Kleidung!

● **Buenavista** €€, La Cuesta 36, Risco de la Concepción, LP-202 Km. 6,2, Mobiltel. 628-591915, www.buenavista-hotel.com. Die an der Abbruchkante thronende Familienvilla anno 1906 – mit Weitblick aufs Meer und Santa Cruz – verwandelte Architekt *Gabriel Henríquez* in ein Landhotel (20 DZ und 6 Casas Rurales). Seine Vorfahren, die regen Handel mit Kuba unterhielten, ließen hier eine Kopie der Pariser Botschaft des Königreichs Siam entstehen: ein klassisches Schlösschen mit exotischen Einsprengseln.

● **Finca La Principal** €€, Camino de la Glorieta 16–18, Tel. 922413759, Fax 922420039, www.fincalaprincipal.com. Zwei restaurierte, rot getünchte Landhäuser mit je zwei Schlafzimmern nördlich der Schnellstraße Santa Cruz – Los Llanos, die Besitzer *Carmen* und *José* wohnen nebenan im Haupthaus. Mit großem Garten und Strelizienplantage.

Essen und Trinken

● **La Graja** €-€€, Carretera a Las Nieves 32 (LP-101), Tel. 922420218, So und Mo geschl. Im 200 Jahre alten „Krähenhäuschen" *(graja)* entstand ein Lokal, in dem sich auch Einheimische wohl fühlen. Man sitzt unterm offenen Dachstuhl, auf den grünen Holztischen liegen Papierdecken, der laute Geräuschpegel sorgt für gemütliches Ambiente. *Carlos* und *Laura* servieren in Windeseile. Spezialitäten des Hauses sind Gerstensuppe *(sopa de trigo),* Kabeljau-Häppchen auf Süßkartoffeln *(migas de bacalao),* zarte Rippchen *(costillas)* und als Nachtisch hausgemachte Torten – je nach Saison aus Orangen, Zitronen oder anderen Früchten.

● **Casa Osmunda** €€€, Subida a la Concepción 2, Tel. 922 186123, Fr geschl. Ambitionierte Küche in stilvollem Rahmen: Das historische Haus an der Auffahrt zum Mirador (Kreisel LP-101/102) gefällt mit Antiquitäten und leinengedeckten Tischen in einem unterirdischen Wasserspeicher. Die Besitzer haben sich der „kreativen Küche" verschrieben.

● **Las Tres Chimeneas** €€€, Buenavista de Arriba 82, Tel. 922429470, tgl. außer Di 12–16 und 19–23 Uhr. Das Restaurant unterhalb des neuen Krankenhauses ist erkennbar an den namenspendenden *tres chimeneas* (drei Schornsteinen). Die Zeiten, da man hier gut und preiswert Pilzgerichte, Käse- und Gemüseauflauf essen konnte, sind leider vorbei. Heute treffen sich hier die feinen Herren aus Santa Cruz zum Geschäftsessen.

● **Jardín Tropical** €€, La Grama Km 8, Tel. 922429298, Di–Sa 13–16 und 19–23, So 13–16 Uhr. Geboten wird einheimische und internationale Küche, preislich eine gute Alternative zum höher gelegenen *Tres Chimeneas*. Koch *Herbert* sorgt für wohlschmeckende Braten, *Silvie* für gute Desserts. Bei schönem Wetter kann man im tropischen Garten speisen.

Der feuchtgrüne Nordosten

Der feuchtgrüne Nordosten

Kurzinfo Nordosten

- **Banken/Post:** im Zentrum von Los Sauces und Barlovento.
- **Gesundheitszentrum:** *Centro de Salud Puntallana*, Tel. 922430206; Barlovento, Tel. 922186360.
- **Apotheken:** in Puntallana und Los Sauces.
- **Autovermietung:** nur in Barlovento: Comba, Tel. 922186046.
- **Taxi:** Los Sauces, Tel. 922450928; Barlovento, Tel. 922186046
- **Bus:** Linie 2 verbindet die Hauptstadt mit allen Orten im **Nordosten** und **Norden**; die Busse fahren über Los Sauces nach **Barlovento** und weiter über Santo Domingo de Garafía nach **Tazacorte** und **Los Llanos**. Mit Linie 12 kommt man von Los Sauces über Puerto Espíndola nach **San Andrés. Fahrplan im Anhang!**

Überblick

Nördlich von Santa Cruz wird die Küste zunehmend rau: Schluchten schneiden sich tief ins Gebirge ein, die Straße ist kurvig und verläuft hoch über dem Meer. Weiter landeinwärts bedeckt feuchter, dunkler Lorbeerwald die Hänge. Er wurde von der UNESCO als erste Region zum Biosphärenreservat erklärt, ein Abstecher in dieses Gebiet zählt zu den Höhepunkten einer La-Palma-Reise. Doch nicht nur die Natur lohnt einen Besuch. Zu empfehlen sind vor allem das Kolonialstädtchen San Andrés, das wie ein Balkon über dem Meer hängt, und die Meerwasserschwimmbecken Charco Azul und La Fajana. Gute und preiswerte Pensionen gibt es in San Andrés und Los Sauces.

Vorhergehende Seite:
Kleine Finca an der Nordküste

Im äußersten Norden erlebt man Natur pur und viel Einsamkeit. Großartig ist die inzwischen ausgebaute Straße von Barlovento nach Santo Domingo. Da gibt es herrliche Panoramablicke auf die Küste und üppig grüne Barrancos, Abfahrten zu abgeschiedenen Weilern, Drachenbaumhainen und Kraterseen.

Sofern das Wetter es zulässt, kann man dem Roque de los Muchachos einen Besuch abstatten. Die Traumstraße zum höchsten Gipfel der Insel führt durch eine windgepeitschte Mondlandschaft mit ständig wechselndem Licht- und Schattenspiel.

Tenagua

Von Santa Cruz folgt man der Küstenstraße in Richtung Norden, ignoriert nach vier Kilometern die zum Roque de los Muchachos abzweigende „Traumstraße" La Palmas (⇨ „Caldera und Cumbre") und erreicht zwei Kilometer weiter Tenagua, eine Streusiedlung am steil zum Meer abfallenden Hang. Wer sich die Umrundung der Insel vorgenommen hat, hält hier bestenfalls an, um zu tanken – spektakuläre Sehenswürdigkeiten gibt es nicht. Die Schule und das Kirchlein Ermita Sagrado Corazón de Jesús liegen oberhalb der Durchgangsstraße. Ferienhäuser, zumeist mit weitem Blick übers Meer, sind über den ganzen Weiler verstreut.

Unterkunft

●**Ap. Piedra Verde** €, La Verada, Tel. 922430008, Fax 922 430640. Gepflegte und ruhige, von Señora *Carmen* geführte Anlage oberhalb des Ortskerns. 100 Meter nördlich der Tankstelle via Brücke in die mit „Ermita Sagrado Corazón de Jesús" ausgeschilderte Straße einbiegen und ihr einen Kilometer folgen. Die Anlage verfügt über acht geräumige Apartments und vier Bungalows sowie eine Dachterrasse mit Pool und Sonnenliegen. Angrenzend befindet sich die etwas einfachere, gleichfalls mit acht Apartments und Pool ausgestattete Anlage *Piedra Blanca*.

NORDOSTEN

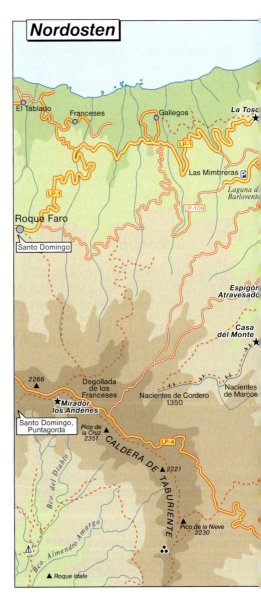

NORDOSTEN

Puntallana

„Flaches Kap" lautet die Übersetzung des Namens. Puntallana liegt auf einer der wenigen ebenen Hochflächen La Palmas, neun Kilometer nördlich von Santa Cruz. Die Landschaft ist von Hügeln und saftigen Wiesen geprägt, ringsum wachsen Obst und Gemüse. Das Zentrum nahe der Durchgangsstraße wirkt etwas steril, doch es lohnt sich, das Viertel unterhalb der Kirche zu besuchen: Dort entdeckt man das kuriose Ethno-Museum Casa Luján, die Quelle San Juan und – man höre und staune – eine deutsche Bibliothek.

Kirche Am Nordrand der weitläufigen, meist leergefegten Plaza liegt die feudale **Iglesia San Juan Bautista** (Johanniskirche). Zwar wurde sie schon 1515 erbaut, doch den letzten Schliff erhielt sie Ende des 19. Jahrhunderts, als ein in Kuba reich gewordener Palmero der Kirche sein Vermögen stiftete. Sehenswert sind im Innern die flämischen Skulpturen, allen voran die Figur des heiligen *Johannes*.

●**Iglesia San Juan Bautista,** Carretera Antigua, geöffnet während der Messe.

Casa Luján In einem romantischen Seitental unterhalb der Kirche befindet sich ein Herrenhaus, das viele Jahre als Rathaus und Schule, unter *Franco* gar als Gefängnis diente – heute öffnet es als **Ethno-Museum.** Hinter einer weißen Mauer mit Türmchen verbirgt sich ein kopfsteingepflasterter Hof, von dem die einzelnen Räume abgehen. In liebevoll zusammengestellten Interieurs sind lebensgroße Puppen arrangiert, die viel über den dörflichen Schulalltag anno dazumal, das Verhältnis von Frau und Mann, Herr und Magd, Jugend und Alter erzählen. Es handelt sich nicht um beliebige Puppen, sondern um *mayos,* Karikaturen palmerischer Typen, wie sie seit Jahrhunderten zum Mai-Fest hergestellt werden: mit schlabberigen Gliedmaßen, maskenartigem Gesicht und aufwendigem Kostüm. Äußerst kurios!

● **Museo Casa Luján,** El Pósito 3, Mo–Sa 10–13 und 16–19 Uhr; erreichbar über die abschüssige Gasse Procesiones oder die breite Straße am nördlichen Ortsausgang.

Bila

Unterhalb der Casa Luján heißt es: „Willkommen im Bibliosphären-Reservat!". Ausgerechnet auf La Palma, in einem Dorf, in dem sich Kröte & Kaninchen „Gute Nacht" sagen, öffnete die erste **deutschsprachige Bibliothek** der Kanaren: Über 5000 interessante Titel können sich Urlauber zum Lesen aussuchen – die Sammlung stammt von einem Berliner Buchladenbesitzer und befindet sich in der ehemaligen Dorfbibliothek –, einer der ersten Gäste war Literaturnobelpreisträger Günter Grass!

● **Bila,** Calle Procesiones 2, www.bila-lapalma.com, Mi–Fr 17–20 Uhr.

Fuente San Juan

Folgt man dem Gässchen ein paar Schritte weiter hinab, kommt man zur **Quelle San Juan:** Aus einem vorragenden Felsen tröpfelt es unentwegt in ein dunkles, mit schwimmendem Farn bedecktes Becken. Davor „hängt" eine kopfsteingepflasterte Terrasse, der Blick reicht über grüne Abgründe zum Meer hinab. Ein so schöner Platz für eine Rast, mag sich der Bürgermeister gedacht haben, ist der ideale Standort für eine Herberge – sie befindet sich seitlich der Quelle.

> ### Wandertipp
>
> Von der Kirche in **Puntallana** führt der gelb-weiß markierte Weg PR-LP 4 über die Calle Procesiones aus dem Ort heraus und vereint sich nach 45 Min. mit dem roten GR-130. Dieser führt in stetem Auf und Ab über den Barranco de Nogales und den Barranco de la Galga bis **San Andrés** (eine Richtung 5.30 Std., mittelschwer; Rückfahrt mit Bus).

LA GALGA

Strand

Die **Playa de Nogales,** ein 450 Meter langer, dunkler Kiessandstrand, zählt zu den schönsten der Insel. Er liegt am Fuß einer wildromantischen, zerklüfteten Steilwand und ist vor allem im Sommer, wenn die See ruhiger ist, bei den Palmeros beliebt. Im Winter kommen sie meist nur zum Sonnenbaden – die gefährlichen Strömungen sind nicht zu unterschätzen! Anfahrt: Gegenüber der *farmacia* (Apotheke) der ausgeschilderten Straße 2 km folgen, dann links in ein Sträßchen und hinter dem zweiten Schild rechts ab zu einem Parkplateau. Von hier kommt man in 15 Gehminuten auf geländergesichertem Weg zum Strand.

Feste

● **24. Juni:** *Fiesta de San Juan.* Auf dem Dorfplatz gibt es ein Fest zur **Sommersonnenwende** und zu Ehren des heiligen Johannes.
● **13. Dezember:** *Fiesta de Santa Lucía.* Fest der Lichterkönigin rund um die Kirche.

La Galga

Nördlich von Puntallana schlängelt sich die Straße in weiten Kehren an der Küste entlang, folgt dem Verlauf tief eingeschnittener Schluchten und passiert mehrere kleine Tunnel. Nach fünf Kilometern erreicht man die Streusiedlung La Galga mit der Casa Asterio, einem bei Einheimischen am Wochenende beliebten Gasthof. Gegenüber vom Lokal geht es auf anfangs asphaltierter Straße zum

> **Wandertipp**
>
> An der LP-1 Km. 16,1 (zwischen zwei Tunneln) markiert ein Info-Häuschen mit Parkplatz den Eingang zu einen herrlich grünen Barranco, den **Cubo de la Galga.** Das Auto kann man hier gut parken. Ein markierter **Naturlehrpfad** (*sendero autoguíado*) führt durch eine mit Lorbeerwald dicht bewachsene Schlucht. Je weiter man läuft, desto enger und schöner wird sie: mit mannshohem Farn, von Felsen herabhängenden „Gärten" und dem unaufhörlichen Tropfen von Wasser. Für den 2 km langen Weg ist eine Stunde einzuplanen.

Übersichtskarte Seite 126

LA GALGA

Nordosten

quellenreichen Lorbeerwald Cubo de la Galga hinauf.

Mirador Folgt man der Straße vom Lokal 600 Meter in Richtung Norden, kommt rechts die Abzweigung zum Mirador mit einem herrlichen Ausblick über die Küste. Von dort erreicht man nach 40-minütigem Abstieg die schwarzsandige, unterhalb steiler Klippen gelegene **Playa de la Galga.**

Unterkunft

●**La Casona de la Galga** €€, Lomo Piñero 29, buchbar über *Isla Bonita* (⇨ „Unterkunft, Urlaub im Landhaus"). Ideal für Gruppen/Seminare: zweistöckiges Haus mit sechs Zimmern, drei Bädern, Küche und Kamin, Wohn- und Esszimmer sowie großem Aufenthaltsraum und Terrassen. Auf Wunsch Vollpension. Ausgeschildert ab Rest. *Casa Asterio* 3,2 km (dabei das CR-Schild nach 900 m ignorieren!).

Essen und Trinken

●**Casa Asterio** €, La Galga, Carretera General del Norte, Tel. 922430111, tgl. außer Di 11–23 Uhr. Werktags wirkt das Lokal zugig und kalt, sonntags aber, wenn die Palmeros herbeiströmen, verwandelt es sich in einen stimmungsvoll-urigen Landgasthof. Empfohlenes Menü: als Vorspeise *queso asado* (gegrillter Schafskäse), als Hauptgericht *garbanzas compuestas* (Kichererbseneintopf) oder pikantes *cabra* (Ziegenfleisch).

Steilküste bei La Galga

Los Tilos

Südlich von Los Sauces zweigt von der LP-1 (bei Km 21.1) die Asphaltstraße LP-105 ab, die nach knapp vier Kilometern an einem Besucherzentrum mit Parkplatz endet – ein unbedingt zu empfehlender Abstecher: **Lorbeerbäume,** durch die kaum ein Lichtstrahl dringt, Rankengewächse und mannshohe Farne, Kaskaden und gurgelnde Bäche! Man befindet sich im Obertal des **Barranco del Agua** (Wasserschlucht) und schon mitten im „Urwald" von Los Tilos, seit 1998 Biosphärenreservat der UNESCO.

Wer Spanisch spricht, mag freilich irritiert sein: *tilos* sind Linden, und diese sind hier nie gewachsen. Korrekt müsste es *tiles* heißen, denn das ist die spanische Bezeichnung für Lorbeer. Zwar ist die Umweltbehörde bereits vor Jahren dazu übergegangen, den Namen in ihren Broschüren zu ändern, doch die Kartografen warten ab, weshalb auch in dem hier vorliegenden Buch die alte Schreibweise beibehalten wird.

Anders als im Mittelmeerraum, wo die Lorbeerwälder aufgrund der Eiszeit eingegangen sind, haben sie auf dem kanarischen Archipel dank des günstigen Klimas überlebt. Allerdings erstreckte der Wald sich vor gut 500 Jahren noch fast über den gesamten Norden La Palmas, während er heute nur noch im Nordosten der Insel in wirklich gutem Zustand ist. Nach der Conquista fielen weite Teile des Waldes der **Rodung** zum Opfer, um den Brennholzbedarf der Zuckerindustrie zu decken; so groß war die Zerstörung, dass ein königliches Dekret erlassen werden musste, in dem jede weitere Abholzung unter Strafe gestellt wurde.

1983 wurde auf La Palma eine 500 Hektar große Enklave erstmals unter Naturschutz gestellt, 1998 wurde sie um Puffer- und Übergangszonen erweitert. Vor zerstörerischen Eingriffen ist sie gleichwohl nicht gefeit. Da es keine Zäune und markierten Grenzen gibt, machen Bauern auch

 Übersichtskarte Seite 126   **LOS TILOS**

Nordosten

weiterhin von ihrem angestammten „Recht" Gebrauch, ihre Ziegen in das fruchtbare Gebiet zu treiben. Daneben sind es vor allem Holzfäller, die gegen die Regeln des Nationalparks verstoßen: Sie schneiden die Stämme junger Bäume ab, um sie als Stützstangen für die Bananenplantagen zu verkaufen. Weitere Probleme entstehen mit dem Anzapfen der Quellen für Bewässerungszwecke und dem zunehmenden Rückgang der Grundwasserreserven.

Eine schone Kurztour führt durch die „Wasserschlucht", den Barranco del Agua

LOS TILOS

Centro de Visitantes

Im **Besucherzentrum** wird man in Filmen und auf Schautafeln über Flora und Fauna des Biosphären-Schutzgebiets informiert.

- **Centro de Visitantes Los Tilos,** Bosque de los Tilos, Tel. 922451246, tgl. 9–17 Uhr, www.lapalmabiosfera.com.

Flora und Fauna

Das kühle, frische Dickicht saugt die Feuchtigkeit der Passatwolken auf – ein faszinierendes Erlebnis für alle Naturliebhaber! In jedem Winkel gibt es Pflanzen und Tiere der ungewöhnlichen Art – so den Lorbeerbaum *til*, leicht an seinen eichelähnlichen Früchten zu erkennen, den *laurel*, dessen dunkle, mattgrüne Blätter nach Lorbeer riechen, und den mit dem Avocado-Baum verwandten *viñatigo*, an dessen giftigem Harz sich Ratten berauschen. In dunklen Felsspalten findet man die Honig-Wolfsmilch und das Gipfelveilchen, mit etwas Glück sieht man seltene Lorbeertauben und Sturmtaucher.

Essen und Trinken

- **Casa Demetrio** €, Bosque de los Tilos, Tel. 922451081, tgl. ab 10 Uhr. Nach einer Wanderung kehrt man gern in dem Waldgasthof, 100 Meter unterhalb des Besucherzentrums, ein. Es gibt *queso a la brasa* (gegrillten Käse), Fleisch und Fisch, am Wochenende auch deftigen *puchero* (Eintopf). Vom Salatteller waren mehrere Leser enttäuscht.

Wandertipp

Um den botanischen Zaubergarten zu erwandern, braucht man Regenschutz und festes Schuhwerk. Mehrere schöne Wege stehen zur Wahl, alle nehmen ihren Ausgang nahe dem Parkplatz. Eine Kurztour führt in den **Barranco del Agua** (⇨Wanderung 17), die zweite hinauf zum **Mirador Espigón** (⇨Wanderung 18). Eine dritte startet hinter dem *Centro de Visitantes* und führt hinauf zum Aussichtspunkt Mirador de Barandas (PR LP 6; hin und zurück 1.30 Std.).

Los Sauces

Zusammen mit dem tiefer gelegenen und sehr viel schöneren San Andrés bildet Los Sauces die Gemeinde San Andrés y Sauces. Der Ort erstreckt sich über mehrere Kilometer entlang der Hauptstraße und ist das im Nordosten wichtigste **Landwirtschafts- und Handelszentrum.** Nach der Eroberung wurde hier Zuckerrohr, das „weiße Gold", angebaut, das in der Destillerie von Puerto Espíndola bis in die Gegenwart zu Rum weiterverarbeitet wird. Beliebt ist auch der hier hergestellte *miel de caña* (Zuckerrohrsirup). Das wichtigste Anbaugut allerdings sind heute Bananen, daneben gibt es – in kleinerem Umfang – Tabak und Yamswurzeln *(ñames).*

Rathausplatz und Kirche

An der **Plaza del Ayuntamiento,** dem großen Rathausplatz mit Springbrunnen, macht man gern eine Pause. Man dreht eine kleine Runde und wirft einen Blick in die Kirche am Südrand der Plaza. Sie wurde kurz nach der Conquista erbaut, Stifter war ein reicher Kaufmann aus Katalonien, der sie der Schutzpatronin seiner Heimat weihte. So verwundert es nicht, dass man auf Schritt und Tritt der Jungfrau von Montserrat begegnet, als Skulptur am Hochaltar und auf zahlreichen Gemälden. Am schönsten präsentiert sie sich auf der „Katalanischen Tafel" in der Taufkapelle (rechts vom Eingang), die der flämische Meister *Pieter Pourbus* im 16. Jahrhundert schuf.

● **Iglesia de Nuestra Señora de Montserrat,** Plaza de Montserrat, unregelmäßig geöffnet.

Molino

Eine **Wassermühle** von 1875 wurde restauriert und in ein Gofio-Museum verwandelt, das aber nur zu Festtagen öffnet. An der vom Rathaus in die „Oberstadt" führenden Straße 600 Meter steil talaufwärts (Calle Los Molinos 33).

LOS SAUCES

Unterkunft

- **Pensión El Drago** €, Carretera General s/n, Tel. 922 450350. Fünfstöckiges Haus am südlichen Ortseingang über der gleichnamigen Bar. Zwölf mit dunklen Holzmöbeln eingerichtete Zimmer, ein jedes mit edlem Marmorbad. Infos bei Señor *Rubén* in der Bar.

Landhäuser:
- **Casa Perestelo** €€, Calle Montañeta 8, Tel. 928356337, Mobiltel. 659973268, günstig auf Wochenbasis über *Karin Pflieger* (s.u.). Ein weinrotes Gutshaus mit großem Obstgarten und drei komfortablen Apartments. *Carmen*, die sympathische Besitzerin, hat die Villa ihrer Eltern zeitgemäß aufpoliert, dabei aber ihren ursprünglichen Charme bewahrt: Herausgekommen sind Wohnungen in gehobenem Landhausstil, angereichert um Antiquitäten. Neben dem Haupthaus (mit Originalmöbeln, Balkendecken und Fußböden durchweg aus Holz) gibt es zwei ca. 35 qm kleine Apartments im Erdgeschoss *(Lonja, Bodega)* und das mit Terracotta-Böden eingerichtete, 60 qm große Apartment im Nebengebäude *(Pajero)*. An Annehmlichkeiten wie Fön, Mikrowelle, Kaffeemaschine, Elektroheizung etc. fehlt es hier nicht. Abends trifft man sich auf der Gartenterrasse; wenn's kalt ist, wärmt man sich am nostalgischen Öfchen. Auf Wunsch können Kleingruppen (max. 10 Pers.) gern auch die gesamte Villa Perestelo buchen. Anfahrt: Von der zentralen Plaza der Hauptstraße in Richtung Barlovento folgen und an der markanten Straßenbiegung nach 600 m (vor der Bar El Canal) 200 m hangaufwärts, dann rechts und nach 100 m wieder rechts!
- **Casa Alameda** €€, Plaza 6, buchbar über *Karin Pflieger* (⇨ „Unterkunft, Urlaub im Landhaus"). Herrschaftliches, denkmalgeschütztes Haus am Hauptplatz, schöne antike Holzmöbel, von der Küche spaziert man zur Dachterrasse hinauf. Max. vier Personen.

Essen und Trinken

- **Caboco** €, Carretera General 5, Tel. 922451425. Beliebtes Lokal nahe der Plaza. Gemütlich geht's an der Bar zu, wo süßer Malvasier aus eigenem Anbau fließt, dazu hausgemachter Kräuterlikör und Rum aus Los Sauces. Zum Essen gibt's Tapas, die man sich in der Vitrine aussucht.
- **Bar Caribe**, Alonso Pérez Díaz 2, Tel. 922450202, So Ruhetag. Tapas-Bar an der höher gelegenen Seite der Plaza.

Feste

- **27. April:** *Fiesta de Nuestra Señora de Montserrat*. Fest zu Ehren der Schutzpatronin, der katalanischen Jungfrau von Montserrat.

San Andrés

Inmitten ausgedehnter Bananenfelder liegt San Andrés, einer der ältesten und schönsten Orte der Insel. Von Santa Cruz kommend, zweigt noch vor Los Tilos eine ausgeschilderte Straße rechts ab, eine zweite Zufahrt bietet sich ab Los Sauces. In San Andrés empfiehlt es sich, den Wagen schon vor der Bar *Miami* abzustellen, danach geht es über eine kopfsteingepflasterte Gasse steil hinab zur großen, stimmungsvollen Plaza. Eine strahlend weiße Kirche steht in ihrer Mitte, ringsum reihen sich schmucke Herrenhäuser und Palmen. Zur Küste hin öffnet sich der Platz zu einer Terrasse – über Bananenplantagen blickt man weit hinunter aufs Meer.

San Andrés – einst Sommerfrische der Zuckerbarone

SAN ANDRÉS

Ort der Zuckerbarone

San Andrés wurde 1507, kurz nach der Conquista, gegründet. Hier gab es fruchtbaren Boden und viel Wasser, sodass die frisch gebackenen Großgrundbesitzer rasch mit dem Anbau des Exportschlagers Zucker beginnen konnten. Vom nahe gelegenen Naturhafen Puerto Espíndola wurde das „weiße Gold" nach Europa verschifft, wo es einen hohen Preis erzielte. Zwar brach der Export aufgrund karibischer Konkurrenz im 17. Jahrhundert zusammen, doch die Häuser der Zuckerbarone blieben bis heute erhalten.

Iglesia de San Andrés

Die Zuckerbarone waren es auch, die im Jahr 1515 die Pfarrkirche stifteten. Zum Schutz vor Piratenangriffen wurde sie als **Wehrbau** errichtet, was ihr wuchtiges Aussehen erklärt. Dagegen ist das Innere von barocker Pracht beherrscht: Golden glänzt der Hochaltar mit einer geschnitzten Figur des heiligen *Andreas;* ihm zur Seite stehen die „Jungfrau des Sieges" und die „Rosenkranzmadonna" – Werke einer flämischen Werkstatt des 17. Jahrhunderts. Eher kurios wirkt eine große, vom Schein Dutzender Weihkerzen erleuchtete Tafel, an der amulettartige Anhänger, archaische Holzpuppen und aus Wachs geformte Arme und Beine hängen.

Charco Azul

Vom Ortszentrum führt ein zehnminütiger Küstenweg zum **Meerwasserschwimmbecken,** einem der besten Badeplätze im Norden La Palmas. Mit dem Auto ist es über die nach Puerto Espíndola führende Straße erreichbar. An der Steilküste hat sich das Meer weit vorgearbeitet und große Becken ausgeformt, die durch Mauern befestigt wurden. So kann man im „Blauen Teich" (Charco Azul) gefahrlos baden, während sich nur wenige Meter entfernt hohe Wellen brechen. Zwischen den Becken verlocken attraktive Liegeflächen mit Bambusschirmen zum Sonnenbad, ein Lokal bietet Fischgerichte, Snacks und kühle Drinks an.

Puerto Espíndola

Folgt man vom Charco Azul der Straße nach Norden (fünf Minuten zu Fuß), gelangt man nach Puerto Espíndola, dem ehemaligen Exporthafen von San Andrés und Los Sauces. Er liegt am Fuß gewaltiger Steilhänge; eine weit ausgreifende Mole bietet Schutz vor dem Meer. Täglich fahren **Fischerboote** hinaus, ihr Fang landet direkt im Hafenrestaurant.

Immer noch in Betrieb ist die **Destillerie,** in der wie in alten Zeiten das oberhalb der Hauptstraße angebaute Zuckerrohr zu Rum *(Ron de Aldea)* verarbeitet wird. Die Herstellung erfolgt unmittelbar nach der Ernte im Frühjahr und dauert bis zum Sommer; in dieser Zeit kann man die Fabrik besichtigen und den abgefüllten Rum kaufen.

Unterkunft

In San Andrés:
● **Pensión Las Lonjas** €, Calle San Sebastián 16, Tel. 922 450736. Pension am südlichen Ortseingang mit vier Zimmern, allesamt schlicht, aber freundlich eingerichtet mit hellen Holzmöbeln, jedes mit eigenem Bad. Einziger Nachteil: Man tritt von der Straße direkt ins Zimmer, vorbeifahrende Autos sind unüberhörbar. Seitlich des Hauses ist die Straßennummer 16 vermerkt, während an der Frontseite die Zimmer nummeriert sind. Die freundliche Besitzerin wohnt im ersten Stock.
● **Pensión San Andrés** €, Calle San Sebastián 4, Tel. 922 450539. Die Pension schräg gegenüber der Bar *Miami* ist auch unter dem Namen Martín bekannt. Die freundliche *Adela* vermietet ein Apartment und drei Zimmer; ab drei Tagen Aufenthalt gibt es Rabatt.
● **Ap. San Andrés** €, La Plaza 8, Tel. 922451624. Ein großes, funktional eingerichtetes Apartment auf der malerischen Plaza im Schatten der Dorfkirche. Leider ist es nach Auskunft der Besitzer für die Dauer der nächsten drei Jahre fest vermietet.

In Charco Azul:
● **Ap. Miriam** €€, Calle El Melonar, Tel./Fax 922450739. Señora *Miriam* vermietet neben ihrer Bäckerei (Dulcería) 12 Apartments in einem villenartigen Haus: geräumig, gemütlich und komfortabel, mit Wohnküche, Schlafraum, Bad und Balkon bzw. Terrasse. Den schönsten Blick über grüne Bananenterrassen aufs wellengepeitschte Meer bieten die oberen Wohnungen bzw. die Eck-Apartments Richtung Straße. Das nur wenig teurere *ático* (Dachwohnung) hat eine riesige Terrasse und die beste Sicht.

San Andrés

Essen und Trinken

- **San Andrés** €€, Plaza de San Andrés 7, Tel. 922451725, tgl. außer Mi 12–23 Uhr. Lokal im Schatten der Kirche, am schönsten sitzt man auf der Terrasse mit Blick auf die Palmen. Für eine Erfrischung reicht's, doch isst man Fisch besser und preiswerter im Mesón del Mar (s.u.).
- **Mesón del Mar** €€, Puerto Espíndola, Tel. 922450305, tgl. außer Di 13–17 und 18.30–22.30 Uhr, www.mesondelmar.com. 1,5 Kilometer nördlich von San Andrés gibt es frischen Fisch im „Meereshaus". Der Name verspricht nicht zu viel: Am schönsten sitzt man auf dem Balkon, blickt auf die sich an Betonquadern brechenden Wellen und genießt *camarones* oder *gambas* (kleine und große Garnelen) oder *pulpo en salsa* (Tintenfisch in Soße); dazu gibt es Salat und *papas arrugadas con mojo* („Runzelkartoffeln"). Auch die ausgefallenen Desserts von *Señor Juan Luis* verdienen ein Lob. Zum Abschluss sollte man sich den *aguardiente*, den hausgemachten Kräuterlikör, nicht entgehen lassen. Sonntags empfiehlt es sich zu reservieren, denn an diesem Tag ist es meist rappelvoll.

Feste

- **16. Juli:** *Fiesta del Carmen*. In Puerto Espíndola sticht *Carmen*, die Schutzheilige der Fischer, in See, danach wird zu Lande gefeiert.
- **Ende Mai/Anfang Juni:** *Fiesta de Corpus Cristi*. Zu Fronleichnam werden die Straßen des Orts mit Blütenteppichen geschmückt.
- **30. November:** *Fiesta de San Andrés*. Fest zu Ehren des Ortsheiligen.

La Fajana

Gut sechs Kilometer nördlich von Los Sauces geht es auf einer schmalen Straße nach La Fajana hinunter. Hier ist im Halbrund an die Klippen ein Restaurant gebaut, das einen fantastischen Ausblick auf die Steilküste und das wellengepeitschte Meer bietet. Bei ruhiger See erfrischt man sich mit einem Sprung in die aus Lavastein geschlagenen **Naturschwimmbecken** (piscinas). Es gibt Umkleideräume und Duschen, im Sommer ist sogar der Rettungsdienst anwesend. In Sichtweite liegt der unter Denkmalschutz stehende **Leuchtturm von Punta Cumplida** (Faro de Barlovento), der seit 1867 seine Warnlichter in die Nacht strahlt.

Unterkunft

●**Ap. La Fajana** €€, La Fajana 25, Tel. 922186162. Ganz nah an Naturschwimmbecken und Meer: fünf Apartments, vermietet von *Miguel Ferraz*, dem Besitzer der gleichnamigen Bar.

Essen und Trinken

●**La Gaviota** €, Piscinas de la Fajana, Tel. 922186099, tgl. 11–22 Uhr. Die Auswahl ist klein, doch ist das, was geboten wird, frisch: *pescado del día* (Fisch vom Tage), Meeresfrüchte-Paella und gegrillte Langusten. Passend zum Fisch: der weiße Hauswein aus Mazo.

Wandertipp

Der rot markierte Cabildo-Weg GR 130 führt von **Barlovento** über den Weiler **La Tosca** in etwa drei Stunden ins verträumte **Gallegos**, das „Dorf der Galicier". Wer gut bei Fuß ist, kann die herrliche, aber anstrengende Tour via **Francesés** und **El Tablado** bis **Santo Domingo** fortsetzen (ab Los Gallegos weitere 7 Stunden). Unterwegs gibt es nur eine kleine Unterkunft in Francesés (Anschrift s.u.), für die lange Tour empfiehlt sich deshalb die Mitnahme eines Schlafsacks!

Mesón del Mar in Puerto Espíndola,
dem Hafen von San Andrés – hier gibt's ausgezeichnete Fischgerichte

Barlovento

Kalt ist's in diesem Ort – besonders im Winter, wenn der Passatwind dichte Wolkenbänke heranführt. Barlovento liegt knapp 600 Meter hoch, eine unwirtliche Ansiedlung, die sich über mehrere Kilometer entlang der Carretera General erstreckt. Palmerische Bauern freilich blicken voll Neid auf den Ort, denn bei über 800 Millimetern Niederschlag pro Jahr fällt die Ernte reich aus. Auf den fruchtbaren Terrassenfeldern gedeihen Bananen und Avocados, Zitrusfrüchte und Gemüse aller Art. Die Einwohnerzahl zeigt seit wenigen Jahren wieder ansteigende Tendenz; die aus der Emigration zurückgekehrten Bewohner investieren ihr Vermögen in den Kauf alter Steinkaten oder in die Schaffung moderner Zweckbauten.

Der Tourismus will bisher nicht so recht Fuß fassen – die *Casas Rurales* stehen meist leer, nur *La Palma Romántica,* das schöne Hotel am südwestlichen Ortsausgang, erfreut sich regelmäßig wiederkehrender Stammkunden, bei denen es sich meist um passionierte Wanderer handelt. Diese lieben die wild-herbe, fast **irisch anmutende Landschaft,** die geheimnisumwitterten Wälder und die stürmische Nordküste – seit prähispanischen Zeiten spannt sich ein Wegenetz inmitten der Hänge und Hügel. Abends versammelt man sich dann vor dem wärmenden Kamin im Hotel und tauscht Erfahrungen aus, plant vielleicht auch schon den Wandertrip des kommenden Tages.

Kirche — Einzige Sehenswürdigkeit des Ortes ist die **Iglesia Virgen del Rosario** (Rosenkranzkirche), erbaut um die Wende vom 16. zum 17. Jahrhundert. Der barocke Hauptaltar birgt ein flämisches Bildnis der Madonna, das noch Züge der Spätrenaissance trägt. Unterhalb des Chors steht ein andalusisches Taufbecken aus glasierter Keramik. Die Glocke stammt aus Kuba, dem Emigrationsziel vieler Familien im 18. und 19. Jahrhundert.

Stausee In einem Vulkankrater, zwei Kilometer südwestlich des Ortes, liegt die **Laguna de Barlovento.** Sie verdankt ihren Namen den Teichen, die sich zur Winterzeit bildeten, wenn sich die lehmige Erde des Vulkankraters vollsaugte mit Flüssigkeit. Seit es vor einigen Jahren gelungen ist, das Becken abzudichten, können über fünf Millionen Kubikmeter des kostbaren Nasses gespeichert werden: Die Laguna de Barlovento ist das größte Wasserreservoir der Insel.

Im Winter ist es am Stausee oft unangenehm kalt. Man befindet sich hier auf einer Höhe von ca. 700 Metern, nicht selten ist die Sicht aufgrund feuchter Wolkenschwaden stark eingeschränkt.

Christen kontra Moslems – eine Spiel-Schlacht im Barranco

„Viva la muerte" (Es lebe der Tod) – etwas irritierend ist es schon, diesen Schlachtruf auf der sonst doch so friedlichen Insel La Palma zu hören. Doch am zweiten Augustsonntag hallt er kilometerweit durch die Schluchten des Nordens. Alle drei Jahre, das nächste Mal 2011 (Infos im Rathaus unter Tel. 922186002), ziehen in Barlovento Christen gegen Moslems zu Felde. Bei der **Fiesta de la Virgen del Rosario** wird die **Schlacht von Lepanto** aus dem Jahr 1571 nachgestellt. Damals besiegten die vereinten christlichen Truppen in Griechenland unter dem Banner der Rosenkranzmadonna das osmanische Heer und beendeten damit die muslimische Mittelmeerherrschaft.

Schauplatz der Spiel-Schlacht ist der Barranco del Pilón. Anfangs weht auf der Festung der Osmanen (eine Papp-Kulisse) noch die rote Flagge mit dem Halbmond, Männer mit Turban halten Wacht. Doch dann tut sich etwas auf dem imaginären Meer. Kriegsschiffe gehen in Stellung, und es erklingt der Donner von Kanonenschüssen. Christliche Matrosen entern die türkischen Boote und zerstören, was nicht hieb- und stichfest ist. Anschließend muss die Festung dran glauben. Unter krachendem Artilleriefeuer wird sie gestürmt, zu den Klängen der Nationalhymne wird die spanische Flagge gehisst. Alsdann werden die gefangenen Türken in Ketten gelegt und zur Kirche geschleppt, wo sie unter dem wachsamen Auge der Madonna zwangsgetauft werden. Das Spektakel endet mit einer gemeinsamen Prozession, an der auch die soeben zum Katholizismus konvertierten Moslems teilnehmen.

Neben dem See wurde ein **Erholungspark** angelegt, der vor allem bei kanarischen Familien beliebt ist: mit Feuerstellen und Tischen, Kinderspielplatz und kleinem Lokal. Der zugehörige Campingplatz verfügt über mehrere *cabañas* (Holzhütten), in denen bis zu sechs Personen Platz finden. Zusätzlich gibt es eine Anlage für Camping-Wohnwagen. Am Wochenende öffnet ein Marktstand mit Obst und Gemüse, in einem Kunsthandwerksladen (ab 11 Uhr) werden gehäkelte Deckchen, Schnaps und allerlei Süßes angeboten.

• **Camping Laguna de Barlovento** €, Tel. 922186482.

Unterkunft

• **La Palma Romántica** €€€, Carretera General, Tel. 922 186221, Fax 922186400, www.hotellapalmaromantica.com. Ruhiges Berghotel inmitten schöner Landschaft, 1 km nordwestlich des Ortskerns an der Straße nach Santo Domingo. Lösen sich die Wolken auf, so hat man einen herrlichen Blick auf die bewaldeten Hänge und den Atlantik. Im Garten gibt es einen Süßwasserpool, im Innenbereich ein Becken mit Gegenstromanlage und einen Whirlpool. Der Hotelbus fährt Gäste vormittags zum Naturschwimmbecken La Fajana hinunter und holt sie nachmittags wieder ab. Die meisten der 41 Zimmer sind für 2 Personen ausgestattet; die größeren Familienzimmer für 3 bis 4 Personen liegen im älteren Gebäudetrakt. Tischtennis ist kostenlos, für Tennis und Mountainbike, Kegeln und Billard, Dampfbad und Sauna muss man zahlen. Auf Wunsch werden Mietwagen gestellt. Durch ein Teleskop kann man den nächtlichen Himmel La Palmas betrachten.

• **Casas Rurales** €€, buchbar über *Isla Bonita* (⇨ „Unterkunft, Urlaub im Landhaus"). Die meisten der über die Finca-Zentrale buchbaren Häuser liegen 4 bis 6 km von Barlovento entfernt, vorwiegend im Weiler Las Cabazedas. Keine schlechte Wahl ist die *Casa Pedro* auf dem Lomo Quinto und die *Casa Peluquina* auf dem Lomo de la Florida. Beide sind mit 325 Metern relativ niedrig gelegen und bieten Platz für 5 bzw. 4 Personen. Kühler ist es bereits in der *Casa Eloína* (Lomo de la Florida, 450 m Höhe). Vorsicht bei Buchungen im Weiler Las Paredes: die Häuser liegen oft in dicken Wolken, 500 bis 600 m hoch!

Essen und Trinken

• **La Palma Romántica** €€, Carretera General, Tel. 922186221, Fax 922186400, tgl. 12.30–16 und 18.30–22.30 Uhr. Warm-gemütliches und elegantes, ans Hotel angeschlossenes Restaurant mit internationaler Küche. Da die Besitzerin aus der Schweiz kommt, gibt es z.B. Kalbsfleisch Zürcher Art.

Übersichtskarte Seite 126 **BARLOVENTO** 145

Nordosten

● **Las Goteras** €, Parque de la Laguna, Tel. 922186024, tgl. außer Di 12–23 Uhr. Uriges Lokal im Erholungspark Laguna de Barlovento. Hier gibt es gute palmerische Küche. Vor allem am Samstagnachmittag herrscht hervorragende Stimmung. Man sitzt rings ums offene Kaminfeuer und genießt deftiges Fleisch, oft auch *queso asado con mojo*, gegrillten, mit Mojo-Soße beträufelten Ziegenkäse.

Weiterfahrt entlang der Nordküste

Auf dem Weg Richtung Westen hat man kurz hinter Barlovento die Qual der Wahl, muss sich entscheiden, ob man auf der erlebnisreichen, inzwischen asphaltierten Piste oder auf der bequemen, gut ausgebauten Küstenstraße weiterfahren will. Wählt man die Piste, so folgt man der Ausschilderung zur **Laguna de Barlovento** und hält sich an der folgenden Gabelung rechts. Es geht durch pechschwarze Tunnel und märchenhaften Lorbeerwald – und zwischendurch hat man Ausblick auf tiefe, mit Wacholder und mannshohem Farn überwucherte Schluchten. Nach 15 Kilometern mündet die Piste kurz vor Roque Faro wieder in die Hauptstraße.

Übersichtskarte Seite 126 **BARLOVENTO**

Bed & Breakfast im hohen Norden

Der rot markierte Cabildo-Weg GR 130 führt in gut 4 Std. von **Barlovento** über die Weiler **La Tosca** und **Gallegos** nach **Franceses**. Hier gibt es die einzige Unterkunft weit und breit: Über einen grünen Steilhang blickt man auf den endlosen Atlantik und hört nichts außer Vogelgesang. *David* und *Ann* haben ihr Gehöft restauriert und darin ein Zimmer sowie eine Casa Rural eingerichtet – letztere mit allem Drum und Dran, einer komfortablen Wohnküche, Schlafraum im Obergeschoss, einem herrlich nostalgischen Bad sowie kleinem Garten. Die Gäste teilen sich einen gemütlichen Aufenthaltsraum sowie eine urige Bodega, in der sie bei Wein und Kerzenschein den Tag ausklingen lassen. Anfahrt Von der LP-1 bei Km. 45 in Richtung Franceses abbiegen und gegenüber der Artesanía Las Tierras links in die abwärts führende Piste!

● **La Casita** €€, Franceses, Lomo de las Tierras 34, unbedingt vorher reservieren: Mobiltel. 660512005, www.lacasita-lapalma.com.

Nordosten

Wählt man in Barlovento die gut ausgebaute, auch vom Linienbus befahrene Küstenstraße, so passiert man den **Mirador La Tosca**, erkennbar an einer hoch aufschießenden Palme. Vom Aussichtspunkt blickt man auf die hügelige Küstenlandschaft, den größten Drachenbaumhain der Insel und die Gehöfte des Weilers **Las Toscas** hinunter. Von der Küstenstraße zweigen in der Folge mehrere Straßen rechts ab – kehrenreich führen sie zu einsamen Dörfern hinab, die einst von galicischen und französischen Einwanderern gegründet wurden.

Mit Lorbeerbäumen bewachsene Barranco-Flanken

Der bäuerliche Südosten

Der bäuerliche Südosten

Kurzinfo Südosten

- **Touristeninformation:** Büros am Flughafen (Aeropuerto, Tel. 922426212) und in Los Cancajos (Paseo Marítimo, gegenüber Centro Cancajos, Tel. 922 181354).
- **Bank und Post:** in Breña Baja (San Antonio), Breña Alta (San Pedro) und Mazo; Geldtausch in Los Cancajos vorerst nur an Automaten und bei Autovermietungen.
- **Gesundheitszentrum:** *Centro de Salud Breña Baja*, Tel. 922181181; Breña Baja, Tel. 922435935; Breña Alta, Tel. 922438000; Mazo, Tel. 922440804; im Einkaufszentrum von Los Cancajos gibt es ein privates Ärztezentrum (Tel. 922434211), in allen genannten Orten auch Apotheken.
- **Markt:** Sa/So Bauernmarkt in Mazo
- **Internet:** Tauchladen „La Palma Diving Center" im Einkaufszentrum *Centro Cancajos* (Los Cancajos).
- **Wandertouren:** organisiert ab Los Cancajos
- **Tauchschule:** in Los Cancajos
- **Reiten:** Ausflüge ab Breña Alta
- **Flughafen:** wenige Kilometer südlich von Los Cancajos, bisher kein Nachtverkehr.
- **Taxi:** Los Cancajos, Tel. 922181383; Aeropuerto, Tel. 922181128, Breña Baja, Tel. 922434046; Breña Alta, Tel. 922437228; Mazo, Tel. 922440078.
- **Autovermietung:** Niederlassungen am Flughafen (günstig *CICAR*) sowie rund ums Einkaufszentrum von Los Cancajos. Natürlich kann man Autos auch über die jeweilige Hotelrezeption anmieten.
- **Bus:** Von Los Cancajos gelangt man schnell und bequem in die **Hauptstadt** und zum **Flughafen** (Linie 8). San Antonio und San Pedro sind bestens angeschlossen an Santa Cruz – Los Llanos (Linie 1); interessant ist auch Linie 3, die den gesamten **Süden** umrundet (Santa Cruz – Breña Baja – Mazo – Los Canarios – Los Llanos); **Fahrplan im Anhang!**

Vorhergehende Seite: Altes Landhaus, aufwendig restauriert – die Casa Felipe Lugo in Mazo

ÜBERBLICK

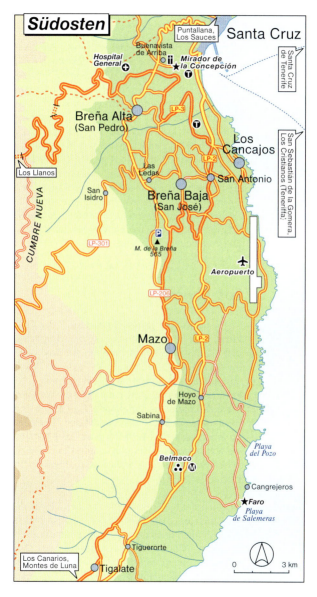

LOS CANCAJOS

Überblick

Blühende Gärten und Felder, Villen von Amerika-Heimkehrern und Ferienhäuser deutscher Residenten: Der Landstrich zwischen Santa Cruz und Mazo galt schon immer als privilegierte Wohngegend. Die üppige Vegetation verdankt sich dem feuchten Passat, der in den höheren Lagen für Wolken und Niederschläge sorgt. Unmittelbar südlich der Hauptstadt befindet sich in Los Cancajos das neben Puerto Naos größte Urlaubszentrum der Insel. Im Hinterland schließen sich die Gemeinden Breña Baja und Breña Alta an, die mit einer Vielzahl kleiner Wohnbezirke enorm zur Zersiedlung beigetragen haben. Angenehm ländlich wird es erst ab Mazo, wo Weiden, Tabakfelder und Weinhügel vorherrschen.

Los Cancajos

Los Cancajos, der **größte Touristenort der Ostküste,** liegt auf halber Strecke zwischen Flughafen und Hauptstadt. Wo bis 1980 nur ein paar Wellblechhütten standen, reiht sich heute ein Hotel und Apartmenthaus ans nächste. Einen traditionellen Ortskern gibt es nicht, dafür ein mehrstöckiges Einkaufszentrum mit Supermarkt, Geschäften und Bars. Im Vergleich zu den gedrängten Touristenhochburgen in Süd-Teneriffa mag Los Cancajos gut abschneiden – dennoch schade, dass nicht alle Unterkünfte so gute Architekten hatten wie die Hacienda San Jorge.

Strand Ungefährdet baden kann man an den **Playas de los Cancajos,** zwei kleinen, von Felsvorsprüngen eingerahmten Buchten mit vorgelagerten Wellenbrechern. Hier werden Liegen vermietet. Der schwarze Lavasandstrand ist in weniger als fünf Minuten von den Hotels *Hacienda San Jorge* und

LOS CANCAJOS

Der Strand von Los Cancajos wird im Sommer bewacht

Sauberkeit am Strand: Raucher erhalten gratis Aschenbecher

154 Los Cancajos

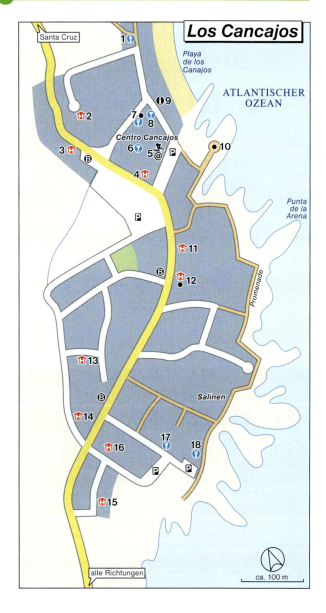

Taburiente Playa zu erreichen. Von den übrigen Anlagen aus geht man etwas länger.

Promenade Oberhalb des Meeres wurde ein Spazierweg angelegt; er führt entlang der stillgelegten Salinen und bietet herrliche Ausblicke auf die bizarr geformte Küste. An seinem Nordende, oberhalb der Badebucht, wurde eine **Touristeninformation** eingerichtet, 500 m weiter werden auf einer **Freilichtbühne** (Anfiteatro), sofern das Wetter es erlaubt, Konzerte gegeben: Auf dem Programm stehen Klassik und Folklore, Jazz und Pop. In den auf das 18. Jahrhundert zurückgehenden **Salinen** kann man studieren, wie einst das für die Konservierung von Fleisch und Fisch dringend benötigte Salz gewonnen wurde. Man betritt die Anlage durch ein Portal aus gemeißeltem Stein (im letzten Jahr leider geschlossen). Der Promenadenweg endet vorerst auf der Höhe der Apartmentanlage *La Caleta*, wird aber wahrscheinlich bald schon verlängert. Aufgrund der Nähe zum Flughafen muss während des Spaziergangs mit Fluggeräuschen gerechnet werden.

Essen und Trinken
- 1 El Pulpo
- 6 Mama Lupita
- 7 Casablanca, Café Vista Playa
- 8 Bar Lambada
- 17 Sadi, Café Backeria
- 18 La Marina

Sonstiges
- 5 La Palma Diving Center & Internet
- 7 Bicicletas Autos Damián
- 9 Touristeninformation
- 10 Freilichtbühne
- 12 Buceo Sub La Palma

Unterkünfte
- 2 Hacienda San Jorge
- 3 Cancajos
- 4 Centro Cancajos
- 11 Taburiente Playa
- 12 Costa Salinas
- 13 El Cerrito
- 14 Oasis San Antonio
- 15 Las Olas
- 16 La Caleta

- Ⓑ Bushaltestelle
- Ⓟ Parkplatz
- Fußgängerzone

LOS CANCAJOS

Ausflüge Wer in Los Cancajos seinen Urlaub verbringt, ist tagsüber meist unterwegs. Mit dem Mietwagen erreicht man in 30 bis 45 Minuten die schönsten **Wanderziele.** Reiseveranstalter organisieren für Hotelgäste zahlreiche Bustouren. Nicht nur bei schlechtem Wetter zu empfehlen: ein Besuch der nur fünf Kilometer entfernten Hauptstadt mit Markt und Museen.

Info •**Touristeninformation:** *Información Turística,* Paseo Marítimo/Los Cancajos 34, Tel./Fax 922181354, So geschl. Gegenüber vom *Centro Comercial Cancajos,* fast am Nordende der Promenade, werden Touristen in einem Pavillon mit Broschüren versorgt.

Unterkunft •**Taburiente Playa** €€€, Playa de los Cancajos, Tel. 922 181277, Fax 922181285, www.h10.es. Größtes Hotel auf einer Klippe direkt über dem schäumenden Meer. Zum Baden geht man entlang der Küstenpromenade 300 Meter zur Nachbarbucht. Das zur H-10-Kette gehörende sechsstöckige Haus bietet viel Komfort. Durch eine elegante Empfangshalle gelangt man in einen riesigen, an einen Dschungel erinnernden Innenhof: Schlingpflanzen gleiten von den Galerien herab, über dunkle Felsen fließen Rinnsale und und sammeln sich in Goldfischtümpeln. Hat man die Halle auf Brücken durchquert, gelangt man in große Aufenthaltsräume sowie in den Speisesaal, in dem ein opulentes Frühstücks- und Abendbuffet angeboten wird. Der Garten könnte mehr Grün vertragen, doch gibt es zwei Süßwasserpools und so viele Sonnenliegen, dass kein Gedränge aufkommt. Fast jeden Abend gibt es eine Show – die Palette reicht von Flamenco über klassische Gitarre bis zu Salsa und Merengue. Die 283 geräumigen Zimmer und neun Suiten sind ausgestattet mit Klimaanlage oder Heizung, Sat-TV und Balkon. Fast alle haben Meerblick: Wer viel Sonne wünscht, fragt nach Südseite und Pool, wer die Aussicht auf Santa Cruz bevorzugt, wählt die Nordseite. Bei Buchung der „Bergseite" schaut man über Straße und Parkplatz. Fitnessangebot gratis, Tennis, Sauna und Massage gegen Gebühr. Kinder können den Miniclub des benachbarten und der gleichen Leitung unterstehenden Costa Salinas mitbenutzen.

•**Ap. Costa Salinas** €€€, Playa de los Cancajos, Tel. 922 434348, Fax 922434510, www.h10.es. Große Apartmentanlage am Meer, direkt neben dem zur gleichen Kette gehörenden Hotel *Taburiente Playa,* dessen Sporteinrichtungen mitbenutzt werden können. *Costa Salinas* bietet weniger Komfort, ist aber gleichwohl sauber und gepflegt. Vor allem Familien mit Kindern fühlen sich hier wohl, denn viele der 140 Apartments verfügen neben einem Wohnraum über zwei Schlafzimmer. Zum Haus gehören ein Restaurant und eine Bar (hier oft Live-Musik), dazu ein Kinder-Miniclub und ein Süßwasserpool. Ein gut sortierter Supermarkt befindet sich gleich nebenan.

●**Ap. Cancajos** €€€, Carretera de los Cancajos s/n, Tel. 922 416329, Fax 922412486, www.apartamentoscancajos.com. Eine terrassenförmig in den Hang gebaute Anlage am Ortseingang von Los Cancajos. Die acht Apartments sind hell und geräumig und mit Naturstein und Terrakottafliesen geschmackvoll gestaltet; schwere mexikanische Holzmöbel verleihen ihnen einen rustikalen Touch. Jedes Apartment verfügt über Satelliten-TV und eine große Terrasse. Der Pool befindet sich mit separatem Kinderbecken oben am Hang, noch ein Stück höher liegt der Grillplatz. Freundliche Rezeption, ideal für ruhesuchende Gäste.

●**Aparthotel Hacienda San Jorge** €€€, Playa de los Cancajos 22, Tel. 922181066, Fax 922434528, www.hsanjorge.com. Mit Hilfe des Künstlers *Facundo Fierro* wurden diese pastellfarbenen Häuser im kanarischen Stil erbaut, inmitten der Gartenlandschaft findet sich ein geschwungener Meerwasserpool (mit Kinderbecken). Die Anlage liegt direkt an der Küste, der Strand ist über die Promenade schnell erreicht (200 Meter). Viele der 155 Apartments bieten Blick auf Garten und Meer. Für Botanikfreunde wird einmal wöchentlich eine Führung durch das zum Haus gehörende Orchidarium angeboten. Massage, Sauna, Dampfbad und Fitnessraum gegen Gebühr.

●**Las Olas,** Playa de los Cancajos, Tel. 922434052, Fax 922434085, www.a-caledonia.com, buchbar über zahlreiche Reiseveranstalter. Das weitläufig angelegte Aparthotel (mit sechs Nebengebäuden und 182 großzügig geschnittenen Apartments) steht am südlichen Ortsrand und ist nach den „Wellen" *(lasolas)* benannt, die einige hundert Meter entfernt an die Küste schlagen. Vom Hotel zum Strand läuft man gut zehn Minuten. Erker und Balkone sorgen für ein freundliches Gesamtbild, vom Restaurant und dem Terrassencafé sieht man das Meer. Familien mit Kindern wählen gern die Zimmer im Erdgeschoss, die Anlage verfügt über zwei Pools und einen Paddle-Tennis-Platz.

●**Ap. Centro Cancajos** €€, Centro Cancajos, Tel. 9221813 00, Fax 922434403, www.apcancajos.com. Ältere, architektonisch wenig ansprechende Anlage mit 144 funktionalen Apartments. Man sollte eines mit vollem Meerblick wählen; bei den übrigen hat man die Wahl zwischen Ausblick auf Parkplatz, kargen Hang oder Innenhof mit der gegenüber aufragenden Hauswand. Der zugehörige Pool befindet sich auf einer Terrasse. Wer Halbpension bucht, speist im benachbarten Restaurant *La Fragata*.

●**Ap. El Cerrito** €€, Playa de los Cancajos, Tel. 922434985, Fax 922433177, www.elcerrito-lapalma.com. 40 sehr ge-

LOS CANCAJOS

räumige Apartments (alle über 80 qm, mit Terrasse oder Balkon, Meerblick und Sat-TV) gruppieren sich in zwei terrassenförmig angelegen Gebäuden um eine Garten- und Poollandschaft. Zum Strand läuft man knapp 10 Minuten.
- **Ap. Oasis San Antonio** €€, Calle San Antonio del Mar s/n, Tel. 922433008, Fax 922435471, www.oasis-sananto nio.com. Freundliche Anlage oberhalb der Durchgangsstraße, 68 Apartments gruppieren sich um einen Pool. Für Gäste Minigolf und freies Internet.
- **La Caleta** €€, Playa de los Cancajos, Tel. 922433015, Fax 922434085, www.hotellacaleta.es. 62 einfache Apartments mit ein oder zwei Schlafzimmern, gruppiert um einen Pool. Mit Restaurant und Pool-Bar.

Essen und Trinken

In einem Ferienort, in dem die große Mehrzahl der Gäste Hotels mit Halbpension bucht, ist es nicht leicht für Restaurants, zu überleben. Die Fluktuation ist groß, nur wenige Cafés und Lokale halten sich länger als fünf Jahre.
- **Sadi** €€, Urb. La Cascada, Tel. 922181463, Mo 18–23 Uhr, Di–Sa 13–23 Uhr. Das Lokal, wohl eines der besten der Insel, bietet dem Gast Entspannung pur: Die Tische sind mit Leinen eingedeckt, vorherrschende Farben sind Beige, Ocker und Olivgrün. Im Hintergrund ertönt leise meditative Musik, die von den Papageien *Gina* und *Giovanni* „aufgelockert" wird. *Sabina* serviert virtuos, was Küchenchef *Dieter* zubereitet: vorneweg einen Gratis-Appetithappen, danach frisches Gemüse, Austernpilze, Fleisch und Fisch mit ausgefallenen Soßen und hausgemachte Pasta – hervorragend schmecken z.B. die Zucchini mit Champignons, Mandeln und Maracuja und die Gemüse-Lasagne. Alle Gerichte sind mit frischen Kräutern angerichtet und mit Blüten liebevoll dekoriert – ein Vergnügen, hier zu speisen!
- **Casablanca** €€, C.C. Los Cancajos, tgl. ab 12.30 Uhr. In einer Passage versteckt, aber nur wenige Schritte von der Promenade nahe der Touristeninfo. Ein überdimensionales Schwarz-Weiß-Fresko zeigt Szenen aus dem Film „Casablanca" und bildet den Rahmen für ein gutes italienisch-rustikales Lokal. Die Pasta ist hausgemacht, die Pizza kommt

Hacienda San Jorge:
von traditioneller Architektur inspiriert

aus dem Holzkohleofen. Auch Carpaccio und Tintenfisch „a la genovés" (auf Kartoffelscheiben dünn aufgeschnitten und mit Essig und Öl angemacht) gibt es. Viele Desserts stammen aus eigener Herstellung, für den Nachmittag zu empfehlen: Tiramisú und dazu italienischer Moi-Kaffee! Gut sitzt man auch auf der sonnigen Terrasse.

●**Mama Lupita** €€, C.C. Cancajos, Tel. 922433591, www.mamalupita.com, tgl. ab 12 Uhr. Lockeres Ambiente im Mexiko-Look im Innenhof des Einkaufszentrums, bei Palmeros beliebt: Die Küche ist dem „mediterranen Gaumen angepasst", d.h. stark entschärft. Vorneweg bestellt man diverse Soßen, zum Dippen gibt es Maisstäbchen *(palos de maíz)*, Pita-Brot, Nachos oder mexikanische Pommes *(papas mejicanas)*. Anschließend hat man die Wahl zwischen *burritos, enchilladas* und *taquitos,* Pizza, Fleisch und Fisch. Wer hungrig ist, entscheidet sich für die *revolución,* drei unterschiedlich gefüllte Teigtaschen. Außer mildem Sol-Bier wird Wein aus Südamerika und La Palma angeboten.

●**El Pulpo** €€, Playa de los Cancajos, Tel. 922434914, tgl. außer Mi 12.30–15.30 und 18–21 Uhr. Einfaches, traditionsreiches Lokal direkt am Strand, das allen Modernisierungsversuchen widerstanden hat. Frischer Fisch solange der Vorrat reicht, Garnelen in Knoblauchsoße und dazu Landwein vom Fass – nicht mehr so billig wie früher, aber immer noch gut.

●**Café Vista Playa** €, Centro Cancajos, Tel. 922430616, tgl. 10–18 Uhr. Der Name hält, was er verspricht: Durch Panoramafenster blickt man aufs Meer und die Bucht von Los Cancajos. Dazu bestellt man hausgemachten Kuchen, mediterrane Tapas und Tagesgerichte.

●**Backería** €, Urb. La Cascada, tgl. außer Do 8–19 Uhr. Links vom Restaurant Sadi: *Elke* und *Michael* haben das Souterrainlokal aufgepeppt, bieten Frühstück, Kaffee & Kuchen sowie kleine Tagesgerichte.

Einkaufen

Kosmetika, Souvenirs und Kunsthandwerk findet man im **Centro Cancajos.** Ein **Supermarkt** öffnet in der Apartmentanlage Las Olas.

Nightlife

Die abendliche Unterhaltung (Shows, Cabaret, Folklore) beschränkt sich zumeist auf das in den Hotels vorgestellte Programm.

●**Lambada,** *Centro Cancajos,* tgl. geöffnet. Wenn die Hausband zu Folk und Folklore aufspielt (mehrmals wöchentlich ab 21 Uhr), ist das kleine Lokal nahe der Promenade rappelvoll. Das Publikum ist bunt gemischt – von Jung bis Alt und von Deutsch bis Kanarisch ist alles vertreten. *Dicky* bietet Warsteiner Bier oder La-Palma-Wein vom Fass, preiswerten, frisch gepressten Orangensaft und hausgemachten Kuchen.

LOS CANCAJOS

Aktivitäten

● **Wandern:** *Natur Trekking,* Ap. Valentina 4 (Breña Baja), Tel. 922 433001, www.natour-trekking.com. Bekannter Anbieter von Wanderungen im Westen und Osten der Insel. Einen Vorgeschmack auf die Touren erhält man bei den kostenlosen Dia-Vorträgen in mehreren Hotels.

● **Tauchen:** *Dana* und *Hermann,* die mehrere Jahre eine Tauchbasis vor Ort leiteten, waren vom hiesigen Spot begeistert: „Hinter den Wellenbrechern öffnet sich das große Blau. Die Wellenbrecher sind zu einem künstlichen Riff geworden und bieten Fischschwärmen ein sicheres Plätzchen, unter anderem ein paar neugierigen Makaronesen-Zackenbarschen. Links und rechts der Bucht findet man Lavaströme, Canyons, Kamine und Höhlen. Ab 27 Meter Tiefe entdeckt man rote Gorgonien. Die gesamte Bucht ist durch ihre geschützte Lage strömungssicher und durch den geschützten Einstieg fast ganzjährig betauchbar." Zurzeit konkurrieren zwei Tauchschulen um die Gunst der Klienten:

La Palma Diving Center, Centro Cancajos, Tel. 92218 1393, www.la-palma-diving.com. *Uwe Merkel* leitet die Tauchschule im Einkaufszentrum. Man kann sich in der Basis fertig machen und läuft dann mit der Ausrüstung direkt zum Strand, es gibt also keine umständliche Packerei und die warme Dusche nach dem Tauchen ist garantiert. Großer Wert wird auf den erholsamen Charakter der Tauchgänge gelegt, die Gruppen sind klein. Wer vor allem den Flachwasserbereich schätzt, bescheidet sich mit Masken, Schnorchel und Flossen – bekommt man alles im Laden, wo man übrigens auch seine Mails anschauen kann.

Buceo Sub La Palma, Hotel H10 Costa Salinas, Local 3, Tel. 922181113, www.scuba-diving-la-palma.de. Die zweite Tauchschule wird von *Manuela* und *Jürgen* geführt. Der Laden befindet sich rechts neben dem Eingang zum Hotel *Costa Salinas.*

● **Radfahren:** *Bicicletas Autos Damián,* Centro Cancajos, Local 211, Tel. 922434688, paam74@hotmail.com. In dem Laden an der Südseite des Centro Cancajos werden ausschließlich Mountainbikes verliehen.

Breña Alta und Breña Baja

Las Breñas: „zerklüftetes, mit Gestrüpp bedecktes Gelände" – so sah es südlich der Hauptstadt aus, bevor die spanischen Eroberer kamen und das Gebiet landwirtschaftlich erschlossen. Heute gilt es als bevorzugte Wohngegend wohlhabender Palmeros, aber auch deutsche Residenten entdecken ihre Liebe zu diesem Landstrich. Villen und Apartmentanlagen, von denen viele zur Vermietung frei stehen, verteilen sich über die sanft ansteigenden Hänge – eine Landschaft reich an Gärten, vereinzelt werden noch Tabak und Wein angepflanzt.

Breña Alta, das „hohe", spaltete sich 1634 von Breña Baja, dem „niederen" Breña, ab. Beide Gemeinden bestehen aus mehreren Ortschaften und Weilern, von denen aber nur wenige über einen geschlossenen Ortskern verfügen: so San Pedro in Breña Alta, San José und San Antonio in Breña Baja. Für Touristen haben die Weiler nicht viel zu bieten, weiter oben, in San Isidro, öffnete ein kleines Tabakmuseum.

BREÑA ALTA UND BREÑA BAJA

San Pedro

Sehr lebendig geht es zu allen Tageszeiten an der **Plaza** von San Pedro zu. Die Männer des Ortes treffen sich am Kiosk und diskutieren wie in alten Zeiten über Gott und die Welt. Unterhalb des Platzes befindet sich die **Iglesia de San Pedro Apóstol,** eine Wallfahrtskirche aus dem 16. Jahrhundert, die in der Folge mehrfach erweitert wurde. Das heute dreischiffige Gotteshaus rühmt sich eines üppig-barocken Altars und eines grün glasierten Taufbeckens, von dem es heißt, in ihm seien die ersten Ureinwohner getauft worden.

Los Gemelos

An der Straße von San Pedro nach San Isidro kann man (hinter einem Haus versteckt) Los Gemelos, die berühmten **Zwillingsdrachenbäume,** bewundern. Sie sind an die 15 Meter hoch, ihr Alter wird auf etwa 300 Jahre geschätzt. Gern erzählt man sich auf La Palma die Geschichte zweier Brüder, die in die gleiche Frau verliebt und darüber so unglücklich waren, dass sie gemeinsam den Tod suchten. Die umworbene Frau setzte ihnen ein Andenken: Der Legende zufolge pflanzte sie zwei Drachenbäume und goss sie mit dem Blut der beiden Brüder.

El Sitio

Auf ihrer **Finca** in San Isidro (oberhalb von Breña Alta) haben die Señores *Inmeldo* und *Antonio González*, die seit ihrer Kindheit in der Welt des Tabak zuhause sind, mit Unterstützung der EU ein „lebendiges Museum" geschaffen, in dem man von der Aussaat bis zum Rollen der Zigarren nachvollziehen kann, wie die palmerischen *puros* entstehen. Die Blätter für die Zigarren werden in den grünen Hügeln oberhalb von Las Breñas und Mazo angepflanzt. Mit kubanischem, brasilianischem und sumatrischem Tabak vermischt ist ihr Geschmack am besten. Die vor Ort hergestellten Zigarren kann man natürlich auch kaufen. Die Finca

Garten im Osten der Insel

ist aufgrund dezenter Ausschilderung etwas schwer zu finden: Von der LP-202 fährt man bei Km. 10,3 (San Pedro) in Richtung El Pilar (zonas recreativas), und biegt knapp unterhalb der Bar *Casa Lucío* links ein in den Camino La Cueva.

●**El Sitio,** Camino La Cueva 19, Tel. 922435227, www.fincatabaqueraelsitio.com, vorerst Mo–Fr 9–13 Uhr (Eintritt frei).

Unterkunft

Wer in Las Breñas seinen Urlaub verbringen will, benötigt ein Auto. Fast alle Apartmenthäuser und Fincas liegen deutlich abseits der Busstrecke Santa Cruz – Los Canarios.

●**Parador de La Palma** €€€, Carretera de El Zumacal s/n (Breña Baja), Tel. 922435828, Fax 922435999, www.parador.es. Staatlich geführtes Luxushotel im spanischen Kolonialstil, einen Kilometer oberhalb von Breña Baja gelegen, mit schönem Innenhof und weitläufigen, stilvoll eingerichteten Aufenthaltsräumen, dazu ein großer Garten mit Süßwasserpool und Sonnenterrasse. Die 78 komfortabel eingerichteten Zimmer bieten einen herrlichen Blick über die Küste aufs Meer. Benutzung von Sauna und Fitnessraum sind im Übernachtungspreis inbegriffen. Im Restaurant wird in stilvollem Rahmen palmerische Küche serviert, gut schmeckte beim letzten Besuch das Kaninchenragout in warmer Mojo-Soße. Für alle, die es hinaustreibt: Der Strand von Los Cancajos liegt fünf Kilometer, die Hauptstadt acht Kilometer entfernt.

●**Ap. Vista Bella** €€, La Polvacera 312, San José (Breña Baja), Tel./Fax 922434975, www.la-palma.de/vistabella, Rezeption Mo–Fr 9–12 und 14–16 Uhr. Anlage unter deutscher Leitung, meist von TUI-Gästen belegt: neun rustikale Apartments in zwei getrennten, zweistöckigen Gebäuden mit kanarischem Balkon und Blick übers Meer. Im gepflegten Garten befinden sich ein 6x12 m großer Süßwasserpool, ein Pavillon mit Grill, ein Tennisplatz mit Flexbelag und eine Tischtennisplatte.

●**Casa Carlota** €€€, Breña Alta, buchbar mind. 5 Tage, über *Isla Bonita* (⇨ „Unterkunft, Urlaub im Landhaus"). Das zur Sonnenseite ausgerichtete, hundertjährige Landhaus liegt in 350 m Höhe inmitten eines Gemüse- und Obstgartens. Mit Wohnküche, zwei Schlafzimmern, kleinem Marmorbad und einer Terrasse mit schöner Aussicht. Für Komfort sorgen Sat-TV, Internet-Anschluss, Heizung und Waschmaschine. Die Toilette befindet sich außerhalb des Hauses.

Casa Carlota

Breña Alta und Breña Baja

●**Ap. Miranda** €€, Cuatro Caminos 83, San José (Breña Baja), Tel./Fax 922434295, www.apartamentsmiranda.com. Gepflegte Anlage mit Garten und Pool. Die acht Studios für zwei Personen sind gemütlich eingerichtet und geräumig, vom Balkon bietet sich ein weiter Blick aufs Meer. Wer seinen Laptop mitbringt, kann rund um die Uhr surfen. Die Rezeption ist meist nur vormittags besetzt.

●**Ap. Madoyber** €€, La Polvacera 11 (Breña Baja), Tel./Fax 922434185. Zweistöckige Anlage im Neubaugebiet des Ortsteils La Polvacera. 15 Apartments und kleiner Süßwasserpool, *María Luisa* sitzt in der Rezeption, sie spricht Englisch. Das Haus liegt an der Hauptstraße Santa Cruz – Los Canarios, nahebei befinden sich die Bushaltestelle und das Lokal Casa Pancho.

●**Ap. Los Molinos** €€, Finca Amado 2, San José (Breña Baja), Tel. 922434925, Fax 922434875, www.apartamentoslosmolinos.es. Neuere Anlage mit 40 aneinander gereihten Apartments, bestens in Schuss und alle mit Kamin. Wohnen Sie im ersten Stock, so genießen Sie Meerblick über Garten und Pool hinweg. Ein Mietwagen tut not – die nächste Einkaufsadresse befindet sich im tiefer gelegenen Ortsteil San José, 1 km entfernt. Bei der Anfahrt der Ausschilderung „Finca Amado" folgen!

●**Ap. Mayoysa** €/€€, Vista Alegre 340, San Antonio (Breña Baja), Tel./Fax 922434594. Einen Kilometer vom Ortszentrum gelegenes Haus, umgeben von Bananenfeldern, aber auch vielen neuen Einfamilienhäusern. Die vier funktiona-

len Apartments sind je 45 Quadratmeter groß und verfügen über einen kleinen Wintergarten, nur zwei haben Meerblick. Auf dem Dach befinden sich ein Pool sowie ein großer Gemeinschafts-Wintergarten. *Manuel, Yoya* und *Samuel* heißen die Besitzer, aus deren Anfangsbuchstaben sich der Name des Hauses zusammensetzt.

Essen und Trinken

●**La Mocanera** €€, Carretera Zumacal 115, San Antonio (Breña Baja), Tel. 922435151, tgl. außer Mi 12.30–16 und 18.30–23 Uhr. Das Haus aus dem 19. Jh. verfügt über eine gemütliche Stube für kühle Tage sowie einen Pavillon und eine Terrasse für sonnige Stunden. Vorab werden warme Knoblauchbrötchen serviert, dann hat man die Wahl zwischen Fleisch oder Fisch vom Holzkohlegrill und Pizza. Am nördlichen Ortsausgang von San Antonio einbiegen in die LP-125 in Richtung San Pedro.

●**Casa Pancho** €, La Polvacera, San Antonio 283 (Breña Baja), Tel. 922434834, tgl. außer Mo 9–22 Uhr. Lokal im Ortskern von San Antonio (die untere Küstenstraße nach Hoyo de Mazo/ Belmaco zweigt hier ab). Die Theke ist stets von Männern umlagert, es gibt gute und preiswerte Tapas, manchmal auch *platos preparados* (Tellergerichte).

●**Kiosco La Plaza** €, Plaza de San Pedro (Breña Alta), Tel. 922437652, tgl. außer Mo 7–24 Uhr. Beliebter Treff in der Mitte des Dorfplatzes; stets gute Tapas, auf Bestellung auch gebratene Hühnchen.

Einkaufen

●**Centro de Artesanía La Carnicería,** Cuesta de San José 47 (Breña Baja), wechselnde Öffnungszeiten, am sichersten Di–Sa 16–19 Uhr. Eine ehemalige Metzgerei, nun ein kleines, schmuckes Geschäft, in dem Kunsthandwerk, Zigarren und Wein verkauft werden – alles exklusiv aus Breña Baja. Das rote Haus liegt nördlich des Ortszentrums von San José an der Straße nach Zumacal nahe dem Parador.

●**Centro de Artesanía La Destiladera,** Calle Benahoare s/n, San Pedro (Breña Alta), meist Mo–Fr 8–14 Uhr. Hinter dem *Centro de Salud* (Gesundheitszentrum) von San Pedro: kleine Kunsthandwerksstätte mit lokalen Zigarrendrehern, Webern, Töpfern und Korbflechtern.

Aktivitäten

●**Reiten:** *Centro Hípico La Vaquera,* San Isidro (Breña Baja), Tel. 629824551. Reitstall an der Straße nach El Pilar, angeboten werden Reitausflüge auf Pisten und Waldwegen.

Käse aus Mazo

Breña Alta und Breña Baja

Feste

- **19. März:** *Fiesta de San José.* Zu Ehren des Ortsheiligen.
- **3. Mai:** *Fiesta de la Cruz.* Tausende von Pilgern bewundern die von den Frauen des Ortes kunstvoll geschmückten, nach Gagelbaum und Heide duftenden Kreuze. Kinder lassen Ballons in die Luft steigen. Erinnert wird an die Eroberung der Insel durch die Spanier.
- **15. Mai:** *Fiesta de San Isidro.* Ein Fest jagt das nächste: Für den Schutzheiligen des Ackerbaus legen die Palmeros ihre typischen Trachten an, in San Isidro finden eine Prozession und ein großer Viehmarkt statt.
- **13. Juni:** *Fiesta de San Antonio.* Pech für diesen Ortsteil: Die Bewohner müssen sich ihren Schutzheiligen mit San Antonio del Monte im Nordwesten La Palmas teilen.
- **29. Juni:** *Fiesta de San Pedro.* Die Bewohner San Pedros singen ein Loblied auf ihren Schutzpatron und führen ihn auf einem goldenen Sessel über Blütenteppiche durch die Stadt.
- **25. Juli:** *Santiago Apóstol y Santa Ana.* Zwei Wochen lang feiert San José die heilige *Anna,* Mutter der Jungfrau *Maria,* und mit ihr den heiligen *Jakobus.*
- **24. Dezember:** Mitternachtsmesse. Einer der stimmungsvollsten Weihnachtsbräuche: Zum hypnotischen Klang von Kastagnetten singen Männer alte Volkslieder.

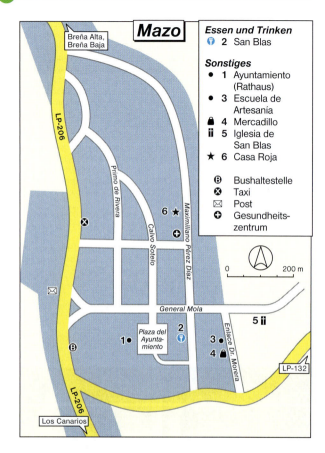

Mazo

Am Samstagnachmittag sind die Straßen des 400 Einwohner zählenden Dorfes Mazo arg verstopft: Zum **Bauernmarkt** kommen Urlauber von der ganzen Insel, um sich mit frischem Obst und Gemüse, Brot, Käse und Wein einzudecken. Aber auch an den übrigen Wochentagen herrscht Bewegung im Ort; eine wachsende Zahl von Deutschen hat Mazo als Ferienort entdeckt und will mindestens eine Woche hier bleiben. Rings um den Ort entstanden in den vergangenen Jahren *Casas Rurales* (Landhäuser), die zur Vermietung stehen und von denen sich einige – trotz der im Südosten nicht immer sicheren Wetterlage – großer Beliebtheit erfreuen. Mazo hat eine geschichtsträchtige Kirche, ein interessantes Museum und ein Zentrum für Kunsthandwerk, bietet kleine Geschäfte, Bars und Restaurants. Alles, was wichtig ist, liegt dicht beieinander, an der Hauptstraße befinden sich Bank, Post und Apotheke.

Iglesia

Die weiß gekalkte **Ortskirche** zählt zu den ältesten und schönsten der Insel. Sie thront auf der untersten Terrasse des Orts, Holzkreuze an der abschüssigen Dorfstraße weisen den Weg. In der zwei Jahre nach der Conquista errichteten Kapelle wurden die Altkanarier getauft. Ende des 19. Jahrhunderts wurde die Kirche verschönt und um zwei Seitenschiffe erweitert. Blickfang im Innern sind die reich verzierten Barockaltäre und die ausdrucksstarken Skulpturen flämischer Meister. Besichtigung nur vor und nach jeder Messe.

● **Iglesia de San Blas,** Calle General Mola s/n

Casa Roja

Sehenswert ist auch die Casa Roja, ein **Palast aus der Belle Epoque** (1911), wie ihn sich nur reiche, aus Amerika heimkehrende Emigranten leisten konnten. Das „Rote Haus" wirkt verspielt und kokett, viele Fenster weisen zum Meer. Nachdem in den 1970er Jahren der Versuch scheiterte, hier ein Hotel zu etablieren, verwandelte es die Gemeinde in ein **ethnografisches Museum.** Das Erdgeschoss ist dem Fronleichnamsfest von Mazo gewidmet. Fotos und Bilder sowie Fragmente eines Blumenteppichs vermitteln einen Eindruck vom Ablauf der Fiesta.

Das Obergeschoss ist der **Stickerei** gewidmet. Ausgestellt sind Tischdecken und Vorhänge,

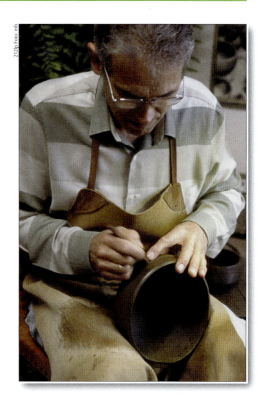

Messgewänder und Trachten. Allen, die weder mit Blumen- noch mit Stickereikunst etwas anzufangen wissen, könnte gleichwohl die Innenarchitektur gefallen: ein lichtdurchfluteter Innenhof, mosaikartige Fliesen und hell gebeizte Balkendecken!

●**Museo Casa Roja,** Calle Maximiliano Pérez Díaz s/n, Tel. 922428587, Mo-Fr 10-14 Uhr und 15-18 Uhr, Sa 11-18, So 10-14 Uhr (im Sommer länger), Eintritt 2 €, Kinder 0,75 €.

In der Mühle wird nach traditioneller Art getöpfert

MAZO

Escuela de Artesanía

Der pastellfarbene Palast, in dem die **Schule für Kunsthandwerk** untergebracht ist, zeigt, welche Bedeutung man der Tradition in Mazo beimisst: Man ist stolz auf Stickerei, Korbflechterei und Töpferei und sorgt dafür, dass sich auch die nachfolgenden Generationen für sie begeistern. Im Ausstellungs- und Infosaal kann man die schönen Stücke erwerben.

● **Escuela de Artesanía,** Calle Doctor Pérez Morera 2, in der Regel Mo–Fr 9–14 Uhr.

El Molino

An der unteren Küstenstraße ist die **Mühle** schon von weitem sichtbar: Ein großes Windrad erhebt sich aus einem blühenden Garten mit knallroten, haushohen Weihnachtssternen. In der Mühle ist ein **Töpferatelier** untergebracht, in dem *Ramón* und seine Frau *Vina* künstlerisch anspruchsvolle Keramik herstellen. Seit mehr als zwei Dutzend Jahren sind sie schon am Werk und die Begeisterung für ihre Arbeit ist noch immer nicht erloschen. In Windeseile zaubern sie aus Tonklumpen Gefäße und ritzen mit einem Holzgriffel archaische Muster hinein.

Doch *Ramón* und *Vina* beschränken sich nicht auf die Reproduktion altkanarischer Keramik, sondern schaffen auch ausdrucksstarke **Skulpturen,** die ein wenig an *Ernst Barlach* und *Gerhard Marcks* erinnern. Sehr schön sind die ca. 20 Zentimeter großen Krippenfiguren oder die fast metergroßen Plastiken, die in sich gekehrte, ernste Menschen zeigen.

● **Céramica El Molino,** Monte de Pueblo 27 (Ctra. Hoyo de Mazo), Mo–Sa 9–13 und 15–19 Uhr.

Mirador

Die Umgebung von Mazo mit ihren üppigen Wiesen, Bäumen und Sträuchern verlockt zu Spaziergängen. Besonders zu empfehlen ist der Weg zur Aussichtsplattform auf dem 565 Meter hohen Vulkanberg **Montaña de la Breña.** Vom Bauernmarkt kommend verlässt man die LP-1 (Richtung Santa Cruz) an der ersten halblinks abzweigenden Stra-

MAZO

ße und erblickt zur Rechten nach 1,4 Kilometern einen schönen **Picknickplatz** *(zona recreativa)* mit Grillöfen, Wasser und Toiletten. Wir befinden uns am Fuße des besagten Vulkankegels.

Über die Nordflanke geht's mit dem Auto hinauf, über die Südflanke führt ein steiler, deutlich ausgetretener Fußweg. Er endet an einem umzäunten Wendeplatz, von dem man nach wenigen Stufen die Aussichtsplattform erreicht. Für die Mühen des Aufstiegs wird man mit einem prachtvollen Panoramablick über die Ostküste belohnt.

Info	●**Im Internet:** www.villademazo.es
Unterkunft	●**Finca Arminda** €€€, Calle Lodero 181 (LP-132), Tel./Fax 922428432, auch über TUI buchbar. Altes herrschaftliches Anwesen an der unteren Küstenstraße, ab Gabelung La Polvacera 2,3 Kilometer in Richtung Süden. Señora *Arminda,* die das Haus von ihren Großeltern geerbt hat, hat es mit antiken Möbeln, Gemälden und Lüstern so edel ausgestattet, dass man sich fast wie im Museum fühlt – fehlt nur das Schild „Bitte nicht berühren". Die fünf Suiten gruppie-

Das „rote Haus" in Mazo

ren sich um einen Patio, am schönsten sind die Zimmer 1 und 2 mit Blick über die Bananenplantagen aufs Meer. Das Frühstück wird meist im Freien vor dem kleinen Pool eingenommen, bei schlechtem Wetter an einer gemeinsamen Tafel im Esszimmer. Insgesamt ein herrliches Haus, vor allem im Sommer!

●**Casa Carmen** €€, Playa del Pocito/Callejones, Tel./Fax 922440602, www.casacarmen.de. Mit ihrem Engagement macht *Erika Trezzi* alle Nachteile des Hauses (holprige Zufahrt, rationierter Generator-Strom, Flugzeuge im Landeanflug) spielend wett. Das Haus liegt am Rand von Bananenplantagen nahe der zerklüfteten Küste. Beide Apartments sind mit Holzmöbeln freundlich eingerichtet. Nur das größere hat Meerblick, doch beiden steht ein Garten mit Pool und Liegewiese zur Verfügung. Auf Wunsch serviert *Erika* Frühstück im großen Patio, wo gern ein paar Katzen vorbeischauen. Die Eier stammen von eigenen Hühnern, das Brot ist selbst gebacken, Avocados und andere Früchte kommen frisch vom Baum auf den Tisch. Auch die Buchung des Abendessens lohnt: Da *Erika* früher ein Restaurant betrieb, kocht sie sehr gut. Anfahrt: Vom Flughafen Richtung Mazo, hinter dem Lokal Casa Goyo erste Abzweigung links (ausgeschildert „Playa del Pocito").

Landhäuser:
(Kontakte: ⇨ „Unterkunft, Urlaub im Landhaus")
●**Casa Felipe Lugo** €€, Camino Montaña la Breña 101a (La Rosa), buchbar über *Karin Pflieger* (⇨ „Unterkunft, Urlaub im Landhaus"). Vorbildlich restaurierte, sehr komfortable *Casa Rural* im Schatten der kegelförmig aufragenden Montaña Breña. Sie liegt in 520 Metern Höhe inmitten wild wuchernder Blumenwiesen, Mispel- und Orangenbäumen und bietet von fast allen Fenstern weiten Meerblick. Es wurde weder an wertvollen Materialien noch an schönen Einrichtungsgegenständen gespart, gleich beim Betreten des Hauses fühlt man sich wohl und geborgen. Es verfügt über eine große Wohnküche mit Terrakottaboden und Balkendecke, rustikalem Tisch, Vitrinenschrank und vielen liebevollen Details. Der Salon mit Dielen, hohem Holzgewölbe und offenem Kamin lädt zu gemütlichen Stunden ein; durch einen Paravent abgetrennt ist ein Raum mit Ausziehbett (Schlafmöglichkeit für zwei Personen). Das eigentliche Schlafzimmer ist hell und gemütlich, das Bad elegant. Der Clou des Hauses aber ist die Fußbodenheizung (eine Rarität auf La Palma!), die auch im Winter für behagliche Wärme sorgt. Es gibt eine Terrasse und einen Grill im Garten. Das Nachbarhaus im gleichen Stil bietet Platz für vier weitere Personen. Anfahrt: Von der LP-206 zwischen Km 4 und 5 in die Straße nach Montaña La Breña einbiegen und dieser knapp 1 km folgen, wo links ein Schild auf das Haus verweist.

●**Finca Marisol** €€, Av. La Alameda 18, buchbar über *Karin Pflieger* (s.o.). Für große Familien bzw. kleine Gruppen: ein hundertjähriges Anwesen in 420 Metern Höhe mit drei Doppelzimmern und einem Einzelzimmer, Wohnsalon und Bad. Zusammen mit der Küche in einem separaten Häuschen bietet es 240 Quadratmeter Wohnfläche, nicht mitgerechnet die Terrassen mit Obst- und Mandelbäumen. Nach Mazo sind es zu Fuß etwa zehn Minuten.

●**Casa Fidel** €€, Monte Breña 119b, buchbar über *Karin Pflieger* (s.o.). Noch etwas weiter nördlich: ein kleines, von Avocado- und Orangenbäumen eingerahmtes Landhaus, ruhig gelegen und mit Holzmöbeln gemütlich-rustikal eingerichtet. Von der umlaufenden Terrasse bietet sich ein weiter Blick aufs Meer, aufgrund der Überdachung kann man selbst bei schlechtem Wetter grillen. Mit Wohnküche, Schlafraum und Bad, gut für zwei bis vier Personen.

●**Casa Sitio Madrina** €€, Los Callejones 24, buchbar über *Isla Bonita* (⇨ „Unterkunft, Urlaub im Landhaus"). Attraktives, 85 Quadratmeter großes Haus knapp einen Kilometer südlich vom Ortszentrum, oberhalb der Straße LP-132, mit zwei Doppelzimmern, Wohnraum und Küche sowie einem nur über die Terrasse zugänglichen Bad. Einziger Nachteil: die unverputzte Mauer hinterm Haus und die Geräusche der vorbeifahrenden Autos.

●**Casa El Molino** €€, Monte de Pueblo 27, Tel. 922440213, auch buchbar über *Isla Bonita* (⇨ „Unterkunft, Urlaub im Landhaus"). Romantisches Haus neben dem Töpferatelier El Molino in gut 300 Metern Höhe, gemütlich und freundlich geführt. Auf über 100 Quadratmetern verteilen sich zwei Doppel- und ein Einzelzimmer, Wohnraum mit Kamin und Sat-TV, Küche, Bad und Patio.

●**Casa Rosa María** €€, Monte de Pueblo 43, buchbar über *Isla Bonita*. Nahe der Casa El Molino: ein schmales Bauernhaus für zwei bis vier Personen mit Terrasse und Vorgarten. Schlicht eingerichtet, handbestickte Vorhänge und Bettüberzüge sind der einzige Schmuck. Auch das Bad ist klein, ausgestattet mit Sitzwanne. Die Küche ist nur über die Terrasse zugänglich. Von der Carretera Hoyo del Mazo in den Camino El Linar einbiegen, nach 100 Metern rechts.

●**Casa Salazar** €€, La Crucita 67 (LP-132), Tel. 922428258, buchbar über *Isla Bonita* (s.o.). Unmittelbar über dem Flughafen gelegenes Haus aus dem 18. Jahrhundert mit vier Doppelzimmern (jedes mit eigenem Bad), gut für Kleingruppen bis zu acht Personen; mit Wohnküche, Lesezimmer und Aufenthaltsraum.

Essen und Trinken

●**San Blas** €€, Calle María del Carmen Martínez Jerez 4, Tel. 922428360, tgl. außer Mo 13–16 und 19.30–22.30 Uhr. In der Tasca servieren *Jorge* und *José* deftige Tapas in lockerem Ambiente, feiner geht es im oberen Restaurant zu. Dort sitzt man unterm offenen Dachstuhl am leinenge-

Stadtplan S. 168, Übersichtskarte S. 151 **MAZO**

deckten Tisch und lässt sich an kühlen Tagen vom Kaminfeuer wärmen. Auf der Karte stehen Pizza und Pasta, aber auch Fleischesser kommen nicht zu kurz: Ziegenfleisch ist frisch und zart, Spezialität des Hauses sind Rinder- und Schweinefilet mit Pfeffer-, Champignon-, Käse- und Avocado-Soße. Fragen Sie auch nach dem Tagesgericht *(sugerencia del día)*! Vorneweg greift man zum gebratenen Ziegenkäse, zum Abschluss zum hausgemachten *flan*. Ein Gratis-Likör versüßt die Rechnung.

Einkaufen

- **Mercadillo,** Enlace Doctor Morera Bravo, Sa 15–19 Uhr, So 8–13 Uhr. Bauernmarkt mit vielen palmerischen Spezialitäten (⇨Exkurs).
- **Bodegas El Hoyo,** Los Callejones 60 (LP-2), Mo–Do 8–14 und 15.30–17.30, Fr 8–14 Uhr. 75 Weinbauern haben sich zu einer Genossenschaft zusammengetan und gut zwei Kilometer unterhalb des Ortszentrums eine moderne Kellerei eingerichtet. Vor dem Kauf darf gekostet werden. Sa/So auf dem Mercadillo.

Feste

- **Ende Mai/Anfang Juni:** *Fiesta de Corpus Cristi.* Zu **Fronleichnam** werden die Straßen des Orts mit Kränzen und prachtvollen Blütenteppichen geschmückt.
- **24. August:** *Fiesta de Nuestra Señora de los Dolores. El Borrachito,* der „kleine Betrunkene" ist Hauptakteur dieses Volksfests. Die Figur steckt in einem Fass, tanzt und verschießt Feuerwerkskörper.

Auch Rinder mögen Bananen

Wo die Kassen klingeln – der Bauernmarkt in Mazo

Eine (angegraute) Institution: An jedem Wochenende wird in einer Halle neben der Kunsthandwerksschule in Mazo der Mercadillo („kleiner Markt") abgehalten. Da gibt es **Obst und Gemüse, Ziegenkäse** von zart bis knochenhart, selbstgebrannten **Schnaps und Likör.** Süßschnäbel werden sich für die hausgemachte **Marmelade** begeistern. Die Palette reicht von Papayacreme über Tomatenpüree bis zum Gelee der Kaktusfrucht, dazu Maulbeer-, Guayabo- und Quittenkonfitüre. Von den Wiesen um Santo Domingo stammt **miel de mil flores** (Honig der tausend Blumen), aus Puntagorda **bienmesabe** (Mandelmus, wörtlich: „es schmeckt mir gut").

Natürlich dürfen auch die Konditormeister nicht fehlen, unter denen sich erstaunlich viele Deutsche befinden. Wer des spanischen Weißbrots überdrüssig ist, findet am Stand von *Delia* und *Klaus* **Müsli- und Sauerteigbrot,** das auf Wunsch auch ins Ferienhaus geliefert wird – allerdings nur im Raum Los Cancajos/Santa Cruz. **Kunsthandwerk,** z.B. Stickereien, bekommt man im ersten Stock des Gebäudes – links außen geht's die Treppe hinauf!

Kleine Rast nach einem Einkauf auf dem Bauernmarkt

Belmaco

Fünf Kilometer südlich von Mazo befindet sich die berühmte **Höhlenwand Cueva de Belmaco.** Hier wurden Mitte des 18. Jahrhunderts die ersten Felsgravuren auf dem kanarischen Archipel entdeckt. In den Höhlen wohnten vermutlich *Juguiro* und *Garehagua,* die letzten Herrscher des Stammesgebiets von Todote.

Heute sind die Zeichungen Hauptattraktion eines **Archäologischen Parks,** das dem Besucher Grundwissen zum Leben der Ureinwohner vermittelt. Anhand von Modellen und Fotografien werden die spiral- und labyrinthförmigen Zeichnungen erläutert. Ein Lehrpfad geleitet an Palmen, Drachenbäumen und Kiefern vorbei, Schautafeln veranschaulichen den Nutzwert der Pflanzen für die Inselbewohner. Man lernt die Wohnverhältnisse der Altkanarier kennen und erfährt, wie sie den Fischfang, die Viehzucht und die Landwirtschaft organisierten.

●**Parque Arqueológico de Belmaco,** LP-2, Lomo Oscuro, Tel. 922440090, www.islabonita.es, Mo–Sa 10–18 Uhr, So 10–15 Uhr, Eintritt 2 €.

Strände

Längs der Küste gibt ein paar einsame, dunkelsandige Strände. Sie könnten freilich schon bald touristisch erschlossen werden – aber das hieße auch, dass die meisten der dort illegal erbauten Häuser abgerissen würden. Das gilt für die Häuser an der **Playa del Pozo** ebenso wie für die gesamten Weiler Cangrejeros und Salemeras. Man erreicht sie über eine von der LP-2, knapp 4 Kilometer südlich der Bodega *El Hoyo* abzweigende Piste (Anfahrt ist kompliziert, auf Beschriftungen an Häusern achten).

Weitere Strandabschnitte befinden sich einige Kilometer südlich. So zweigt bei Tiguerorte eine anfangs asphaltierte Piste ab, die nach 8 Kilometern in einen parallel zur Küste verlaufenden Fahrweg mündet. Hält man sich an der Küste rechts, kommt man zu zwei weiteren Stränden. Die **Playa del Río** ist ein dunkler Kiesstrand im Schatten eines im Meer erstarrten Lavaflusses (*río muerto*, „toter Fluss"). Kommen am Wochenende Palmeros in ihre Wochenendhäuschen, ist der nur 70 Meter lange Strand fast schon überfüllt. Mehr Einsamkeit findet man an dem 250 Meter breiten, von Felsen eingerahmten Kiessandstrand **Playa de los Roquitos** (erreichbar über einen ca. 500 Meter langen Pfad).

Unterkunft

● **Casa Belmaco** €€, Lomo Oscuro 20 (LP-132), Landhaus buchbar über *Isla Bonita* (⇨ „Unterkunft, Urlaub im Landhaus"). Kleines Bauernhaus nahe der Höhle mit Wohnküche und zwei Schlafzimmern sowie einer Terrasse mit Meerblick. *Señor Bernardo Martín,* der Besitzer, wohnt nebenan und versorgt die Gäste mit hausgemachtem Ziegenkäse, frischer Kuhmilch und palmerischem Wein.

Essen und Trinken

● **Casa Goyo** €€, La Bajita, Lodero 120, Tel. 922440603, tgl. außer Mo 13–16 und 19–23 Uhr. Ein Lokal wie „anno dazumal" an der Straße von Mazo zum Flughafen, in der südlichen Einflugschneise. Man sitzt auf klapprigen Hockern in Holzbuden oder Steinhäuschen und bestellt, was *Fran* und seine Familie zubereiten: fangfrischen Tintenfisch (*pulpo*), kleine Garnelen (*camarones*), Suppe, Salat und natürlich „Fisch des Tages" (*pescado del día*). Köstlich schmecken der hausgemachte Pudding (*quesillo*) und Schokoladen-Mousse mit Mandeln und zerbröseltem Kuchen (*Principe Alberto*). Das entspannte Ambiente lockt viele Palmeros an – am Wochenende muss man früh kommen, um ein Kabüffchen zu ergattern.

● **Las Costoneras** €€, San Simón (LP-2), Tel. 922428327, tgl. außer Di 13–16 und 19–24 Uhr. Zwischen Mazo und Belmaco: ein rustikales Lokal mit Fisch und Fleisch vom Holzkohlegrill. Wer Scharfes mag, wählt als Vorspeise *pimientos padrón* (gegrillte Paprika). Als Hauptspeise empfiehlt sich *filete provençal* auf einem Bett aus Kartoffeln, Zwiebeln und Tomaten oder *La Costonera,* flambierte Krabben mit Champignons, Paprika und Rahm. Lecker auch die verschiedenen Fondues. Bei gutem Wetter sitzt man auf der Terrasse mit Meerblick. Auch wer nur einen Kaffee trinken möchte, ist willkommen.

Obere Straße nach Los Canarios

Sabina und Tigalate

Über grüne Steilhänge verstreute Landhäuser, ein paar Läden und Bars – so präsentieren sich die beiden Weiler an der oberen Straße nach Los Canarios. In Sabina bekommt man in einem Tante-Emma-Laden neue Wanderinfos, *Turismo Rural* bietet Unterkunft auf Wochenbasis in Tigalate.

Montes de Luna

Südlich von Tigalate, wo die untere in die obere Straße einmündet, beginnt eine bizarre, oft wolkenverhangene „Mondlandschaft" (Montes de Luna): Gewaltige Schlackefelder ziehen sich den Hang hinab, knorrige alte Kiefern stehen am Straßenrand.

Unterkunft

● **Casa Los Volcanes** €€, Camino de Tigalate 136a, Tigalate, Landhaus buchbar über *Karin Pflieger* (⇨ „Unterkunft, Urlaub im Landhaus"). Renoviertes, kleines Steinhaus oberhalb der Kirche von Tigalate mit Blick auf die Nachbarinseln. Mit Wohnküche, Schlafzimmer und zwei Terrassen, geeignet für max. drei Personen.

Einkaufen

● **Lavaschmuck:** *Sabine Bender,* Camino El Pinito 7, La Sabina, Tel. 922440137. Man findet Sabine auch auf dem Sonntagsmarkt in Argual!

Aktivitäten

● **Berg- und Botaniktouren:** *Naturarte,* LP-206 Km. 9,4, La Sabina 86, Tel. 9224282 42, www.naturarte-lapalma.com. Sie wohnen in Sabina: Kunstpädagogin *Christiane* und Biologe *Andreas* bieten geführte Touren in die nahe gelegene Bergwelt an.

DER VULKANISCHE SÜDZIPFEL

Der vulkanische Südzipfel

Kurzinfo Südzipfel
- **Bank/Post:** an der Hauptstraße von Los Canarios
- **Gesundheitszentrum:** Centro de Salud, Tel. 9224 44128
- **Apotheke:** Hauptstraße Los Canarios
- **Tauchschule:** in Los Canarios
- **Taxi:** Tel. 922440825
- **Bus:** mit Linie 3 mehrmals täglich nach **Los Llanos** und **Santa Cruz.** Fahrplan im Anhang!

Überblick

Vulkan, Wein und eine Handvoll Strände: Fuencaliente, die kleine, 750 Meter hoch gelegene Gemeinde am Südzipfel der Insel, hat einiges zu bieten. Sie verdankt ihren Namen einer heißen Quelle *(fuente caliente),* die allerdings 1677 verschüttet wurde. Seitdem ist die Gemeinde nicht zur Ruhe gekommen. „Wir leben auf dem Vulkan", sagen die Bewohner, „die Erde unter uns bewegt sich noch."

Vulkanausbrüche Allein in den letzten 400 Jahren hat es in der Gegend von Fuencaliente mehrere gewaltige Eruptionen gegeben: 1646 explodierte der etwas nördlich gelegene **Martín,** 31 Jahre später spie der südliche **San Antonio** neun Wochen lang Asche und Feuer. Zuletzt erhob sich 1971 der **Teneguía** aus dem Schoß der Erde – seine glühenden Lavaströme wälzten sich ins Meer und begruben

---

Vorhergehende Seite:
Von der Playa Nueva führt ein unterirdischer Weg zur „Heiligen Quelle"

Stadtplan S. 186, Übersichtskarte S. 184 **LOS CANARIOS** 183

fruchtbare Felder unter sich. Bisher sind die Bewohner immer mit dem Schrecken davongekommen – wie durch ein Wunder blieb Los Canarios, der Hauptort der Gemeinde, verschont.

Feuriger Wein

Oberhalb von Los Canarios erstreckt sich dichter Kiefernwald, unterhalb dehnen sich Vulkankrater mit ihren **pechschwarzen Aschehängen** aus. Dass dort auch grüne Tupfer an den Hängen zu finden sind, liegt an den porösen, nussgroßen Lavakörnern, die den Nachttau auffangen und zur Tageszeit an die zwischen ihnen gepflanzten **Weinreben** abgeben. So gut ist die Ernte, dass über 200 Winzer von ihr leben können. Sie haben sich zur Kooperative Teneguía zusammengeschlossen, die zu den größten und modernsten des Archipels gehört.

Südzipfel

Los Canarios (Fuencaliente)

Wer in dem 500-Seelen-Dorf Urlaub machen möchte, sollte bedenken, dass dieser Ort ein paar Kilometer von der Küste entfernt und im Winter oft von Wolken umhüllt ist. Die Temperaturen liegen fünf bis acht Grad unter den am Leuchtturm des Südkaps gemessenen Werten. Während an der Küste ein großes Viersternehotel entstanden ist, wird man im Ort vom Tourismus nur wenig berührt. Man findet hier preiswerte kleine Unterkünfte, die Lokale bieten unverfälschte kanarische Kost. Dazu gibt es attraktive Wanderwege, die direkt vor der Haustür beginnen. Wer Finca-Urlaub bevorzugt, wählt die Weiler Los Quemados und Las Indias, wo viele Häuser für Naturliebhaber restauriert wurden.

Bodega-Besuch

Die **Bodega Teneguía** kann besichtigt werden. Sie befindet sich im Ortszentrum. Jährlich werden aus den hier angelieferten Reben 1,5 Millionen Liter

Wein gewonnen. Die Palette reicht vom süßen Dessertwein *Malvasía dulce* über den leichten weißen *Listán blanco* bis zum herben rubinroten *Negramol*. Der Wein wird unter der Marke *Teneguía* vertrieben und rühmt sich der begehrten Herkunfts- und Qualitätsauszeichnung *denominación de origen*.

Familiärer geht es zu in der traditionsreichen **Bodega Carballo** am Vulkan San Antonio. Einst hat

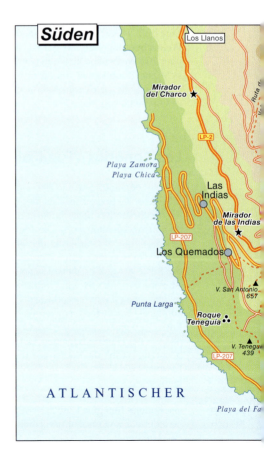

sie ihren Wein nach Kuba verschifft, doch heute gibt es allein auf La Palma so viele Genießer, dass bei der geringen Ertragsmenge an Export nicht mehr zu denken ist.

- **Bodega Teneguía / Llanovid,** Calle Los Canarios, www.vinosteneguia.com, Mo–Sa 8–14 und 15–17, So 11–14 Uhr.
- **Bodega Carballo,** Carretera a Las Indias 74, tgl. 10.30–18.30 Uhr.

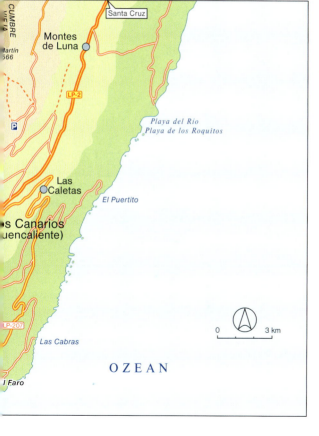

LOS CANARIOS

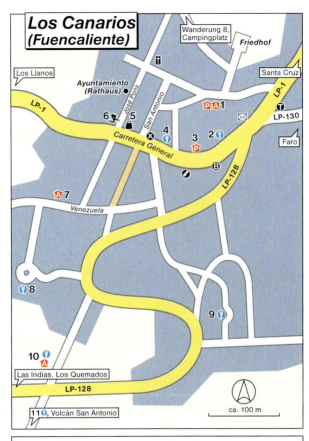

Unterkünfte
- 🅰🅿 1 Central
- 🅿 3 Los Volcanes
- 🅰 7 Casas de Colón
- 🅰 10 Villas Fuencaliente

Essen und Trinken
- 🛈 2 Centaurea
- 🛈 4 La Parada
- 🛈 8 Bodega Teneguía
- 🛈 9 Tasca La Era
- 🛈 10 El Fogón
- 🛈 11 Bodega Carballo

Sonstiges
- ♠ 5 Centro de Artesanía
- ⚓ 6 Tauchbasis
- ▬ Fußgängerzone
- Ⓑ Bushaltestelle
- ⓧ Taxi
- ⊕ Gesundheitszentrum
- ⊘ Apotheke
- ✉ Post
- ⅱ Kirche

Übersichtskarte S. 184

LOS CANARIOS

Südzipfel

Vulkantrip Gegenüber der Bodega *Carballo* zweigt eine Straße ab, die zu einem Wachhäuschen führt. Hier wird man erst einmal kräftig zur Kasse gebeten, bevor man das Auto auf dem Parkplatz abstellen darf (wer nur wandern will, braucht in der Regel nicht zu zahlen). Ein aus schwarzem Vulkanstein erbautes **Besucherzentrum** beherbergt eine Ausstellung: Auf Schautafeln wird die Geschichte der Vulkane erklärt, ein kurzer, aber interessanter Lehrfilm in verschiedenen Sprachen, auch auf Deutsch, wird gezeigt. Ein Seismograf registriert die Bewegungen in der Erdkruste La Palmas, ein anderer die Schritte der Besucher.

Die eigentliche Attraktion des „Vulkantrips" ist der leider auf zehn Minuten verkürzte Spaziergang zur Südspitze des **San Antonio.** Vom windgepeitschten Kraterrand blickt man in den Schlund

Verschnaufpause nach der Vulkantour

LOS CANARIOS

hinab, auf dessen Boden ein paar junge Kiefern wachsen. Über frisch aufgeworfene, schwarze Aschefelder schaut man bis zum Leuchtturm am Meer, kann bei klarer Sicht sogar die Nachbarinseln Gomera und El Hierro erkennen.

Alternativ kann man den **Teneguía,** La Palmas jüngsten Berg erkunden (⇨Wandertipp).

● **Centro de Visitantes,** tgl. 8.30–18.30 Uhr, Eintritt 3,50 € (Kinder vorerst bis 16 Jahre frei).

Los Canarios: zwischen Lava und Wald

LOS CANARIOS

El Faro

Eine kurvenreiche Straße führt in gut zehn Kilometern zu den beiden **Leuchttürmen** an der Südspitze hinab. Der neue, rot-weiß gestrichene Turm *(El Faro)* weist noch heute vorbeifahrenden Schiffen den Weg. Der alte Turm blieb als Industriedenkmal erhalten und öffnet als **„Interpretationszentrum des Meeresreservats La Palma".** Hier wird eindrucksvoll vorgeführt, wie sich schwimmender Müll auf Flora und Fauna des Atlantiks auswirkt. Untermalt von Walgesang simuliert ein Tauchgang Umweltschäden auf dem Meeresgrund.

●**Centro de Interpretación de la Reserva Marina de La Palma,** Carretera de la Costa-Faro s/n, Di–Sa 9–17 Uhr, im Sommer länger.

Salinen

Von den Leuchttürmen führt ein Weg zu schachbrettartigen Salzfeldern, wo das glitzernde „weiße Gold" mit dem Schwarz der Lavamauern kontrastiert (⇨Exkurs).

●**Salinas de Fuencaliente,** Carretera de la Costa-Faro 5, Tel. 922411523, www.salinasdefuencaliente.com, Mo–Fr 9–17 Uhr.

Strände

Alle Strände des Südens sind über die Küstenstraße erreichbar. Östlich des Leuchtturms erstreckt sich die **Playa del Faro,** ein Kiesstrand mit mächtig ausrollenden Wellen. Unter einem Felsüberhang ducken sich Hütten, Möwen umkreisen aufgebockte Fischerboote auf der Suche nach Beute.

1 km westlich des Leuchtturms, an der Straße zum Princess-Hotel, liegt die **Playa Nueva** (auch „Playa Echentive" genannt). Ein geländergesicherter Weg führt zum Kiesstrand, an dem man bei ruhiger See baden kann. In einer Lagune am Fuß der Steilwand schwimmen Feuerwürmer, nahebei befindet sich der Zugang zu La Palmas Gesundbrunnen, der **Heiligen Quelle** *(Fuente Santa).* Sie ist 42° C warm, von Gasquellen gespeist und so reich an Mineralien wie kein anderes Wasser Spa-

Von Feinschmeckern und Wandervögeln geschätzt – die Salzgärten von El Faro

Aus der palmerischen Küche ist es nicht wegzudenken – erst das grobkörnige, graue Meersalz verleiht vielen Speisen ihre leicht herbe, von Feinschmeckern geschätzte Note. Seine Herstellung in den Salinen von El Faro an der Südspitze La Palmas ist umweltschonend, aber arbeitsintensiv. Mit Hilfe von Windenergie wird Meerwasser in kleine Becken gepumpt, wo es durch Verdunstung allmählich auskristallisiert. Das so entstandene Salz wird zu kleinen Pyramiden aufgeschüttet und trocknet in der sengenden Sonne. Da es nicht, wie etwa in modernen Vakuumdampfanlagen, erhitzt wird, bleiben wertvolle Spuren von Kalzium und Magnesium erhalten. Die Herstellung wird von der EU subventioniert, damit sich das Meersalz (im Supermarkt erhältlich als *Sal Teneguía*) gegen die zehnmal billigere Industrieproduktion behaupten kann. Doch noch aus einem weiteren, nicht-kulinarischen Grund sind die Salzgärten von El Faro erhaltenswert: Auf ihrem Weg gen Süden legen im Herbst Hunderte von Wandervögeln in den Salinen eine Zwischenstation ein, bevor sie gen Süden weiterziehen.

Meersalzproduktion auf den flimmernden Feldern

niens. Kein Wunder, dass hier viele Heilung suchten – selbst ein Konquistador wie *Pedro Mendoza* ließ sich auf La Palma behandeln. Doch beim Ausbruch des San Antonio 1677 wurde die Quelle verschüttet. Erst dank moderner geologischer Verfahren gelang es, sie wieder aufzuspüren. *Carlos Soler,* kanarischer Tiefbauingenieur, studierte alte Chroniken und stieß gleich bei der ersten Bohrung auf 29° C warmes Wasser, womit klar war, dass die Quelle nicht weit sein konnte. 2005 stieß er auf das „Heilige Wasser", zu dem nun ein durch Eisengitter abgestützter Gang führt. 2008 wurde es als Heilmittel gegen Rheuma, Haut- und Kreislaufkrankheiten anerkannt, darf in Flaschen abgefüllt und für Bäderkuren eingesetzt werden. Die Gemeinde plant, ein großes Thermalbad zu bauen …

Südzipfel

Folgt man der Straße weitere 3,3 Kilometer, zweigt links eine Piste ab, die wenig später an der dunklen, sichelförmigen Bucht **Punta Larga** endet: Palmeros verbringen hier gern ihre freien Tage, schön ist der Blick auf die Brandung.

Die wohl schönsten Badestrände der Insel sind **Playa Chica** und **Playa Zamora,** erreichbar nach weiteren drei Kilometern (vorbei am *Princess Hotel*) über eine links abzweigende, ausgeschilderte Straße (*Kiosco Zamora,* 800 m zur Playa Chica, 1 km zur Playa Zamora). Die mit feinem schwarzen Sand bedeckte Playa Chica (mit bestem frischen Fisch in Tonis *Kiosko*) liegt am Rand einer Bananenplantage. Noch beliebter ist die größere und romantische, von Klippen eingerahmte Playa Zamora. Leicht kann man hier in die Fluten steigen und ein paar Runden schwimmen. Wer Taucherbrille und Schnorchel dabeihat, entdeckt nur wenige Meter von der Küste entfernt eine bizarr zerklüftete Unterwasserlandschaft.

Zurück auf der Straße erreicht man nach drei Kilometern die Weiler Las Indias und Los Quemados.

Unterkunft

- **Casas de Colón** €€, Calle Estebán Acosta Gomez 16, Tel. 922444120, Tel./Fax 922444155, www.apartamentoscolon.com, buchbar über *Jahn-Reisen*. 2 komfortable, mit Holzmöbeln eingerichtete Häuschen für ein bis drei Personen unterhalb des Ortszentrums. Mit Schlafzimmer, Bad und große Wohnküche mit Kamin und dunklem Holzgewölbe. Die Besitzer wohnen gegenüber *(Casa Mourela)*, sie vermieten weitere Apartments im Weiler Los Quemados.
- **Central** €/€€, Calle Yaiza 4, Tel. 922444018. Sechs Zimmer mit Bad und vier Apartments in einem Neubau oberhalb der Durchgangsstraße. Infos und Reservierung in besagter Bar (Ctra. General) oder der *Casa Imperial* (Calle San Antonio 1).
- **Villas Fuencaliente** €€, www.fuencaliente-villas.de, pauschal buchbar über Reiseveranstalter. Neun je 45 qm große Reihenbungalows unterhalb des Dorfs, rustikal ge-

staltet mit Holzdachstühlen, ausgestattet mit Wohnküche, Schlafzimmer und Bad. Achten Sie bei der Buchung darauf, in der untersten Reihe einquartiert zu werden – nur von dort genießt man von der Terrasse ungehinderten Ausblick über die Vulkanlandschaft aufs Meer. Auf unterer Ebene befindet sich auch das Mini-Hallenbad mit schönem Panorama. Angeschlossen ist das Restaurant El Fogón.

●**Los Volcanes** €, Carretera General del Sur 84, Tel./Fax 922444164. *César* und *Concepción* aus der Bar *La Parada* vermieten vier Studios mit TV und Balkon sowie vier etwas einfacher eingerichtete Zimmer an der Hauptstraße von Los Canarios. Wer's romantischer mag, kann bei den Besitzern auch gemütliche, etwas teurere *casas rurales* im vier Kilometer entfernten Weiler Las Indias (für zwei bis vier Personen) oder im acht Kilometer entfernten Tigalate (für zwei bis drei Personen) reservieren.

Landhäuser:

●**Casa Los Jablitos I und II** €€, Camino Los Jablitos 8 und 12, Carretera a Los Quemados, Tel./Fax 922444312, buchbar über *Karin Pflieger* (⇨ „Unterkunft, Urlaub im Landhaus"). Zwei einsame Häuser für jeweils drei Personen, nahe beieinander am Fuße des San Antonio. Von den Zimmern, der Terrasse und dem Garten bietet sich aus 500 Metern Höhe ein herrlicher Blick auf die Südküste La Palmas. Die Wohnküche und der Schlafraum sind lichtdurchflutet und mit Holzmöbeln behaglich eingerichtet. Vom Ortszentrum einen Kilometer zum San Antonio hinunter und an der Zufahrt zum Vulkan rechts in ein anfangs asphaltiertes Sträßchen einbiegen.

Camping

●**Camping Refugio Fuencaliente,** Campo de Fútbol, Tel. 922411583, Fax 922420187. Mit Erlaubnis der Umweltbehörde in Santa Cruz kann man nahe dem Fußballplatz im Kiefernwald kostenlos übernachten; sanitäre Anlagen sind vorhanden. Auf Piste auch mit Auto erreichbar (⇨ Einstieg zur Wanderung 8).

Essen und Trinken

●**Tasca La Era** €€, Calle Antonio Paz 6, Tel. 922444475, tgl. außer Mi 12–23 Uhr. Kleines, gemütliches Familienrestaurant mit verglaster Veranda und rustikalem Hinterraum, auf halber Strecke zwischen Ortszentrum und Vulkan San Antonio. Spezialität des Hauses ist *bichillo de cerdo*: feines Schweinefilet mit gerösteten Zwiebeln, dazu eine große Portion *papas arrugadas*. Der Service war in letzter Zeit leider nicht mehr so toll wie früher, und die Beilagen zahlt man jetzt immer separat.

●**El Fogón** €€, Mo geschl. „Herdfeuer" heißt das modern-rustikale Lokal in der Anlage Villas Fuencaliente, in dem deftig gewürztes Fleisch vom Grill serviert wird.

●**La Parada** €, Carretera General del Sur 96, tgl. ab 8 Uhr. In der Dorfbar im Zentrum (*Parada* = Haltestelle) werden

hausgemachte und auf der ganzen Insel berühmte *almendrados* (Mandelmakronen) und *rapaduras de gofio* (Gofio-Kuchen) verkauft, dazu Honig von der Insel.

●**Centaurea** €, Carretera General del Sur 56, Tel. 922 444699, tgl. ab 8 Uhr. Beliebte, freundliche Dorfbar in einem Haus der Jahrhundertwende. *Jorge* und sein Sohn *Alberto* tischen leckere Tapas auf, besonders beliebt sind *ensaladilla rusa* (Russischer Salat), *carne en salsa* (Fleisch in pikanter Soße) und *tortillas* (spanische Omeletts). Wer „richtig" essen will, geht hinauf in den Speisesaal (bis 16 Uhr), wo an kühlen Tagen ein Feuer flackert.

Einkaufen

●**Centro de Artesanía,** Carretera General 102, So geschl. Reiches Sortiment an Stickereien, Korbflechtarbeiten und kulinarischen Mitbringseln, hergestellt von der Frauenkooperative des Orts.

Aktivitäten

●**Tauchen:** *Atlantic 28° La Palma,* Ctra General 106, Tel./Fax 922444047, www.atlantic28.de, atlanticlapalma@ctv.es, geöffnet meist 8–10.30 und 18–21 Uhr. Der Name spielt nicht etwa auf die Wassertemperatur an, sondern auf die geografische Lage La Palmas (28. Breitengrad). Die von *Nora* und *Patrick,* einem deutsch-französischen Paar, geführte Tauchbasis ist ganzjährig geöffnet. Im Angebot: Tauchgänge in Vierergruppen, Kurse aller Schwierigkeitsstufen und Erwerb des Grundscheins nach VDST. Aktuelle Preisliste im Internet.

Übersichtskarte S. 184 **LAS INDIAS/LOS QUEMADOS**

Wandertipp

Von Los Canarios geht es **hinauf** in die Cumbre Vieja (⇨Wanderung 8). Oder man wandert **hinab:** Vom Besucherzentrum auf dem rot markierten GR 131 zu einer Piste, die links zu einem Parkplatz führt, dort Aufstieg zum Roque Teneguía. Anschließend geht es zum Faro hinab (3 Std., mittelschwer), Rückfahrt in den Ort mit Bus 31.

Feste

- **18. Januar:** *Fiesta de San Antonio Abad.* Fest zu Ehren des Ortspatrons.
- **Zweiter Augustsonntag:** *Pino de la Virgen.* Messe an der Riesenkiefer am Südausgang der Vulkanroute, anschließend wird die Heilige in den Ortskern getragen.
- **Ende August:** *Fiesta de la Vendímia.* Das größte Fest der Gemeinde findet unmittelbar nach der Weinlese statt. Männer reiten auf Pappgäulen durch den Ort, schwarz gekleidete Jungfern üben sich im Hexentanz. Bis zum frühen Morgen fließt edler Rebensaft in Strömen.

Las Indias/Los Quemados

Las Indias (500–570 Meter ü.d.M.) liegt bereits auf der westlichen, den Passatwinden abgewandten Inselseite und ist meist sonnig und warm. Tief unter dem Ort liegt das Meer, das sich schier endlos bis zum Horizont erstreckt. „Bei gutem Wetter sehen wir Amerika", witzeln die Bewohner, „gleich hinterm Großen Teich liegt *Kolumbus'* gelobtes Land." Der große Seefahrer glaubte zeitlebens, er habe „Indien" und nicht einen neuen Kontinent entdeckt – in Anlehnung an diesen Irrtum wurde auch das palmerische Dorf *Las Indias* – und nicht *Amerika* – genannt. An der Durchgangsstraße gibt es Bars, ein Kulturzentrum und sogar einen Supermarkt; der Alltag verläuft in traditionellen, bedächtigen Bahnen.

Die beiden Leuchttürme an La Palmas Südspitze

Las Indias/Los Quemados

Von der Straße nach Los Canarios geht es rechts hinab nach Los Quemados, das „verbrannte", auf erstarrten Lavaströmen entstandene Dorf (400–500 Meter ü.d.M.). Weit verstreut liegen seine hübschen, blumenumrankten Häuser, darunter auch die Casona Los Melindros, die vielleicht schönste Finca im Süden der Insel. Über steile, mit Wein bepflanzte Hänge blickt man ungehindert aufs Meer.

Unterkunft

● **La Palma Princess/ Teneguía Princess** €€€, Carretera de la Costa, Cerca Vieja, Tel. 922425500, Fax 922425509, www.hotellapalmaprincess.com. Die kleine, sich weit über die Klippen ausbreitende Hotelstadt verfügt über 625 Zimmer und garantiert mit vier Sternen den erwünschten Komfort. Sie liegt an der klimatisch begünstigten Südwestseite der Insel, wo der Wind meist nur schwach ausgeprägt ist. Am besten quartiert man sich in einem oberen Stockwerk mit Meerblick ein. Zahlreiche Pools gehen ineinander über, ein künstlich aufgeschütteter weißer Sandstrand sorgt für „Meeresfeeling". Attraktiv ist auch die (kostenpflichtige)

Spa- und Wellness-Abteilung mit verschiedenen Anwendungen und Massagen. Für sportlich Aktive stehen sechs Tennisplätze bereit, man kann Volleyball, Tischtennis und Billard spielen. Das morgendliche Büfett ist hervorragend, das Abendbüfett nicht minder. Nur schade, dass die regionalen Busse so selten sind, ein Mietwagen ist deshalb dringend zu empfehlen.

● **Finca & Villa Colón** €€, Los Quemados s/n, Tel./Fax 922 444155, www.apartamentoscolon.com. Dem Besitzer der *Casas de Colón* in Los Canarios gehören auch diese beiden mitten im Ort gelegenen Wohnanlagen: nur wenige hundert Meter voneinander entfernt, mit Garten und Pools komfortabel ausgestattet. Insgesamt gibt es über 20 Apartments unterschiedlicher Größe, auch pauschal buchbar.

Landhäuser:

● **Casona & Casa Los Melindros** €€, Calle Los Quemados 88, buchbar über *Karin Pflieger* (⇨ „Unterkunft/Urlaub im Landhaus"). Ein liebevoll restauriertes Gutshaus in spektakulärer Lage. Wie ein Balkon hängt es an einem steilen, 400 Meter hohen Hang; über weinbewachsene Lavahänge schaut man aufs Meer. Vom Aufenthaltsraum gelangt man in die Küche und in die vier Schlafzimmer, die mit alten Möbeln stilvoll eingerichtet sind (max. sieben Personen). Die originalen Decken und Böden, Fenster und Türen aus dem harten Kernholz der Kiefer blieben erhalten, schön sind auch die Bäder und großen Terrassen. Das angrenzende Häuschen (Casa) bietet Platz für drei weitere Personen, kann aber auch separat angemietet werden. Es besteht aus einer Wohnküche mit altem Rauchabzug sowie einem kleinen Schlafzimmer mit Bad und bietet herrlichen Meerblick.

● **Casa Morera** €€, Camino de la Calzada 11, Los Quemados, buchbar über *Karin Pflieger* (s.o.). Das ehemalige Rathaus wurde restauriert, auf die Bewahrung traditioneller Architekturelemente wurde dabei großer Wert gelegt. Das zweistöckige Haus ist ideal für vier bis fünf Personen, unten wird gekocht und gespeist, oben ruht man (hervorragende Betten); dazu gibt es einen großen Obstgarten und natürlich Blick aufs Meer.

● **Casa Los Mangos & Casa Los Yanes** €€, Camino de la Time 5 und 7, Las Indias, buchbar über *Karin Pflieger* (s.o.). Los Mangos: ein 60 Quadratmeter großes, liebevoll eingerichtetes „Knusperhäuschen" unterhalb von Las Indias, umgeben von einem terrassierten Mango-Garten (max. drei Personen). Etwas preiswerter ist die benachbarte Casa Los Yanes für zwei Personen.

Blick auf Las Indias

LAS INDIAS/LOS QUEMADOS

- **Casa Naranjòs** €€, Carretera Principal, Fondo de la Gorona, Las Indias, buchbar über *Karin Pflieger* (s.o.). Einfaches Ferienhäuschen für zwei bis drei Personen in einem Orangenhain mit Meerblick. Vermietet wird es von Señora *Jennifer* aus dem einen Kilometer entfernten *Supermercado*.
- **Casa Goronas** €€, Calle Mariano Sicilia 9, Las Indias, buchbar über *Karin Pflieger* (s.o.). 80 m² großes Haus mit „Schlafturm" und weitem Blick aufs Meer, Terrasse, Garten und Grill. Max. drei Personen.
- **Casa Huerta 1+2** €€, Calle Los Colegios 7 und 11, Las Indias, buchbar über *Karin Pflieger* (s.o.). Zwei Bungalows für je vier Personen, auch getrennt anzumieten. Casa Huerta 2 ist im inseltypischen Stil komfortabel gestaltet, mit zwei Schlafzimmern und einer großen Wohnküche. Von der überdachten Pergola blickt man direkt aufs Meer. Nebenan die schlichtere, dafür preislich günstigere *Casa Huerta 1*. Der nächste Laden liegt nur fünf Gehminuten entfernt.

Ideal für kleine Gruppen: Casona los Melindros

Essen und Trinken

- **Puesta del Sol** €, Ap. Colón, Los Quemados 54, Tel. 922 444120, Mo–Sa ab 18 Uhr. Restaurant am Rand eines tropischen Gartens mit schönem Blick auf den Sonnenuntergang. Es gibt Fisch- und Fleischspeisen sowie leckere Tagesgerichte.
- **El Quinto Pino** €€, Las Indias, www.elquintopino.es, Mi-Sa 19–23, So 13–16, 19–23 Uhr. Zum Sonnenuntergang: Pizza aus dem Holzkohleofen, Lasagne und Foccacia.

Aktivitäten

- **Outdoor-Aktivitäten:** *Ekalis,* Carretera Las Indias 51 Bajo, Tel./Fax 922444517, www.ekalis.com. Für deutschsprachige Gäste ist *Markus* zuständig. Angeboten werden Wandern, Biken und Klettern, im Sommer auch Paddeln – Sportausrüstung, Räder und Boote kann man sich ausleihen.

Weiterfahrt nach Norden

Auf der Straße nach Los Llanos passiert man den **Mirador de las Indias** mit einem atemberaubenden Ausblick. 800 Meter unterhalb liegt ein Gürtel grüner Bananenplantagen, dahinter erstreckt sich das Meer bis nach *Indias* (Indien) – so nannte *Kolumbus* die 1492 von ihm entdeckte Neue Welt.

Die Weiterfahrt führt durch lichten, harzig duftenden Kiefernwald – weit und breit keine Siedlung, nur der **Mirador del Charco,** ein ebenfalls schöner Aussichtspunkt mit Bar und Balkon, und die **Ermita de Santa Cecilia:** eine moscheeartige Kapelle aus Vulkangestein, die sich zwischen Bäumen versteckt.

Die Weiler **Jedey** und **San Nicolás** gehören bereits zu Las Manchas (⇨ „Südwesten"), wo sich das Landschaftsbild abermals ändert. Man durchfährt Lavafelder, die 1949 bei dem Ausbruch des Vulkans **San Juan** entstanden. Noch heute kann man deutlich den Lauf des Magmas erkennen; die zopfartig verflochtenen Ströme wirken, als seien sie erst gestern in ihrem Fluss erstarrt.

200 Der sonnenverwöhnte Südwesten

Der sonnenverwöhnte Südwesten

Kurzinfo Südwesten

- **Touristeninformation:** in Los Llanos und El Paso
- **Bank/Post:** in Los Llanos, El Paso und Tazacorte
- **Gesundheitszentrum:** *Centro de Salud Los Llanos,* Tel. 922403070; El Paso, Tel. 922486530, Tazacorte, Tel. 922482004; in allen Orten gibt es auch Apotheken.
- **Internet:** kostenlos in der *Casa de Cultura* von Los Llanos und El Paso.
- **Flohmarkt:** jeden Sonntagvormittag in Argual.
- **Tauchbasis:** Puerto Naos und Los Llanos
- **Wandertouren:** organisiert ab Puerto Naos
- **Fahrradverleih:** Puerto Naos und Los Llanos
- **Taxi:** Puerto Naos und Tazacorte, Tel. 922480410; Los Llanos, Tel. 922462740; El Paso, Tel. 922485003.
- **Bus:** Alle Strecken sind ausgerichtet auf Los Llanos; von dort Busse nach **El Paso** (Linie 1-A), **Santa Cruz** via Tunnel (Linie 1), via Nordküste (Linie 2), via Südküste (Linie 3); nach **Puerto Naos** (Linie 4), **Puerto de Tazacorte** (Linie 21). **Fahrplan im Anhang!**

Überblick

Wie ein Riegel hält der Gebirgszug der Cumbre die Passatwolken ab und sorgt im Südwesten La Palmas für ein zumeist warmes, sonniges Wetter. Im weiten, zum Meer hin abfallenden Aridane-Tal werden Bananen, Avocados und Apfelsinen angebaut. Badebuchten entdeckt man rund um Puerto Naos, das größte Ferienzentrum der Westseite. Wer gern wandert, quartiert sich im ruhigen El Paso oder im beschwingten Los Llanos ein: Schnell gelangt man von dort zu den Ausgangspunkten der Vulkan- und der Caldera-Route. Wer zur Hauptstadt hinüber will, darf sich freuen: Mit der Fertigstellung des neuen Tunnels östlich von El Paso (drei Kilometer lang!) reduziert sich die Fahrzeit, und der Verkehr wird entlastet.

Vorhergehende Seite: Exotisches Flair am Strand von Puerto Naos

Puerto Naos

Der einstige „Hafen der Fischer" (Puerto Naos) hat sich zu dem neben Los Cancajos größten Urlaubszentrum La Palmas gemausert. Im Winterhalbjahr ist der Ort fest in deutscher Hand, in den Sommerferien übernehmen Festlandsspanier die Regie. Mit gut 2000 Betten ist Puerto Naos freilich im Vergleich zu den Retortenstädten auf der Nachbarinsel Teneriffa noch immer winzig klein – ein beschaulicher Badeort, in dem abends die Bürgersteige hochgeklappt werden.

Strand

Seinen touristischen Aufschwung verdankt Puerto Naos der windgeschützten und sonnensicheren Lage, vor allem aber dem Strand: ein dunkler, feinsandiger Streifen, der sich 600 Meter entlang der Küste erstreckt. **Kokospalmen** sorgen für Schatten und exotisches Flair, daneben gibt es Sonnenschirme und Liegen, Umkleidekabinen, Duschen und Toiletten.

An der Südseite des Strandes ragt mächtig das 1000-Betten-Hotel *Sol La Palma* auf, während an der Nordseite, durch einen aus dem Meer ragenden Felsen abgetrennt, Fischerkaten und enge Gassen den ursprünglichen Charakter des Orts erahnen lassen. Auf seiner gesamten Länge wird der Strand von einer **begrünten Promenade** gesäumt, Terrassencafés laden zu einer Pause mit Meerblick ein. Wander-, Tauch- und Paragliding-Veranstalter werben um Kundschaft, eine erste Bar bietet „Übertragung der deutschen Bundesliga live".

Ortskern

Lässt der *Paseo* mit seinen Cafés und pastellfarbenen Apartmenthäusern noch Urlaubslaune aufkommen, so wirken die hinteren Straßen eher trist. Häuser mit Ferienwohnungen für die Palmeros sind so dicht aneinander gebaut, dass sie einander das Sonnenlicht rauben, die Fassaden wirken gesichtslos und anonym. Nicht viel besser sieht es oberhalb des alten Ortskerns aus. Hier wird wei-

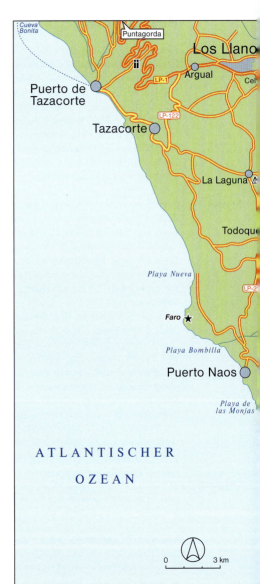

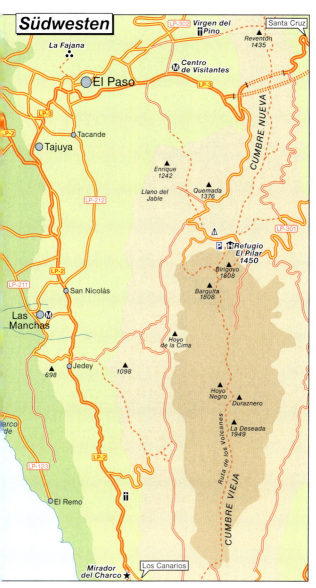

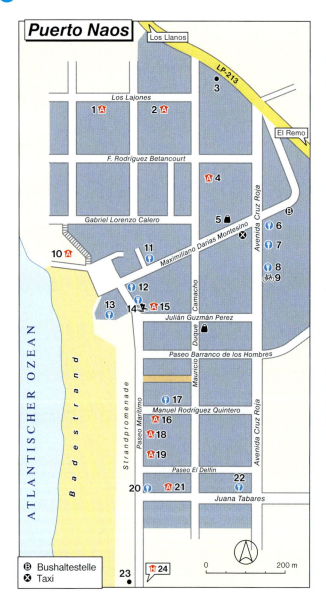

PUERTO NAOS

Unterkünfte
- 🅰 1 El Roque
- 🅰 2 Los Lajones
- 🅰 4 Atlántida
- 🅰 10 Horizonte
- 🅰 15 Playa Delphin
- 🅰 16 Nisamar
- 🅰 18 Atlántico Playa
- 🅰 19 Miramar
- 🅰 21 Pedro Martín
- 🅗 24 Sol La Palma

Essen und Trinken
- 🍴 6 China Ming
- 🍴 7 Casa Pedro
- 🍴 8 Mambo
- 🍴 11 La Scala
- 🍴 12 El Rincón del Pescador
- 🍴 13 Las Olas
- 🍴 14 Franconia
- 🍴 17 Orinoco
- 🍴 20 La Nao
- 🍴 22 Panadería y Pastelería Alemana

Sonstiges
- • 3 Agentur La Palma Hola
- 📖 5 Buchantiquariat
- 🚲 9 Bike Station
- 🤿 14 Tauchpartner
- • 23 Palmaclub

ter gebaut, teils mehrgeschossig und klotzförmig, teils im standardisierten Villenstil.

Unterkunft

● **Sol La Palma** €€€, Playa de Puerto Naos, Tel. 922408000, Fax 922408014, www.solmelia.com. Im Angebot aller großen deutschen Reiseveranstalter: ein fünfstöckiger Bau am Südende der Strandpromenade. Bei gut 1000 Gästen kommt leicht das Gefühl von Anonymität auf, das auch durch zwei Süßwasserpools, Animation und Abendshow nicht verscheucht wird. Die 307 Hotelzimmer haben Meer- oder Bergblick, gleiches gilt für die 162 Apartments in drei angrenzenden Häusern: funktional eingerichtet und ca. 30 Quadratmeter groß. Der Tennishartplatz kann tagsüber gratis, abends bei Flutlicht nur gegen Gebühr benutzt werden. Auch Sauna und Massage sind kostenpflichtig. Für 5- bis 12-jährige Kinder gibt es einen Miniclub.

● **Ap. Playa Delphín** €€, Paseo Marítimo 1/Calle José Guzmán Pérez 1, Tel. 922408194, Fax 922461200, www.playa delphin.com. Fünfstöckige Ferienanlage in einem Eckhaus der Strandpromenade; alle 13 Apartments gut ausgestattet und mit großem Balkon.

● **Ap. Miramar** €€, Paseo Marítimo 31, Tel. 922460056, buchbar über TUI. Gleich neben dem Lokal *La Nao*: ein vierstöckiges Haus mit acht einfachen, geräumigen Apartments, nur durch Straße und Promenade vom Strand getrennt. Vom Balkon bietet sich ein schöner Ausblick aufs Meer.

● **Ap. Atlántida** €€, Calle Los Lajones/Mauricio Duque Camacho, Tel./Fax 922464126. Apartmenthaus mit 14 geräu-

migen Wohneinheiten an der den Hang hinaufführenden Straße im Norden von Puerto Naos.

● **Ap. Atlántico Playa** €€, Paseo Marítimo 29, buchbar über *Alltours*. Schön gelegene, im Terrassenstil erbaute Ferienanlage mit fünfstöckigem Haupt- und Nebengebäude, nur durch die Promenade vom Lavastrand getrennt. 16 Apartments unterschiedlicher Größe (60–90 Quadratmeter).

● **Ap. Horizonte** €€, Calle Gabriel Lorenzo Calero 19, vor Ort buchbar über Tamanca Rent A Car, Calle Mauricio Duque Camacho 46-A, Tel. 922408147, Fax 922408178, www.tamanca.com. Apartmenthaus auf dem Felsen oberhalb von Puerto Naos mit neun Wohneinheiten, alle gut ausgestattet und mit Blick aufs Meer. Dachterrasse mit Sonnenliegen, über Treppen geht es zum Strand hinab.

● **Ap. Los Lajones** €€, Calle Los Lajones s/n, buchbar über Tamanca Rent A Car (s.o.). Dreistöckige halbrunde Apartmentanlage oberhalb der Küste, 500 Meter vom alten Ortszentrum entfernt. Alle 36 Wohneinheiten mit Balkon, neben dem Swimmingpool gibt es ein separates Kinderbecken. Die Rezeption ist nur stundenweise besetzt.

Puerto Naos – schwarzer Strand und exotische Palmen

●**Ap. El Roque** €€, Calle Los Lajones s/n, buchbar über *Tamanca Rent A Car* (s.o.). Neue Ferienanlage am Ortsrand oberhalb der Küste, jeweils vier bis sechs Apartments sind zu einem zweistöckigen Haus zusammengefasst. Insgesamt 52 geräumige Apartments plus Swimmingpool, den Strand erreicht man zu Fuß in fünf Minuten.
●**Ap. Nisamar** €€, Calle Manuel Rodríguez Quintero 2, Tel. 922460232, www.lapalma-apartamentos.com. 11 renovierte Apartments mit zwei Schlafzimmern, Küche und Bad sowie Terrasse mit Meerblick. Zuletzt waren aber nur vier zur Vermietung freigegeben!
●**Ap. Atlántico Playa** €€, Av. Marítima 29, buchbar über *Alltours*. Schön gelegene, im Terrassenstil erbaute Ferienanlage mit fünfstöckigem Haupt- und Nebengebäude, nur durch die Promenade vom Lavastrand getrennt. 16 Apartments unterschiedlicher Größe (60–90 Quadratmeter).
●**Ap. Pedro Martín** €, C. Juana Tabares 1, Tel. 922408046, www.aptos-martin-lapalma.com. Preiswerteste Adresse vor Ort. Das Haus mit seinen 21 schlichten Studios unweit der Promenade hat mehr als zwei Dutzend Jahre auf dem Buckel und ist damit Puerto Naos' älteste Unterkunft.

Vermittlungsagentur:
●**Agentur La Palma Hola S.L.** €€ Puerto Naos Nr. 438, Tel. 922408220, www.aptos-martin-lapalma.com, www.lapalmahola.de. *Doris* und *Yvonne* vermitteln Apartments und Häuser in Puerto Naos und Umgebung. Ihr Büro liegt am oberen Ortseingang. Auf Wunsch werden Gäste vom Flughafen abgeholt bzw. hingebracht.

Essen und Trinken

Um etwas zu trinken und Leute kennen zu lernen, setzt man sich in eines der Terrassenlokale, zum Essen geht man besser etwas den Hang hinauf. In den Seiten- und Parallelstraßen gibt es eine Reihe guter Adressen.
●**Mambo** €€, Av. Cruz Roja 5, Tel. 922408114, tgl. außer Fr ab 16 Uhr. Bei *Fran* aus Nordspanien schmecken Spezialitäten aus seiner Heimat besonders gut, so der „Räucherteller" mit zarter *cecina de León*, die an Bündner Fleisch erinnert, salzarmem *jamón serrano*, Paprikawurst *chorizo*, Manchego-Käse und vielem mehr. Veggies greifen zu Gemüsepfannkuchen oder Ziegenkäse in Blätterteig. Zum deftigen Essen passt das gehoben-rustikale Ambiente.
●**China Ming** €€, Av. Cruz Roja 1a, Tel. 922408352, tgl. 13–16 und 18–23 Uhr. Gutes China-Restaurant nahe dem Ortseingang mit Frühlingsrolle, gebratener Ente und weiteren leckeren Gerichten; auch ein preiswertes Menü wird angeboten. Zum Abschluss gibt es gratis einen Lychee-Likör.
●**Casa Pedro** €€, Av. Cruz Roja 1, Tel. 922408185, tgl. außer Mi 13–16 und 18–23 Uhr. Gleich neben dem Chinesen: etwas altertümliches Ambiente, aber gute Fischgerichte, außerdem Fleisch und Pasta.

- **El Rincón del Pescador** €€, Av. Marítima 19, Tel. 922 408201, tgl. 13-23 Uhr. Restaurant am Nordende der Strandpromenade, jenem romantischen Winkel (rincón), wo einst die Fischer ihren Fang an Land brachten. Am schönsten sitzt man auf der Dachterrasse, gelobt wird die Fischsuppe. Insgesamt ist das Lokal aber zu teuer.
- **Franconia**€€, Paseo Marítimo 16, Tel. 922408407, Mo-Mi, Fr-Sa 17-24, So 12-24 Uhr. Rustikales Lokal im Souterrain neben der Tauchschule: Der Besitzer heißt *Frank* und kommt aus Franken, daher der für La Palma ungewöhnliche Name des Lokals. Die Küche präsentiert einen kanarisch-mitteleuropäischen Mix: gebratenen Ziegenkäse und Garnelen in Knoblauchöl gibt es ebenso wie Rinderrouladen, Sauerbraten, große Steaks und Tafelspitz. Der Besitzer betreibt eine eigene Metzgerei, und da er gern zu Angeltörns aufbricht, wird auch frischer Fisch serviert. Sonntags gibt es ein Überraschungsessen, an jedem ersten Sonntag im Monat hausgemachte Weißwürste.
- **La Scala** €€, C. Maximiliano Darias 5-B, Tel. 922408907, tgl. 13-24 Uhr. Pizza und Pasta in allen - meist knapp bemessenen - Varianten. Vielleicht auch deshalb ist das Restaurant nur selten voll, oft läuft der Fernseher.
- **Orinoco** €, Calle Manuel Rodríguez Quintero 1, Tel. 6778 69369, tgl. außer Mi 9-24 Uhr. Alteingesessenes Familienlokal, das außer preiswerten Tapas frischen Fisch und kanarische Klassiker wie pikantes Kaninchen und Zicklein anbietet. Im Winter gibt es meist donnerstags Live-Musik. Gegenüber vom Apartmenthaus *Nisamar* in einer ruhigen Seitenstraße.
- **La Nao** €, Av. Marítima 33, Tel. 922408072, tgl. außer Mo ab 11 Uhr. In bester Lage, direkt an der Strandpromenade, mit Tischen unter Sonnenschirmen. Es gibt frisch gepresste Säfte, Mixgetränke, gute Tapas und Kuchen; für den großen Hunger wird Fisch angeboten.
- **Las Olas** €, Av. Marítima s/n, Tel. 922408026, tgl. außer Do 12-23 Uhr. Terrassenlokal direkt über dem Strand, aufgrund seiner Lage sehr beliebt. Es gibt u.a. frisch gepressten Orangensaft, Salate, Sandwiches und andere Kleinigkeiten.
- **Panadería y Pastelería Alemana**, Calle Juana Tabares 3, Edificio Palma Beach, Tel. 922408110, tgl. 8-19 Uhr. Zu günstigen Preisen bekommt man Vollkornbrot, frische Brötchen und Croissants sowie allerlei Süßes: u.a. Bananen- und Orangenkuchen, Schokoladen- und Mandeltorte. Mit mehreren Tischen drinnen und draußen. Auch fürs Frühstück zu empfehlen.

Fischessen zum Sonnenuntergang - am besten in den Strandbars von El Remo

Stadtplan S. 206, Übersichtskarte S. 204

Puerto Naos

Nightlife

Im Hotel *Sol La Palma* wird für Disco und Unterhaltung gesorgt, Kanarier findet man eher in den Bars und Kneipen im alten Ortskern.

Aktivitäten

● **Wandern:** Organisierte Touren in Kleingruppen zu den spektakulärsten Regionen bietet die Bike-Station (s.u.). Zur Wahl stehen die Vulkan-Route, eine Alpintour auf den Roque de los Muchachos, ein Ausflug zu den Quellen von Marcos und Cordero sowie die Runde durch den Caldera-Erosionskrater. Möglich sind auch Ausflüge, bei denen Sightseeing mit kleineren Wanderungen verknüpft ist (z.B. Besichtigung von Santa Cruz oder Spaziergang durch den Lorbeerwald Los Tilos). Auch Nordic-Walking wird angeboten.

● **Radfahren:** Bike Station La Palma, Av. Cruz Roja Local 3, Tel./Fax 922408355, www.bike-station.de, tgl. außer So 9–13 und 18–20 Uhr. Freundlich und engagiert geführte Radstation in dritter Strandreihe. Man kann hochwertige, voll gefederte Mountainbikes (Marke *Fully Scott* mit Scheibenbremse) inkl. Zubehör ausleihen oder auf Beach Cruisers mit und ohne Kindersitz zu den nahegelegenen Stränden aufbrechen. Billiger wird's bei längerer Verleihdauer. *Chris* und *Ottes* geben Tipps zu den interessantesten Strecken und organisieren Tagestouren durch Lorbeer- und Kiefernwälder sowie über Lavasand. Sehr willkommen ist der kraftsparende Transfer mit Kleinbus und Taxi zu den höher gelegenen Ausgangspunkten der Touren.

●**Tauchen:** *Tauchpartner La Palma,* Paseo Marítimo 1/C. José Guzmán Pérez 1 (Ap. Playa Delfín), Tel./Fax 9224 08139, www.tauchpartner-lapalma.de, So geschl. Gegenwärtig die einzige Tauchbasis auf der Westseite der Insel, engagiert geführt von *Barbara* und *Georg.* Man kann an geführten Tauchgängen teilnehmen und Kurse belegen oder sich ausbilden lassen zum Open-Water-Diver. Außerdem Verleih von Schnorchel, Maske und Flossen, auf Wunsch auch kompletter Ausrüstung mit Anzug, Lampe und Sauerstoffflasche. Ein gutes Tauchrevier liegt unmittelbar vor der Küste.

●**Paragliding:** *Palmaclub,* Paseo Marítimo s/n, Tel. 6106 95750, www.palmaclub.com. In einem Pavillon am Südende der Promenade kann man von 12 Uhr bis zum Sonnenuntergang Tandem-Flüge buchen. Der einfachste Flug startet auf dem hinter Puerto Naos aufragenden Gebirgszug in 250 m Höhe, dauert 10–15 Minuten und endet auf dem Landeplatz unmittelbar vor dem Pavillon. Javier, ehemaliger spanischer Vizemeister im Tandemgleitschirm, bietet auch – gute Winde vorausgesetzt – Flüge aus über 2000 m Höhe. Am Pavillon hängt der Wetterbericht des Tages aus, Flieger treffen sich in der Terrassenbar *Kiosco Playa Morena.*

●**Tennis:** Club de Tenis Valle de Aridane, Tel. 922480203. Wer nicht im Hotel *Sol* einquartiert ist und die dortigen Anlagen benutzen kann, fährt zum Tennisclub 1,5 km oberhalb von Puerto Naos an der Straße nach Los Llanos.

Einkaufen

●**Buchantiquariat,** Calle Maximiliano Darias 17a, unregelmäßig geöffnet, meist Mo-Fr 11–13 und 17–20 Uhr. Ein interessanter Buchladen am Ortseingang (rechts) mit witziger Werbung: „Die kunstbesessene Frau: Es hat sie durch alle Antiquariate getrieben, warum ist sie in keinem stehengeblieben?" Zwar hat sich das Angebot im Laufe der letzten Jahre dem Zeitgeist angepasst, doch noch immer findet man in den Regalen viele Bücher, die man in einem Ferienort nicht erwarten würde – Raritäten aus den Bereichen Geschichte und Politik, Belletristik, Theater und Film. Eine größere Auswahl deutscher und spanischer Zeitungen bekommt man ganz in der Nähe im Supermarkt in der Calle Mauricio Duque Camacho.

●**Kunsthandwerk/Souvenirs:** mehrere Geschäfte an der Strandpromenade (Paseo Marítimo).

Feste

●**Juli:** *Fiesta del Carmen.* Die Schutzheilige der Fischer wird mit einer Bootsprozession und einem Fest auf der Promenade geehrt.

Badebuchten in der Umgebung

Mehrere Badebuchten, teilweise mit schwarzem Lavasand und noch nicht touristisch verschönt, entdeckt man südlich und nördlich von Puerto Naos. Wahrscheinlich ist es nur eine Frage der Zeit, bis die von den Palmeros aufgezogenen Hütten und Bretterbuden abgerissen und durch Apartmentkomplexe ersetzt werden.

Im Süden Knapp zwei Kilometer südlich von Puerto Naos, nahe einem zweistöckigen Haus mit Balkon (LP-213 Km. 11), parken an heißen Tagen zahlreiche Autos – ein untrügliches Zeichen, dass hier eine Piste zur **Playa de las Monjas,** dem „Strand der Nonnen" abzweigt. Die malerische Bucht mit schwarzem Lavasand ist beliebt bei Freunden des FKK; man kann sein Handtuch in kleinen Felsnischen ausrollen und bleibt vor fremden Blicken geschützt. Es gibt einen kleinen Kiosk, der aber nur unregelmäßig öffnet.

Folgt man der Straße weiter in Richtung Süden, gelangt man schon bald zum **Charco Verde,** einer weit geschwungenen Bucht mit feinem Sandstrand am Fuß hoher Klippen (daneben gibt es einen zweiten Strandbereich mit kleinen Felsnischen). Bambusschirme sorgen für Schatten, eine Blockhütte sorgt für Erfrischungen. Die breiten Zufahrtsarme stammen noch aus jener Zeit, als geplant war, hier einen mondänen Jachthafen zu bauen; heute ist davon nicht mehr die Rede. In bester Lage mit Meerblick präsentiert sich die von TUI-Gästen belegte Bungalowanlage.

2,2 Kilometer weiter südlich geht es rechts ab zur Strandsiedlung **El Remo.** Die Buden, in denen palmerische Familien ihre Ferien verbringen, sind bunt zusammengewürfelt und wirken vernachlässigt, der Strand ist „naturbelassen", d.h. er wird nicht gereinigt.

●**Essen und Trinken:** Urige Bars direkt am Meer sorgen fürs leibliche Wohl; Bambusschirme auf den Terrassen bieten wohltuenden Schatten. Beliebt ist vor allem der erste Kiosk.

Im Norden Zu den nördlich gelegenen Buchten kommt man über schmale, nicht ausgeschilderte Straßen. Man verlässt Puerto Naos in Richtung Los Llanos, um schon in der ersten markanten Rechtskurve links in eine nur schwer einsehbare Straße abzubiegen. Diese gabelt sich nach gut 600 Metern: Links geht es in 300 Metern hinab zur **Playa Bombilla,** einem Ort mit Sommerhäuschen für Palmeros, in denen auch Zimmer an Spanisch sprechende Durchreisende vermietet werden. Der Strand ist wenig attraktiv und vor allem im Winter von Geröll übersät.

Zurück zur oben genannten Gabelung. Hält man sich dort rechts, kommt man über in Bananenplantagen geschlagene Pisten zu der beliebten **Playa Nueva:** nach 300 Metern links (an der Finca *Dulange*), 50 Meter weiter rechts und nach 500 Metern (an der Bananenpackerei *Morriña*) wiederum rechts; 150 Meter weiter beschreibt die Straße am Haus Nr. 79 einen Bogen nach links, danach noch einen Kilometer geradeaus. Der lange, aber schmale Strand ist mit feinem, schwarzem Sand bedeckt, im Winter ist dieser teilweise fortgeschwemmt. Geplant ist hier der Bau einer Apartmentanlage.

In den kommenden Jahren kann es in den Buchten nördlich und südlich von Puerto Naos unruhig werden: Laut spanischem Küstenministerium sollen alle Hütten und Kaschemmen abgerissen werden, um – so wird gemunkelt – Platz zu schaffen für **neue Hotels ...**

Rund um Todoque

Noch vor wenigen Jahren waren die Weiler um Todoque auf keiner Landkarte verzeichnet, heute sprießen auf den Lavahängen (vorwiegend deutsche) Häuser wie Pilze aus dem Boden. Das für Landwirtschaft wenig brauchbare Gebiet wird touristisch erschlossen – mit allem, was dazugehört: Restaurants, Autoverleihfirmen, Info- und Immobilienbüros.

Das einstige Bauerndorf **Todoque** liegt auf halber Strecke zwischen Puerto Naos und Los Llanos in etwa 300 Metern Höhe. Der zentrale Platz mit Kirche und Bar ist wenigstens etwas, das an frühere Zeiten erinnert. Die Ländereien ringsum sind teilweise in ausländischem Besitz, Ferienwohnungen inmitten weitläufiger, oft hoch ummauerter Bananenplantagen.

100 Meter südlich des Kirchplatzes befindet sich eine markante Gabelung: Nach Puerto Naos geht es über **Las Norias,** einen Weiler mit zwei Restaurants und guten Unterkünften, nach Los Llanos über die vor allem bei deutschen Residenten beliebte Streusiedlung **La Laguna.** Nach Los Canarios kommt man über **Las Manchas** (Beschreibung s.u.).

Unterkunft

• **Finca Tropical** €€€, Los Palacios 59, Las Norias, Tel./Fax 922480162, www.la-palma-tourismus.com. Am Rand einer Bananenplantage mit weitem Meerblick und absolut ruhig gelegen – man hört nur Vogelgezwitscher und das Rascheln von Geckos. Die Anlage thront auf einem 75 Meter hohen Plateau überm Meer. Die 14 Wohneinheiten (Studios, Apartments und Bungalows) verteilen sich auf mehrere Häuser: Das gelbgetünchte Haupthaus *Casa Amarilla* liegt vor einem exotischen Garten mit großem Süßwasserpool; etwas tiefer befinden sich die Häuser *Cuba 1* bis *3* sowie *Silvano* mit Aussichtsplätzen unmittelbar an der Klippe. Die Wohnungen sind freundlich und hell, mit gemauerten Betten und Sitzbänken mediterran inspiriert; alle verfügen über Balkon bzw. Terrasse mit weitem Meerblick. Die Rezeption ist Mo–Fr 10–12 Uhr besetzt.

Anfahrt: Mit Jeep ab der Straße Los Llanos – Puerto Naos bei km 6.2 der Ausschilderung folgen; mit weniger

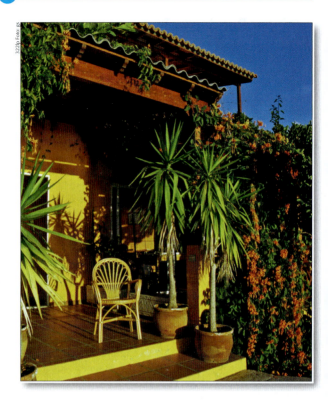

belastbaren Fahrzeugen bei km 5.8 in Richtung Tazacorte abzweigen, nach einem Kilometer beim Schild „Finca Tropical" links einbiegen, 250 Meter weiter rechts und auf die gelben Pfeile an der Bananenmauer achten.

●**Casa Calma** €€, Los Palacios 23, Tazacorte/La Costa, Tel. 922480568, aurico@terra.es. Zwei helle, gut ausgestattete Apartments für nur 30 € auf einer Biofinca, 110 Meter ü.d.M. an der Küste von Tazacorte. Man wohnt ruhig mit schönem Ausblick aufs Meer und die Berge. Frau *Häberlein* ist Yoga-Lehrerin und Ernährungsberaterin, organisiert

Finca Tropical

Seminare und Kuren für Gruppen von 4–6 Personen; dafür stehen zwei weitere Schlafräume zur Verfügung. Anfahrt: von Tazacorte auf der Küstenstraße LP-2132 Richtung Puerto Naos, nach 3,6 km rechts und nach 80 m wieder links abbiegen. Nach weiteren 450 Metern, am Ende dieses Wegs, liegt Haus Nr. 23.

●**Bungalows Morani** €€, Carretera Los Llanos – Puerto Naos, LP-213 Km 7.4, Morro de los Judíos, Mobiltel. 619008448, Fax 922408221, www.morani.de. Eine gute Wahl: Zwischen Bananenplantagen liegen vier ruhige Bungalows (36–70 m²) mit jeweils großer Terrasse, Grillplatz und Weitblick aufs Meer. Die Besitzer *Harald Moranz* und *Ana Gobea Rodríguez* wohnen gleich nebenan und kümmern sich um die Gäste. Anfahrt: Am Tennisplatz einbiegen, der Weg ist ausgeschildert.

●**La Primavera** €€, Calle Cuatro 5, Las Norias, buchbar über *Verena* und *Jesper Kaas* (⇨*La Luna Baila* in El Paso), www.lapalma-sonne.de. Vier hübsche Apartments und zwei freistehende Bungalows, dazu Sonnenterrassen und ein fünfeckiger Pool. Ausführlichere Infos gibt's auf ihrer Website!

●**Residencia Las Norias** €€, Las Norias de Abajo 26, Tel. 922401978, www.residencia-lasnorias.de. Über 10 Bungalows und Apartments in einer Gartenlandschaft mit Pool, 1 km von Todoque entfernt.

●**Ap. La Muralla** €€, Carretera Puerto Naos–Los Llanos Km 8.5, Tel. 922408300, Fax 922460384, www.apartamentoslamuralla.com. An einer Straßenkehre an der Steilküste oberhalb Puerto Naos: 11 terrassenförmig angelegte Reihenbungalows, alle mit Sat-TV. Von vielen Räumen bietet sich ein schöner Blick über den Pool, die grün wogenden Bananenplantagen und das Meer.

●**Sonvida**€€, Carretera Los Llanos–Puerto Naos, LP-213 Km 4.5, Camino Paradiso 6, Todoque, Tel./Fax 922463836, www.bungalowssonvida.com. Von der Straße geht es bei Km 4.5 den Camino El Atajo hinab, nach 600 Metern biegt man rechts in den Camino Paradiso ein und folgt diesem alles andere als paradiesisch anmutenden Weg bis zum Ende. *Sonvida* liegt rechterhand, eine Bungalowanlage mit fünf Wohneinheiten, einem 4x10 m großen Pool und Tennishartplatz. Mit über 50 € pro Tag etwas zu teuer.

●**La Plantación** €€, Carretera Los Llanos–Puerto Naos Km 4.1, Camino El Pedregal, Todoque, Tel. 922463567, www.bungalowslaplantacion.com. Freundliche Bungalowanlage zwischen Todoque und La Laguna. 31 Wohneinheiten unterschiedlicher Größe, eingebettet in Gärten mit zwei Süßwasserpools, dazu Tennishartplatz und Tischtennis (gratis) sowie Fahrradverleih. Bei km 4.1 an der Straße nach Puerto Naos links einbiegen, dann 700 Meter auf schmaler Asphaltpiste bergauf. Die Rezeption ist Mo-Fr 9-13 und 16-19, Sa 9-13 Uhr besetzt.

●**Pension Musicasa** €/€€, Carretera Los Llanos – Puerto Naos, LP-213, km 6.3, Las Norias 10, Tel./Fax 922463231, www.musicasa.de. Das Haus von *Hans-Richard Jonitz*, „Ödi" genannt, gilt seit Jahren als beliebte Anlaufadresse für junge und jung gebliebene Traveller. Es liegt direkt an der Straße nach Puerto Naos (nicht ausgeschildert), 600 Meter hinter der Abzweigung nach Tazacorte und kurz vor dem Restaurant *Las Norias*. Für die Gäste der sechs Zimmer stehen zwei Bäder bereit; am billigsten schläft man im Backpacker-Zimmer (max. 4 Pers.). Man frühstückt gemeinsam an einem großen runden Tisch im Garten – ein idealer Ort, um sich kennen zu lernen! Im Gemeinschaftsraum steht ein Fernsehsender (mit deutschen Programmen), außerdem wurde eine Internet-Ecke eingerichtet. *Ödi* ist übrigens nicht nur ein erstaunlich guter Musiker (alle paar Wochen hat er einen kleinen Auftritt), sondern als begeisterter Taucher auch ein Experte in Sachen Schnorcheln.

Vermittlungsagenturen:
●**Holidays,** La Laguna 333, Carretera Los Llanos – Puerto Naos, LP-213 km 3.2, Tel. 922462406, www.holidays-lapalma.de. In dem von *Erika* und *Julio* geleiteten Büro nahe der zentralen Kreuzung von La Laguna werden Bungalows und Häuser in der Umgebung vermittelt; auf Wunsch auch Vermietung von Autos.
●**Turismo Jofisa,** Carretera del Hoyo 3, Carretera Los Llanos – Puerto Naos, LP-213 km 4.9, Todoque, Tel. 9224 60648, Fax 922464126, www.jofisa.net. In dem Büro an der großen Gabelung in Richtung Las Manchas werden mehr als 30 Häuser und Apartments im Umkreis von Todoque und Las Manchas vermittelt. Da aber den *TUI*-Reservierungen Vorrang gebührt, müssen Individualtouristen warten, bis *TUI* grünes Licht für die Verwertung der Restplätze gibt. Dies geschieht jeweils eine Woche vor Reiseantritt.

Landhäuser:
●**Casa Vista Mar** €€, Camino Las Casitas 25, Todoque, buchbar über *Karin Pflieger* (⇨„Unterkunft, Urlaub im Landhaus"). Frei stehendes Häuschen mit Garten am Ortsrand von Todoque. Schmuckstück ist die Veranda mit tollem Blick auf den Sonnenuntergang, außerdem zwei Schlafzimmer und eine Wohnküche.
●**Casa Pantana** €€, Camino Pastelero 89, Todoque, buchbar über *Karin Pflieger* (s.o.). Oberhalb von Todoque, weit ab vom Schuss, absolut ruhig und inmitten eines großen Gartens mit Wein. Mit hellen Kiefernmöbeln freundlich eingerichtet, zwei Schlafzimmer und Wohnküche.

Übersichtskarte S. 204

Rund um Todoque

Camping

- **Camping La Laguna** €, Camino Cruz Chica 60, La Laguna, Tel. 922401179, www.4011camp.com. Eine gute Adresse für preiswerten und „alternativen", kinderfreundlichen Urlaub: Auf dem Campingplatz des Schweizers *Hannes Keller* kann man sein eigenes Zelt aufschlagen, aber auch in einem der zehn aufgestellten Wohnwagen leben. Die Gäste treffen sich in der Gemeinschaftsküche zu Essen und Plausch, Schmuckstück der Anlage ist das „Open-Air-Badezimmer" mit Warmwasser. Gäste haben Zugang zu Telefon, Fax und Internet. Ein Tipp zur Anfahrt: Vom Ortszentrum La Laguna 100 Meter zum Lorbeerbaum mit Kapelle, dort einbiegen in den Camino Cruz Chica. Die Hausnummer ist nur klein an einem Strommast angebracht – kein Schild, das auf den Campingplatz hinweist!
- Die Dependance **„4011 Camp"** (Las Norias/Calle Seis) befindet sich in den Bananenplantagen westlich von Todoque Richtung Tazacorte: ein spartanischer Zeltplatz mit Open-Air-Küche, Dusche und Toilette. Anfahrt: Am Restaurant *La Mariposa* rechts in die Piste einbiegen.

Essen und Trinken

- **Bistro Cervantes** €€€, Todoque 467, Tel. 922463880, tgl. außer Do 19–23 Uhr. Mit dem Namen hat das ehemalige „Excelente" auch seinen Besitzer gewechselt. Frau *Conny* serviert leichte, fantasievoll abgewandelte kanarische Küche, darunter gebackenen Ziegenkäse mit Honig und Chili-Hauch, Zicklein-Ragout mit Quitten und Kräuterhackbraten mit Kastanien. Das Ambiente ist freundlich, in der bunt gestylten Toilette gibt es für jeden Gast ein frisches Handtuch.
- **La Mariposa** €€, Carretera Los Llanos – Puerto Naos km 6.1, Las Norias 1, Tel. 922464145, tgl. außer Fr 13–23 Uhr. Kanarische und internationale Küche in stilvollem Rahmen. Fleisch und Fisch vom Grill, aber auch feinere Gerichte wie Avocadocreme mit Palmenherzen oder *sama* mit Mandelraspeln. Dazu ertönt leiser Jazz, manchmal auch Live-Konzerte. Vor allem abends eine gute Adresse.
- **Tasca La Palmera** €, Carretera Los Llanos – Puerto Naos LP-213 km. 3.2, Tel. 922402168, tgl. 10–2 Uhr. Residenten-Treff im Ortsteil La Laguna. *Reinhard* alias *Raimón* betreibt La Palmas ersten „Biergarten". Man sitzt im Schatten der Kirche unterm Avocadobaum, stärkt sich mit Frühstücksgedecken, im weiteren Tagesverlauf mit kleinen und großen Gerichten, Kaffee & Kuchen, Cocktails zur Dämmerstunde und deftigen Abendessen. Am Wochenende wird – oft zu Live-Musik – der Grill angeworfen, sonntags gibt's Mettbrötchen, so lang der Vorrat reicht. Mit deutschsprachigen Zeitungen.

Südwesten

Las Manchas

Eine mit jungen Palmen bepflanzte Straße führt von Todoque nach Las Manchas („die Flecken"). An dem sich zur Küste neigenden Lavahang liegen Weiler eingesprenkelt – wie weiße Punkte auf einem schwarzen Teppich. Sie tragen die Namen *Las Manchas de Abajo, San Nicolás* und *Jedey.* Geradlinig bahnt sich die Straße ihren Weg durch einen **Lavastrom,** der mitten im Lauf erstarrt ist. Er entstand am 24. Juni 1949, als unter dem zentralen Gebirgskamm eine Spalte aufriss und sich glühendes Magma 38 Tage lang in Richtung Meer wälzte. Heute machen sich die Bewohner die Wasser speichernden Lavakörner zunutze und pflanzen Wein in kleinen Mulden. Die Furcht, die Vulkane könnten abermals aktiv werden, ist freilich nicht verebbt.

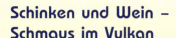

Schinken und Wein – Schmaus im Vulkan

Ein Besuch des Bodegón Tamanca ist ein Erlebnis: In einen Vulkanberg wurden Säle und Stollen gegraben, der Boden ist mit Kies bedeckt. Man sitzt am Holztisch unter Weinfässern und Schinkenkeulen, eine Uhr läuft dreist entgegen dem Zeigersinn. Da kostet man gern den Hauswein *Tamanca* und greift zu *jamón serrano* (luftgetrocknetem Schinken), *chistorra* und *butifarra* (pikanter und gegrillter Wurst). Wer ganz großen Hunger hat, ordert ein Kilogramm Schweinefleisch vom Rost *(carne de cerdo asada)*.

● **Bodegón Tamanca** €€, Carretera General LP-1, San Nicolás, Tel. 922494155, tgl. außer Mo 11–24 Uhr.

Vulkanröhre

Wer die Landschaft aus schwarzer Schlacke und Zopflava in Augenschein nehmen will, wandert zum **Tubo de Todoque.** Er entstand, als sich die an der Oberfläche fließende Lava aufgrund des Luftkontakts abkühlte und verfestigte, während unterirdisch der Magmastrom weiterzog. Als er verebbte, blieb ein leerer Lavastollen zurück. So dünn war seine Decke, dass sie mancherorts einbrach – genau an diesen Stellen hat man heute Zugang zur Unterwelt und kann (mit Taschenlampe) einen Blick in den Schlund werfen.

Anmarsch: An der von Todoque nach San Nicolás führenden LP-211 stellt man das Auto bei Km 2.5 ab (kleine Parkausbuchtung). Hangaufwärts führt ein breiter Lavaweg, der wenig später links einknickt und durch eine Kette versperrt ist. 100 Meter hinter der Kette zweigt rechts ein durch Steinmännchen markierter Pfad ab, der über der Vulkanröhre verläuft. Nach wenigen Metern passiert man einen ersten Einsturztrichter, kurz darauf einen zweiten und dritten. Letzterer ist 25 m lang, an seinem Ende, zu dem man linkerhand hinabkraxeln kann, befindet sich der Zugang zum 550 m langen und bis zu acht Meter hohen Tunnel.

Traum vom Paradies: Plaza La Glorieta in Las Manchas

LAS MANCHAS

Las Manchas de Abajo

Schmuckstück von Las Manchas de Abajo ist die **Plaza La Glorieta,** die von einer imaginären Landschaft voller Heiterkeit belebt wird: Mosaiken zeigen ineinander verschlungene Blumen und tanzende Tiere, in der Fontäne des Springbrunnens verharrt ein archaisches Chamäleon. Geschaffen hat den Platz *Luis Morera,* der Sänger der inselbekannten Musikgruppe Taburiente. Von der Straße Todoque – Las Manchas geht es vor dem Restaurant Secadero rechts ab, an der Kreuzung nach 400 Metern hält man sich links.

An der Plaza vorbei geht es in östlicher Richtung zur Straße LP-1 hinauf, unterwegs passiert man die Casa Museo del Vino, das neue **Weinmuseum** im rot getünchten Haus. Gegen Zahlung einer – vorerst geringen – Eintrittsgebühr wird man über die Geschichte des palmerischen Weins und den Verarbeitungsprozess informiert, sieht im Garten die wichtigsten Inselreben und kann sich bei der Weinprobe von deren Qualität überzeugen.

● **Casa Museo del Vino,** Camino El Callejón 88, wechselnde Öffnungszeiten, So geschl., Eintritt 1,50 €.

San Nicolás

Tamanca, das originellste Lokal der Insel (⇨ Exkurs), liegt oben an der Hauptstraße und gehört zum Weiler San Nicolás, einem ansonsten eher farblosen Dorf. Wie durch ein Wunder blieb es vom Lavastrom 1949 weitgehend verschont. Zum Dank schufen Bewohner 300 Meter über dem Ort das **Santuario de Fátima,** eine einen Meter hohe, von einer Marienstatue gekrönte Kapelle.

Jedey

Weitere zwei Kilometer südlich, an der Straße nach Los Canarios, liegt Jedey, ein blumengeschmücktes Dorf am Rande des Kiefernwalds. Der einzige Laden, die von der herzlichen *Marisol* geleitete Tienda Jedey, befindet sich direkt neben der Bar. Wanderfreunde decken sich hier mit Proviant ein, bevor sie zum Vulkanschlot Hoyo de la Sima aufbrechen.

Eingang zum Tubo de Todoque

LAS MANCHAS

Unterkunft

●**Casa Los Sueños** €€€, Las Manchas de Arriba s/n, buchbar über *Karin Pflieger* (⇨ „Unterkunft, Urlaub im Landhaus"). Das „Haus der Träume" (4 Pers.) bietet durch große Panoramafenster Weitblick aufs Meer, dazu viel Komfort (Heizung, Sat-TV und Musikanlage). Preiswerter ist das großzügig geschnittene Apartment für 2 bis 3 Personen.

●**Palmenfinca Las Manchas** €€, Tel./Fax 922494085, www.palmenfinca.de. Inmitten eines Palmenhains am Hang vermieten *Elke* und *Thomas* in ihrem Gehöft zwei helle Apartments mit Weitblick aufs Meer. Von der LP-211 unterhalb des Restaurants Secadero der Straße über die Plaza de la Glorieta bis zum Ende folgen, dann rechts 300 m.

Essen und Trinken

●**Secadero** €€, Las Manchas 90, Carretera Todoque – San Nicolás km 2.8, Tel. 922460028, 12–17 und 19–23 Uhr, Mi und So Abend geschlossen. Tapas und kanarische Hausmannskost in einem aus Vulkangestein iglüähnlich gebauten Steinhaus an der Straße nach San Nicolás. Leider lässt der Service gelegentlich zu wünschen übrig.

●**Bodegón Tamanca** €€ (⇨Exkurs)

●**Pizzeria Evangelina** €, Ctra. General Jedey 27, Tel. 92249 4105, tgl. außer Di und Do ab 19, So auch 13–16 Uhr. Im ehemaligen Tanzsaal des Weilers Jedey steht ein großer Holzkohleofen, in den die Pizza geschoben wird: fein ausgerollt und schmackhaft belegt. Das Ambiente mit spiegelglattem Boden und blank polierten Tischen ist etwas asketisch, doch Beleuchtung und Oldies lullen angenehm ein. Geleitet wird die Pizzeria von *Gabriele,* der früheren Besitzerin des Lokals *Utopía* in Los Llanos.

Tajuya

Auf dem Weg von Las Manchas nach El Paso passiert man die etwas unscheinbare, bei deutschen Residenten und wohlhabenden Palmeros aber beliebte Wohnsiedlung Tajuya. Gepflegte Einfamilienhäuser bieten einen weiten Blick auf das Aridane-Tal; hier lebt man ruhig und genießt „Gartenlandschaft". Gute Restaurants befinden sich nahe der Gabelung der Straßen nach Los Llanos und Los Canarios.

Einzige „Attraktion" ist ein zweitklassiger **Vogelpark.** In Käfigen sind seltene Vogelarten untergebracht, ringsum wachsen exotische Pflanzen. Man erreicht den Park über einen Abzweig der LP-3 (Km 24.6).

●**Jardín de las Aves,** Calle Panadero 16, Tel. 922485701, www.la-palma.de/vogelpark, Mo-Sa 10-17 Uhr, Eintritt 6 €, Kinder die Hälfte.

Unterkunft

●**Casa Acento Sincero** €€, Calle Espigón 20, Tel. 9224 86028, Fax 922497132, www.clausvoss.de. Schönes, aus Naturstein gebautes Haus inmitten eines großen, blühenden Gartens. Traditionelle Bauelemente werden mit schlicht-elegantem Mobiliar aufgelockert; für kalte Tage gibt es Zentralheizung. Im Garten kann man Tischtennis spielen oder sich in einer Hängematte entspannen. Die deutschen Vermieter wohnen nebenan und führen eine Arztpraxis für Innere Medizin und Allgemeinmedizin, Naturheilverfahren, Akupunktur, Bioresonanztherapie, Reikibehandlungen und Darmreinigungskuren. Die nächste Bushaltestelle befindet sich 400 m unterhalb des Hauses an der Hauptstraße.

Essen und Trinken

●**Il Giardino** €€€, Tajuya 2, Carretera General LP-1, Tel. 922485506, Mo-Fr 12-23, Sa 18-23 Uhr. Di geschl. Die Besitzer kommen vom Comer See, bieten aber keine Pizza und Pasta, sondern feine italienische Küche. 100 Meter neben El Sombrero (Richtung Los Llanos).

●**El Sombrero** €€, Tajuya 1, Carretera General LP-1, Tel. 922497392, tgl. außer Mi und Do 18-23 Uhr. Ein deutsch-schweizerisches Gespann bietet kanarische und internationale Kost, z.B. Kartoffelsuppe, Kürbis-Karotten-Eintopf, Fondue und Lammfleisch; lecker auch Schweinshaxe ohne Haut mariniert mit Kräutern und Chili, dann im Ofen geschmort. Das Restaurant befindet sich direkt an der Gabelung der Straßen nach Los Llanos und Los Canarios.

El Paso

Der Bergort El Paso liegt in ca. 700 Metern Höhe am Fuß der **Caldera-Wand** und des Höhenzugs der **Cumbre.** Ringsum erstrecken sich Felder mit Mandel- und Maulbeerbäumen, auf Weiden gra-

Essen und Trinken
- 1 Bistro
- 5 La Tarta
- 6 Centauro
- 12 Tasca Barbanera

- B Bushaltestelle
- Apotheke
- Gesundheitszentrum
- ⊠ Post
- ii Kirche

Sonstiges
- 2 Bioladen
- 3 Touristeninformation
- 4 Supermercado San Martín
- M 7 Museo de la Seda
- ★ 8 Escuela de Arte/ Café Encantado
- • 9 Ayuntamiento (Rathaus)
- 10 Bioladen Alegría
- ★ 11 Casa de Cultura

sen Pferde und Kühe. Vielleicht ist es gerade diese Mischung aus Gebirge und Meeresnähe, die den Reiz von El Paso ausmacht und eine so große Zahl **deutscher Einwanderer** angezogen hat. Mittlerweile haben sich diese eine eigene Infrastruktur geschaffen: mit Biobäcker und Naturkostladen, Arztpraxen und Immobilienbüros – selbst eine deutsche Grundschule fehlt nicht. Doch auch immer mehr Urlauber entdecken den Ort; für sie stehen Pensionen und restaurierte Landhäuser bereit. Attraktive Wanderwege starten quasi vor der Haustür (⇨Wanderungen 3–5).

El Paso heißt übersetzt „der Durchgang" – jeder, der die Insel durchqueren will, kommt hier vorbei. Die gut 5000 Einwohner zählende Ortschaft erstreckt sich über mehrere Kilometer und reicht vom Besucherzentrum des Nationalparks bis fast nach Los Llanos. Als „Hauptstraße" des modernen El Paso darf die Avenida José Antonio gelten. Sie zweigt von der Carretera General ab und wartet mit gut bestückten Supermärkten auf, auch das Rathaus sowie das Kultur- und das Gesundheitszentrum befinden sich hier. Der Stadtplatz wirkt schmucklos und etwas verwaist, nur während der Festtage, wenn Spiele und Sportveranstaltungen stattfinden, ist hier etwas los.

Die Calle Manuel Taño, die am Rathaus vorbei zum alten Ortskern hinaufführt, zählt mit ihren schmucken Bürgerhäusern zu den schöneren Straßen. Vorbei an einer alten, restaurierten Kapelle gelangt man zu der erst im 20. Jahrhundert erbauten **Iglesia de la Bonanza,** der mit einem hohen Turm die Stadtsilhouette dominierenden Pfarrkirche. Von hier sind es nur wenige Schritte zur attraktiven alten Dorfstraße, die mit ihren Landgütern und ziegelgedeckten Häusern wie ein Relikt aus alten Zeiten wirkt. Westwärts geht es nach Los Llanos (ca. 5 km), ostwärts zur Ermita Virgen del Pino (ca. 4 km).

Aus Kokons werden Seidenfäden

Seiden-herstellung

El Paso ist keine reiche Gemeinde. Lavaströme haben den einst fruchtbaren Boden verschüttet, für den Anbau „subtropischer Exportgüter" ist es zu kühl. Findige Frauen besannen sich auf die Herstellung von Seide, die ihnen ein ansehnliches Zubrot verschaffte. Seit dem 18. Jahrhundert werden zur Fütterung von Seidenraupen Maulbeerbäume gepflanzt. Sind die Tiere nach dem Fressen der Blätter fett geworden, verpuppen sie sich in einen weißen Kokon aus hauchdünnem Faden. Bevor sie sich in schillernde Schmetterlinge verwandeln, wird ihrem Leben ein Ende gesetzt: Man wirft sie in kochend heißes Wasser, damit sich der feine Seidenfaden von der Raupe löst. Alsdann wird dieser auf die Haspel gezogen und gesponnen, anschließend in heißer Lauge gebadet, auf dass er geschmeidiger werde und glänze. Nun wird der Zwirn gefärbt – selbstverständlich mit Naturfarben wie Koschenille (purpurrot), Reseda (gelb), Baumnuss (braun), Eukalyptus (grau) und Mandel (beige). Erst jetzt kann der Seidenfaden zu feinem Stoff verwoben werden!

In einem kleinen, bescheidenen Museum kann man den Frauen beim Weben des Seidenstoffs über die Schulter schauen. Wer Lust hat, kann eines der teuren Stücke erwerben – selbst *Kronprinz Felipe,* so berichten die Frauen, habe bei ihnen schon Krawatten gekauft.

- **Museo de la Seda Las Hilanderas,** Calle Manuel Taño 6, Mo–Fr 10–14, Di u. Do auch 17–19 Uhr, Eintritt 2,50 €, Kinder bis 12 Jahre frei.

Felsgravuren

Nördlich von El Paso hat man prähispanische Felszeichnungen, die so genannten **Petroglyphen von La Fajana,** entdeckt (⇨Wanderung 3). In eine Basaltwand wurden konzentrische Kreise, Spiralen und Sonnenmotive eingeritzt – bis heute nicht enträtselte Botschaften einer vergangenen Welt. Jahrhundertelang blieben die Felsgravuren unbeachtet, erst vor kurzem stellte man sie unter Denkmalschutz und brachte ein Gitter davor an, um sie vor Zerstörungen zu schützen.

Info

- **CIT Tedote,** Calle Antonio Pino Pérez s/n, 38750 El Paso, Tel./Fax 922485733, www.lapalma-cit.com, Mo–Sa 10–18, So 10–14 Uhr. Offizielle Touristeninformation in einem Pavillon am Hauptplatz, dazu Verkauf von Kunsthandwerk. Internet-Service im 100 m entfernten ⇨Bistro Info Center.

Unterkunft

- **Villa Abuelito Francisco** €€€, Calle El Pilar 1, Tel. 9224 85442, www.villaabuelitofrancisco.com. Sieben aus Naturstein neu erbaute Häuschen mit Fernblick ins Tal Im oberen Ortsteil von El Paso. Jedes Haus besteht aus einer geräumigen Wohnküche mit amerikanischer Massivholzbar, einem Schlafzimmer, originell gekacheltem Bad sowie Terrasse mit Grill. Für Gemütlichkeit sorgen die offenen Dachstühle aus Holz, die Keramik- und Dielenböden und das rustikale Mobiliar. Die Gäste teilen sich einen großen Pool, der auch im Winter auf 25°C beheizt ist. *Francisco,* der engagierte Besitzer, hat das Anwesen nach seinem Großvater (*abuelito*) benannt und wohnt in der Nähe.
- **Ap. Hermosilla** €€, Calle Riquibas 7, Tel./Fax 922485741, Internet: www.hermosilla.de. *Wolfgang* und *Uwe Nooten* leiten die terrassenförmig erbaute Anlage mit vier Apartments und drei Bungalows (alle mit Sat-TV, CD-Player, Internet-Anschluss), Garten, Grillterrasse und Mini-Pool (im Winter unbeheizt). Endreinigung in Höhe einer Tagesmie-

te! Anfahrt: Man folgt der alten Dorfstraße nach Los Llanos und biegt am Camino Hermosilla Nr. 9 links ein – die Anlage befindet sich 200 m weiter zur Linken.

●**La Luna Baila** €/€€/€€€, Echedey 24, Tacande de Abajo, Tel./Fax 922485997, www.lapalma-sonne.de. In Tacande, 2,5 Kilometer südlich von El Paso, vermieten *Verena* und *Jesper Kaas* in einem 10.000 qm großen Hanggarten ein einfaches und sehr preiswertes Studio sowie vier Bungalows für 2–4 Personen, von denen *Casa Alina* am schönsten ist. *Alina* ist gut gelegen und besteht aus einer Wohnküche mit offenem Dachstuhl (und Sat-TV), je zwei Schlafzimmern und Bädern sowie Terrasse und Wintergarten. Die Matratzen sind gut, die Oberdecken der Jahreszeit angepasst. Da die Häuser relativ weit auseinander stehen, genießen die Gäste Intimität, einander näher kommen können sie am Pool oder am Gartengrill. Wer seinen Laptop dabei hat, genießt gebührenfreien Internetanschluss über Wireless-LAN. Die Besitzer vermieten auch Apartments im Haus *Primavera* in Todoque und in der *Casa Santa Inés* an der Playa Bombilla (nördl. Puerto Naos). Sie geben Tipps für individuell geführte Touren, auf ihrer Homepage versprechen sie ein interessantes Programm mit Wander-, Koch- und Wellnesskursen.

●**Casa de las Palmeras** €€, Calle Tamarahoya 20, Tel. 922402115, www.casadelaspalmeras.de. Großzügige Anlage mit 10 Wohneinheiten (28–115 qm), die sich über einen 11.000 qm großen Hanggarten verteilen. Da dieser am Rand einer Seitenschlucht verläuft, hat man das Gefühl, mitten in der Natur zu sein. Von den meisten Apartments blickt man übers Grün bis zum Meer – am schönsten von den Chalets ganz oben. Mit zwei kleinen Pools und Grillplatz an einer alten Weinpresse. Anfahrt: Von der LP-2 zwischen El Paso und Los Llanos bei Km. 46 hangaufwärts.

●**Casa El Rosal** €€, Calle La Rosa/El Rosal 4, Tel./Fax 9224 85619. Am oberen nördlichen Rand von El Paso, wo das Dorf in Natur übergeht: Das in einen Garten eingebettete Natursteinhaus besteht aus einer Wohnküche, von der man über eine Holztreppe zur Galerie gelangt – dort schaut man vom Sofa in den Sonnenuntergang (oder ins Sat-TV). Unterhalb der Galerie befindet sich ein Schlafzimmer, im ehemaligen Kuhstall wurde ein weiterer Schlafraum mit Bad eingerichtet. Endreinigung und Heizkosten werden extra berechnet. Die deutschen Besitzerinnen *Doris* und *Sabine* wohnen gleich nebenan und versorgen die Gäste mit Tipps. Für alleinreisende Frauen haben sie sich etwas Besonderes einfallen lassen: ein preisgünstiges Holzhäuschen mit Küche, Bad, Terrasse und Garten, auf Wunsch kann man – ebenfalls sehr günstig – mit den Gastgeberinnen vegetarisch zu Abend essen.

●**Weitere Fincas** buchbar über *Isla Bonita* (➪ „Unterkunft, Urlaub im Landhaus").

Essen und Trinken

- **Tasca Barbanera** €€, Av. José Antonio/Juan Fernández, Mobiltel. 665978361. Leckere, stets frisch zubereitete Tapas und Tagesgerichte, die nicht auf der Karte stehen (bitte nachfragen). Die Weinauswahl ist klein, aber erlesen. Am Wochenende, wenn Palmeros scharenweise ins Lokal kommen, ist es schwer, einen Platz zu ergattern.
- **Tasca Catalina** €/€€, Calle Miramar 27, Tel. 922486569, tgl. außer So und Mo ab 17 Uhr. Wohl eines der besten Lokale in El Paso. Man sitzt im rustikalen Häuschen oder auf der Terrasse mit Blick in den Sonnenuntergang; die Bedienung ist freundlich, die Tapas sind lecker. Jeden Mittwoch gibt es eine neue Wochenkarte, auf dass die vielen Stammkunden stets etwas Neues entdecken. Einige Klassiker sind freilich immer vorrätig: so überbackene Auberginen und Jakobsmuscheln, Avocado mit Sardellen und Rosinen, Thunfischspieß und Datteln im Schinkenmantel, mit Käse gefüllt sowie als Nachtisch herrliches Pannacotta. Es empfiehlt sich, zu reservieren, die wenigen Tische füllen sich rasch. Anfahrt: Von El Paso Richtung Tajuya und nach etwa 300 Metern, gegenüber der Einfahrt zum Fußballplatz (*Estadio Municipal*), auf die Ausschilderung achten!
- **La Abuela** €, LP-3 Km. 25.2 (Tajuya 49), Tel. 922485609, tgl. außer Di ab 12 Uhr. Bei „Großmutter" treffen sich Palmeros, um Riesenportionen zarten Fleisches zu verputzen. Beste Stimmung am Wochenende!
- **Centauro** €, Av. José Antonio 8, tgl. 8–24 Uhr. Gemütliche Bar gegenüber vom großen Supermarkt. Von morgens bis abends serviert *Pablo* Riesengläser frisch gepressten Orangensafts, Kaffee, Wein und Tapas. Man sitzt entweder an der langen Bar oder an rustikalen Tischen.
- **Adagio** €, Carretera General 38, Tel. 922485231, tgl. außer So 13–15.30 und 19–23 Uhr. Kleines, gemütliches italienisches Lokal; vom Supermarkt 800 Meter in Richtung Santa Cruz.
- **Bistro Info Center,** Calle Antonio Pino Pérez 12, Tel. 922497468, www.la-palma.com, Mo–Fr 9–18, Sa 9–15 Uhr. Im Bistro bekommt man Zwiebelkuchen, Gemüse-Quiche, Apfelstrudel mit Vanillesauce u.a.; angeschlossen ist ein Internet-Café sowie ein Info-, Immobilien- und Souvenirshop.

Einkaufen

- **Naturkost:** *Alegría,* Calle Tanausú 16, Tel. 922485784, www.alegria.lapalma.cc. Großer Bioladen oberhalb der zentralen Plaza, bestens sortiert und mit vielen einheimischen Produkten; Öko-Obst und Gemüse von der Insel, Vollkornbrot und -kuchen, Tijarafe-Honig, Mandelmousse und Ziegenkäse, außerdem Aloe-Vera-Produkte, Naturkosmetik der Marken „Sante", „Weleda" und „Dr. Hauschka".

El Campo, Carretera General 1. Bioladen an der Hauptstraße mit etwas kleinerem Angebot.

El Rincón, Calle Vista Alegre 12, Mo–Sa 8–20 Uhr. Bio-Supermarkt am südlichen Ortseingang: mehr als 20 Öle

Stadtplan S. 225, Übersichtskarte S. 204 EL PASO

von Sollinger Mühle, mehrere Milch-und Käsesorten, Bio-Wein, Pasta Castagno, Vollkornbrot, dazu aus eigenem Anbau Trockentomaten und -bananen. Alles mit Bio-Zertifizierung.

● **Brot und Kuchen:** La Tarta, Av. José Antonio 12, Bestellung Tel. 696216016, Di–Sa 8.30–14.30 Uhr. Süßschnäbel freuen sich: *Martina* backt köstliche Torten, *Andreas* steuert Vollkornbrot, Brötchen und Croissants bei, dazu die beliebten „schwäbischen Seelen" (Salzkümmelstangen). Der kleine Laden befindet sich gegenüber vom Parkplatz des Supermarkts.

● **Kunsthandwerk:** La Sorpresa, Calle José Antonio s/n, www.miramarparadies.de. *Michael* und *Britta* verkaufen in ihrem Laden originelle Mitbringsel, darunter schwarze Keramik, Ohrringe mit Spiralmotiven der Ureinwohner und Broschen aus Vulkangestein; dazu Ketten aus Lavasandkugeln und Drachenbaumsamen, Notizbücher aus Bananen-Pergament, Ledertaschen und opulente Fotobücher.

Kultur

● **Escuela de Arte / El Café Encantado,** Calle Salvador Miralles 2 (gegenüber der alten Kirche), Tel. 922497417: Hier sollen bald kleinere Ausstellungen, Filme und Konzerte stattfinden; ab 18 Uhr öffnet eine gemütliche Bar.

Aktivitäten

● **Reiten:** Centro Hípico, Finca Corazón, Calle Cuesta de la Juliana 15, Mobiltel. 699629517, www.la-palma-reiten.com. *Karin* und *Reinhard* bieten Ausritte und Kurse für Anfänger und Fortgeschrittene. Der Reitstall befindet sich im Ortsteil Tacande.

Am schönsten zum Sonnenuntergang: Tasca Catalina

Der besondere Tipp:
● **Pension La Tienda** €€, Calle La Rosa 1 (Cruz Grande), Tel./Fax 922497342, Mobiltel. 667534810, www.lapalma-pension.de. Diese romantische, mit Antiquitäten liebevoll eingerichtete Pension ist ideal für Wanderer und kontaktfreudige Leute. Das restaurierte, 100-jährige Haus liegt an der alten Dorfstraße, knapp einen Kilometer oberhalb des Zentrums. Jedes Zimmer hat ein eigenes Bad und ist individuell gestaltet: so der „Blaue Raum", freundlich-hell mit Blick auf die Berge, das „Apartment" mit eigener Küche und offenem Dachstuhl, die „Bodega", in der das Bett auf einer Weinpresse thront, und der „Schweinestall" mit toller Terrasse. Luxuriös ist die Suite „Don Andrés" mit Kaminsalon und eigener Grünzone. Einen schöneren Garten kann man sich kaum vorstellen: mit Terrassen und lauschigen Winkeln, einem beheizten Pool und Sauna, Orangen- und Avocadobäumen und einem von der Schlucht begrenzten Kaktusfeld – nahebei stehen die gutmütigen Hausesel! *Hayo* und *Siggi*, die Besitzer, kümmern sich um das Wohl ihrer Gäste und versorgen sie mit Tipps zur Urlaubsgestaltung. Das üppige Frühstück wird im salonartigen Essraum serviert, dazu gibt es einen Aufenthaltsraum mit Kamin und eine Küche zum Zubereiten von Kaffee und Tee.

Feste

- **Mai:** *Fiesta de la Muñeca (Pepa).* Eine gigantische lachende Puppe *(Señora Pepa)* wird vom Festplatz oberhalb des Orts ins Zentrum getragen. Zu hypnotischer Trommelmusik wird getanzt, und da *Pepas* gute Laune ansteckend wirkt, begleiten Lachsalven die Prozession – ein Glückstaumel über mehrere Kilometer.
- **2. Sonntag nach Fronleichnam:** *Fiesta del Sagrado Corazón.* Beim **Herz-Jesu-Fest** verwandelt sich die Kirchstraße in eine von geschnitzten Heiligenfiguren umrahmte Open-Air-Galerie. Auf Stellwänden prangen die Kopien berühmter Gemälde – nicht gemalt, sondern aus zerriebenen und gefärbten Eierschalen gefertigt.
- **August:** *Fiesta de la Virgen del Pino.* Anfang August wird alle drei Jahre (2009, 2012 usw.) das **Fest der Kiefernjungfrau** gefeiert. In einer riesigen Prozession (eine der größten des Archipels) wird die Marienfigur von der Ermita (beim Besucherzentrum des Nationalparks) nach El Paso getragen, einige Wochen später kehrt sie in die Kapelle zurück. Das Fest ist reich an Höhepunkten. Es gibt Pferderennen und kanarischen Ringkampf, Folklore, Tanz und Theater.

Ausflüge in die Umgebung von El Paso

An der Hauptstraße, drei Kilometer östlich von El Paso, bereitet das **Centro de Visitantes** (Besucherzentrum) auf einen Ausflug in den Nationalpark vor). Gleich daneben führt eine schmale Straße zum Aussichtspunkt **La Cumbrecita** hinauf, wo sich ein spektakulärer Blick in den Talkessel bietet: Über 1500 Meter stürzen die zerklüfteten Hänge in die Tiefe (⇨ „Im Zentrum: Caldera und Cumbre"). Auf dem Rückweg empfiehlt sich ein Abstecher zur **Ermita Virgen del Pino,** einem von einer riesigen Kiefer überschatteten Kirchlein (⇨Wanderung 5).

Zurück geht's zur Hauptstraße und dann weiter in Richtung **Cumbre.** Gewaltig schiebt sich der Gebirgszug über die Insel, Wolken „schwappen" über den Kammrand – wie ein Wasserfall in Zeitlupe. Nach drei Kilometern, noch vor dem Tunnel, geht es rechts durch einen Kiefernwald längs der Cumbre eine Straße hinauf. Bald erblickt man

Auch nachts stimmungsvoll

pechschwarze Hänge und den **Llano del Jable,** eine beim Ausbruch der Montaña Quemada („Verbrannter Berg") entstandene, dunkle Sand- und Ascheebene. Obwohl die Eruption mehr als 500 Jahre zurückliegt, beginnen sich Pflanzen erst jetzt wieder anzusiedeln (⇨Wanderung 4).

Die Straße wendet sich in der Folge gen Osten und man erreicht den mitten im Wald gelegenen Rast- und Picknickplatz **El Pilar,** wo am Wochenende viele Palmeros ihr Familienfest feiern und auch zahlreiche Touren starten (⇨ „Im Zentrum: Caldera und Cumbre", Wanderung 6).

Warten auf den Bus im Zentrum von El Paso

Los Llanos

Santa Cruz, so sagt man im Westen der Insel, möge sich getrost „historische Hauptstadt" nennen, doch die Bezeichnung **„wirkliche Hauptstadt"** gebühre Los Llanos, wo sich – unbelastet von aller Tradition – modernes Denken hat durchsetzen können. Pünktlich zum Beginn des neuen Jahrtausends hat der Ort die 20.000-Einwohner-Grenze überschritten und damit Santa Cruz übertroffen. Los Llanos hat mehr Geschäfte und Restaurants, und auch das Nachtleben ist vitaler.

Seinen Aufschwung verdankt Los Llanos dem **Bananenanbau.** Dank des warmen, sonnigen Klimas und dem aus der Caldera abgezapften Quellwasser ist er hier ertragreicher als irgendwo sonst auf den Kanaren. Und falls es mit den Bananen wegen der billiger produzierenden amerikanischen Konkurrenz irgendwann ein Ende hat, gibt es ja noch den **Tourismus,** der das Gemeindesäckel füllt.

Fast großstädtisch wirkt die vierspurige Avenida, die Los Llanos durchquert. Sie ist von Geschäfts- und Mietshäusern gesäumt, während der Stoßzeiten staut sich hier der Verkehr. Ruhiger und schöner ist es zum Zentrum hin, hier wurden in den letzten Jahren mehrere Straßen zur Fußgängerzone erklärt und unattraktive Fassaden mit Wandmalereien verziert.

Plaza de España

Herzstück der Stadt ist die Plaza de España: Auf dem großen, von ausladenden Lorbeerbäumen überschatteten Platz ist den ganzen Tag über etwas los. Morgens tollen Kinder unter den Argusaugen ihrer Mütter umher, mittags genehmigen sich die Angestellten des Rathauses einen Imbiss in einem der Terrassencafés. Das „Casino" ist in Los Llanos keine Spielhölle, sondern ein schlichter Herrenclub, wo sich zur Siesta-Zeit die älteren *señores* im Korbsessel niederlassen und ihre obligatorische Zigarre rauchen. Lebhaft geht es in dem Haus mit den am Eingang postierten riesigen Kakteen zu: Hier befindet sich das **Kulturzentrum** (Casa de Cultura) mit Bibliothek sowie Konzert- und Ausstellungssaal. Abends ist der Platz von Jugendlichen beherrscht, die hier die Zeit bis zum Öffnen der Disco überbrücken.

Kirche Die strahlend weiße **Iglesia Nuestra Señora de los Remedios** am Nordwestrand des Platzes wurde im 17. Jh. erbaut. Der dunkle Innenraum besticht durch einen goldverzierten Hochaltar, in dessen Mitte eine Figur „Unserer Barmherzigen Frau" auf einem Halbmond schwebt – ein Zeichen des Sieges über die heidnische Mondgöttin. Über ihr spannt sich ein geschnitztes Deckengewölbe im Mudejar-Stil, das sich in etwas einfacherer Form über Haupt- und Seitenschiff erstreckt. Ein kleines Museum mit sakraler Kunst ist angeschlossen – es ist in der Regel nur nach der Messe geöffnet.

● **Museo de Arte Sacro,** Iglesia Nuestra Señora de los Remedios (Eingang von der Südseite)

Plaza Chica Im Schatten der Kirche versteckt sich der „kleine Platz", im Volksmund auch *Plaza de Enamorados* (Platz der Verliebten) genannt: mit plätscherndem Brunnen, hoch aufragenden Palmen und Sitzbänken – ein idyllischer Flecken abseits des Trubels. Eigentlich trägt er den Namen des hier geborenen Naturforschers *Elías Santos Abreu,* doch niemand, scheint es, kümmert sich darum.

Östlich der beiden *plazas* zweigen schmale, schnurgerade Gassen ab, die von pastellfarbenen Bürgerhäusern gesäumt werden. Einige von ihnen wurden in Restaurants und Cafés verwandelt, sodass man einen Blick in die schönen, oft begrünten Innenhöfe werfen kann.

Museo Arqueológico Das neue Archäologische Museum befindet sich ein im Stil einer Arena errichteter Bau mit Sehschlitzen statt Fenstern und einem interessanten

Übersichtskarte S. 204 **LOS LLANOS**

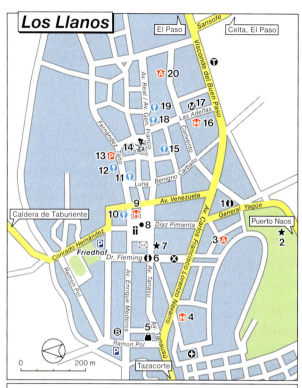

Unterkünfte
- 3 Doña Paquita
- 4 Valle de Aridane
- 9 Edén
- 13 El Porvenir
- 16 Trocadero Plaza
- 20 Ap. El Patio

Essen und Trinken
- 10 Utopía
- 11 La Luna
- 12 Mar y Tierra
- 15 El Hidalgo
- 18 Real 62
- 19 Tasca La Fuente

Sonstiges
- 1 Info Contacto
- ★ 2 Parque Gómez Felipe
- ▲ 5 Mercado (Markthalle)
- 6 Touristeninformation
- ★ 7 Casa de Cultura
- ● 8 Plaza de España mit Kirche und Rathaus
- 14 Bike'n'Fun, Casa de Buceo
- Ⓜ 17 Museo Arqueológico

- Ⓑ Bushaltestelle
- ✕ Taxi
- Ⓟ Parkplatz
- Ⓣ Tankstelle
- Gesundheitszentrum
- ïï Kirche
- ✉ Post

Innenleben. **Archäologische Fundstücke** von der ganzen Insel sind hier zu entdecken: Dazu gehören Keramik aus prähispanischer Zeit, Felle, Werkzeuge und Mumien. Auf anschauliche Weise bekommt man Einblick in das Leben der *benahoaritas* – so nennen sich die palmerischen, wahrscheinlich aus Nordafrika stammenden Ureinwohner.

●**Museo Arqueológico Benahoarita,** Calle Las Adelfas 1, Di–Sa 10–14, 17–20 Uhr.

Botanischer Garten

Klein, aber fein: Am Ortsausgang Richtung Puerto Naos, wenige Gehminuten von der zentralen Plaza, taucht man in eine exotische Oase ein. Gestaltet wurde sie vom Inselkünstler *Luis Morera,* der sich von den Formen und Farben eines *Gaudí* inspirieren ließ (s. auch Kap. Las Manchas). Man betritt den Garten durch schmiedeeiserne Portale mit floralen Ornamenten, spaziert über vielfarbige Mosaiken und vorbei an geschwungenen, kachelverkleideten Pavillons.

●**Parque Gómez Felipe,** Carretera a Puerto Naos s/n.

LOS LLANOS

Info

- **Oficina de Turismo,** Avenida Dr. Fleming s/n, Tel. 922 402583, Fax 922464216, www.aridane.org, wechselnde Öffnungszeiten, Sa Nachmittag und So geschl. In einem originell gestylten Bau im Untergeschoss der Promenade (neben der Turmuhr) liegen Werbezettel aus, außerdem gibt es Tipps zu Ausflügen und aktuellen Veranstaltungen.
- **Contacto,** Calle General Yagüe 13, Tel. 922463204, Fax 922461266, www.la-palma.de, Samstag Nachmittag und Sonntag geschlossen. Von Deutschen geleitete Kontaktbörse: Vermittlung von Apartments und Ferienhäusern auf der ganzen Insel, große Auswahl an Postkarten, CDs und Literatur zu La Palma, öffentliches Telefon, Internet-PCs und ein „Schwarzes Brett" mit Privatanzeigen. Jährlich wird eine Info-Zeitschrift herausgegeben.

Unterkunft

In einem Reiseführer von 1982 hieß es noch: „Eines der wenigen Betten in Los Llanos de Aridane oder in der weiteren Umgebung zu bekommen, ist fast unmöglich. Die beiden Hotels sind fast das ganze Jahr über ausgebucht. Man steht mit seinem Gepäck buchstäblich auf der Straße." Diese Zeiten sind vorbei, in allen Preisklassen stehen zahlreiche Unterkünfte bereit.

- **Trocadero Plaza** €€, Calle Las Adelfas 12, Tel. 9224 03013, Fax 922402903, www.hoteltrocaderoplaza.com. Das Hotel gegenüber vom archäologischen Museum, ca. fünf Gehminuten von der zentralen Plaza, verfügt über 18 freundlich-funktionale Zimmer mit Sat-TV, Klimaanlage, Bad und Mini-Balkon. Auf dem Dach befindet sich ein Solarium, gefrühstückt wird in der Cafeteria. Bei mitgebrachtem Laptop ist das Internet gratis.
- **Edén** €€, Plaza de España/Calle Ángel 1, Tel. 922460104, www.hoteledenlapalma.com. Schon seit 1969 gibt es dieses liebenswerte Hotel: Zwar kein „Paradies", wie der Name verheißt, doch immerhin in bester Lage direkt am Hauptplatz von Los Llanos gelegen. Die 19 Zimmer sind funktional und sauber, sechs von ihnen haben Balkon und Blick auf die Plaza. Die Einzelzimmer in der zweiten bzw. dritten Etage sind sehr klein und teilen sich jeweils ein Bad, der Preis ist dafür etwas niedriger. Wer sich zurückziehen möchte, findet auf dem Dach eine Sonnenterrasse mit Liegen unter einer schattigen Pergola. Die Rezeption ist nur selten besetzt, deshalb bitte telefonisch reservieren!
- **Valle de Aridane** €€, Calle Glorieta Castillo Olivares, Tel. 922462600, Fax 922401019, www.vallearidane.com. Freundliches Hotel nur wenige Gehminuten westlich der Plaza de España, an der Ausgangsstraße nach Tazacorte.

Plaza de España: Kaffeepause am Kiosco

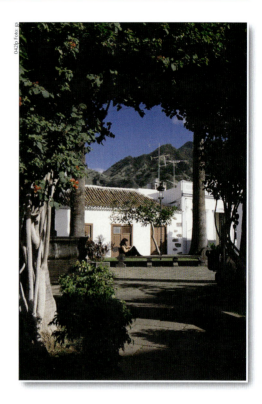

Alle 42 Zimmer sind funktional und hell, wer leichten Schlaf hat, wählt die von der Straße abgewandten mit Balkon. Im ersten Stock gibt es einen Aufenthalts- und Fernsehraum, im sechsten das Dachrestaurant mit Frühstücksbüfett. Von der angrenzenden Terrasse aus genießt man einen herrlichen Blick hinüber zur Caldera, ebenso von der Terrasse zwei Etagen tiefer. Das Hotel ist für Wanderer ideal gelegen, zum Busbahnhof geht man knapp zehn Minuten. Die Rezeption ist rund um die Uhr besetzt.

●**Doña Paquita** €€, Calle González del Yerro 8, Tel./Fax 922460948, www.paquitalapalma.com. Modernes, dreistöckiges Haus mit 25 geräumigen, freundlichen Apart-

Plaza Chica – ein idyllisches Plätzchen zum Ausruhen

ments im neuen Viertel von Los Llanos, nur wenige Gehminuten von der zentralen Plaza entfernt. Der Preis beinhaltet Frühstück, Benutzung des Pools und WiFi-Code. An der Rezeption wird deutsch gesprochen, man bekommt Tipps zu Ausflügen und Veranstaltungen. Gegen Aufpreis Waschservice, Vermittlung von Radverleih und Jeep-Transport zu den Ausgangspunkten von Wanderungen.

●**Ap. El Patio** €-€€, Calle Convento 43, Mobiltel. 616 589206, Fax 922461500, www.elpatio-lapalma.com. Modernes Haus in einem etwas gesichtslosen Straßenabschnitt zehn Gehminuten östlich der Plaza. Sechs Studios und geräumige Apartments, bis auf das kleinere Studio S alle mit Balkon.

●**Pension El Porvenir** €, Calle Fernández Taño 33, Tel. 922 461649, www.el-porvenir.info. Pension für Rucksacktouristen: *Sigi* und *Annemaria* haben das 200-jährige Haus wenige Schritte von der zentralen Plaza restauriert und darin acht kleine und einfache, aber farbenfrohe Zimmer eingerichtet. Je nach Interieur heißen sie „Afrika", „Universum" und „Lotus". Hier finden sich Leute ein, denen es vor allem um Kontakt geht. Man trifft sich in dem Aufenthaltsraum mit traditionellem Dachstuhl, wo sich auch die Gemeinschaftsküche befindet. Einziges Manko: Die Gäste müssen sich zwei Bäder teilen.

In Celta:

Folgt man der neuen Verbindungsstraße von Los Llanos nach El Paso, so weist nach 2,4 Kilometern ein Hinweisschild linker Hand nach Celta, einer gepflegten touristischen Wohnsiedlung mit von Gärten eingerahmten Bungalowanlagen. 200 Meter hangaufwärts liegt Tamara, wo sich die Asphaltpiste gabelt. Rechts geht es nach La Palma Jardín, links u.a. nach El Castaño und zu den Anlagen La Villa und Las Colinas. Deutsche Reiseveranstalter sicherten sich hier große Kontingente, Einzelreisende haben nur ab einer Woche vor Reiseantritt die Chance auf ein Zimmer. Allen, die sich hier einquartieren möchten, sei ein Mietwagen empfohlen.

●**La Palma Jardín** €€€, Celta, Calle B 20, Tel. 922463567, Fax 922461316, www.lapalmajardin.com. 29 Wohneinheiten, absolut ruhig inmitten eines großen, subtropischen Gartens um einen Swimmingpool mit Kinderbecken gruppiert. Die Zimmer sind mit Korbmöbeln freundlich eingerichtet, einige wenige haben Meerblick. Tennis, Tischtennis und Pool sind im Preis inbegriffen. Die Rezeption ist nur vormittags geöffnet.

●**La Villa** €€€, Celta, Apartado 134, Tel. 922402108, Fax 922402103. Die Anlage mit derzeit 26 zur Vermietung freigegebenen Wohneinheiten untersteht der gleichen Leitung wie *La Palma Jardín* und das neue, oberhalb am Hang gelegene *Las Colinas*. Die Bungalows verfügen teilweise

LOS LLANOS

über ein, teilweise auch über zwei Schlafzimmer. Auch hier ist die Rezeption meist nur vormittags geöffnet. Mountainbike-Verleih gegen Gebühr.
● **Ap. El Castaño** €€€, Celta, Calle C 9–11, Apartado 469, Tel. 922401201, Fax 922463715. Anlage mit 18 gemütlich eingerichteten Apartments, blumengeschmücktem Garten und Pool. Die Rezeption ist unregelmäßig besetzt.

In der weiteren Umgebung:
   Weitere, in Vororten gelegene Apartmenthäuser sind buchbar über die bekannten Reiseveranstalter. Schöne Landhäuser liegen einsam und in unberührter Natur auf dem Weg zur Caldera (⇨ „Im Zentrum: Caldera und Cumbre").
● **Villa & Casitas Caldera** €€€, Camino a la Caldera s/n, buchbar über *TUI*. Am Hang 1 km oberhalb Los Llanos auf dem Weg zur Caldera: fünf Häuschen und neun gemütli-

che Bungalows inmitten eines großen subtropischen Gartens mit weitem Blick übers Aridane-Tal bis zum zentralen Gebirgskamm. Alle Räume verfügen über eine große, rustikale Wohnküche, zwei Schlafzimmer, Bad und Terrasse. Im Garten befinden sich ein Süßwasser-Pool und ein Jacuzzi mit Sauna (letztere leider nicht im Preis enthalten), außerdem Grill- und Kinderspielplatz. Was nicht allen gefällt: die Gartenzwerge, die sich unter den Drachenbäumen ducken. Da die Anlage von Los Llanos nur über eine steile Straße erreichbar ist, sollte man besser ein Auto mieten.

●**Ap. Los Pedregales** €€, buchbar über *Karin Pflieger* (⇨ „Unterkunft, Urlaub im Landhaus"). Hoch über Los Llanos und ideal für ruhesuchende Gäste: eine kleine, terrassiert an den Hang gebaute Anlage mit sieben Apartments, die über ein bzw. zwei Schlafzimmer verfügen. Sie sind mit Holzmöbeln freundlich eingerichtet (auch Sat-TV) und werden vom palmerischen Besitzer tipptopp in Schuss gehalten. Die Gäste treffen sich am Pool und am überdachten, rustikalen Grillplatz, genießen den Weitblick aufs Tal.

Essen und Trinken

●**Real 62** €€, Av. Real 62, Tel. 922464273, tgl. außer Mi 13–16 und 19–23 Uhr. *Fernando* aus Apulien bietet (allerdings nicht mehr so enthusiastisch wie früher) italienische Klassiker, z.B. in der Vitrine ausgestellte Antipasti, dann Carpaccio, Gnocchi und hausgemachte Pasta, aber auch Kanarisches, u.a. Kaninchen und Fisch. Es lohnt sich nach den Tagesspezialitäten zu fragen: Je nachdem, ob *Fernando* mit Pfifferlingen, Reizker oder Rucola versorgt wird, bereitet er neue Gerichte zu. Dazu könnte man den „himmlischen" *Celeste* bestellen, den auch die Physiker des Observatoriums gern trinken, wenn sie zu Gast sind.

●**Tasca La Fuente** €€, Av. Real 70, Tel. 922463856, tgl. außer So ab 19 Uhr. In einem alten Haus mit überdachtem Innenhof werden Salate und kleine Gerichte serviert. Vegetarier kommen ebenso auf ihre Kosten wie Süßschnäbel.

●**La Luna** €€, Calle Fernández Taño 26, Tel. 922401913, tgl. 11–14 und 19–2 Uhr, Sonntagvormittag geschlossen. Kleines, von Deutschen geleitetes Lokal in einem 300-jährigen Haus an der Ecke Luna/Fernández Taño. Man sitzt in gemütlichen, nostalgisch angehauchten Räumen im Schein brennender Öllämpchen, im Sommer auch auf der Dachterrasse. Das gastronomische Angebot reicht von Tapas und selbstgebackenem Kuchen über gute Weine bis zu Likören und Cocktails. Hat man seinen Laptop dabei, freut man sich über WiFi. Nebenan öffnet die Café-Dependance **Rami** mit kleinen Tischen auf der verkehrsberuhigten Straße (Calle Calvo Sotelo 15).

Willkommen in der Pension „Zukunft"! (span. porvenir)

● **El Hidalgo** €€, Calle La Salud 21, Tel. 922463124, www.la palma-hidalgo.com, tgl. außer Mi 17.30–23 Uhr. Das von Deutschen geführte Lokal hat eine große Auswahl an Pizza und vegetarischen Gerichten. Zugleich ist es eines der wenigen Lokale der Stadt, in dem das – eigentlich überall vorgeschriebene – Tagesmenü angeboten wird. Es besteht hier z.B. aus Suppe, Schweinelende auf Reis, Dessert und einem Glas Wein. An warmen Tagen kann man im kleinen Garten sitzen.

● **Mar y Tierra** €€, Calle Fernández Taño 29, Tel. 922 464314, Di–Sa 12.30–23, So 13–17 Uhr. Wie anno dazumal: Im Innenhof wird der Grill angeworfen, auf dem Huhn und Fisch schmoren; anschließend werden die großzügigen Portionen in netten Separees verputzt.

● **Café Edén** €, Plaza de España 4, Tel. 922462436, tgl. außer So 8–24 Uhr. Ein beliebter Terrassentreff mit Tapas, Fruchtsäften und heißer Schokolade neben dem Kiosk unter schattigen Lorbeerbäumen. Wem es hier zu voll ist, der wechselt hinüber zum Kiosco, wo sich tagsüber gern die Geschäftsleute treffen, oder zur Bar *La Pérgola* (Mi geschl.) an der Ostseite der Kirche.

● **Utopía** €, Calle Fernández Taño 9 (Plaza Chica), Mo–Sa ab 11 Uhr. Bistro und Cocktailbar in einem – ein bisschen fühlt man sich in ein deutsches Szene-Lokal versetzt: Vormittags gibt es Frühstück, danach Tapas und belegte Brötchen, abends werden an der langen Bar über 20 verschiedene Cocktails gemixt. Die Palette reicht von *Mojito* über *Gin Fizz* bis *Apple Sunrise*. Das Publikum ist gemischt: vorwiegend spanisch und deutsch, alt und jung!

Etwas außerhalb:

● **San Petronio** €€, Camino Pino de Santiago 40, Tel. 922 462403, Di–Sa 13–16 und 19–22.30 Uhr. Etwas schwer zu finden, doch die Mühe lohnt: am Kreisverkehr Richtung El Paso in die Straße Eusebio Barreto einbiegen, dann der Ausschilderung folgen. *Eliseo* und *María del Mar* servieren als Appetithappen Brot mit hausgemachten Patés, es folgen Papaya-Suppe oder Carpaccio, herrliche Mita (Lasagne mit Austernpilzen), Tagliatelle oder ein *plato combinado* (drei verschiedene Pasta-Varianten). Sehr gut schmeckt auch die altneapolitanische Pizza mit Sardellen, Schinken und Champignons. Alles ist frisch, appetitlich arrangiert und bekömmlich. Wer Süßes mag, greift zum Abschluss zu Kuchen oder hausgemachtem Eis. Entspannend wirken der offene Dachstuhl aus Holz, die Keramiktische und der weite Blick über grüne Fluren. Das Lokal ist bei Palmeros, Residenten und Besuchern gleichermaßen beliebt, für Kinder gibt es Schaukeln und Minigolf.

Gute Stimmung im Utopía

 LOS LLANOS

●**Balcón Taburiente** €€, Camino Cantadores 2 (Ortsteil Los Barros), Tel. 922402195, www.balcontaburiente.com, tgl. außer Di 12–23 Uhr. Wie ein Nest klebt das Ausflugslokal am Steilhang des Barranco de las Angustias. Die Portionen sind üppig, der Service freundlich und die Speisekarte typisch kanarisch. Lecker sind *sopa de garbanzos* (Kichererbseneintopf), *solomillo Taburiente* (Schweinefilet) und *cabrito* (Zicklein). Das Lokal befindet sich auf dem Weg zur Caldera (⇨Wanderung 2, Rubrik „Anfahrt").

●**Franchipani** €€, Carretera General Empalme Dos Pinos 57, Tel. 922402305, www.restaurante-franchipani.com, Sa–Mi ab 13 Uhr. Lokal an der LP-2 nach El Paso (zwischen Km 46 und 47). Seit Jahren bewährt: Von vielen Küchen der Welt lässt sich *Heidy* inspirieren, alle Gerichte originell abgeschmeckt und schön angerichtet, vorneweg ein Aperitif in der Lounge.

●**Carmen** €€, Celta 1, Tel. 922402618, Di–Sa 13–23 Uhr. Gepflegtes Lokal im Ortsteil Celta, das neben klassischer spanischer Küche auch ein paar „Exotika" wie z.B. hausgemachtes *foie-gras* oder Lammfilet mit Süßkartoffel-Püree bietet.

Aktivitäten

Los Llanos eignet sich bestens als Ausgangspunkt für Wandertouren in die Caldera. Aber auch Baden und Tauchen sind gefragt: Die Strände rund um Puerto Naos liegen nicht weit. Von Puerto de Tazacorte starten Boote u.a. zur Cueva Bonita.

●**Radfahren:** *Bike'n'Fun,* Calle Calvo Sotelo 20, Tel./Fax 922401927, www.bikenfun.de. Angeboten werden geführ-

te Touren durch alle Landschaften La Palmas, in der Werkstatt kann man seinen Drahtesel reparieren lassen. *Claudia* ist bemüht, Bikern ein „Komplett-Programm" zu verkaufen: vom Flug bis zu Unterkunft und Autovermietung.

● **Tauchen:** *Casa de Buceo,* Calle Calvo Sotelo 16-B, Tel. 922 464886, www.casadebuceo.nl. Von einem holländischen Paar – *Joost* und *Nanneke Boers* – geleitete PADI-Basis.

Einkaufen

● **Lebensmittel:** *Mercado,* Calle Juan XIII/Ramón Pol, Mo-Sa 6–14 Uhr. Die Markthalle am westlichen Ortsausgang ist zwar klein, aber bei Einheimischen und Besuchern beliebt und gut bestückt. Außer Obst und Gemüse gibt es palmerischen Käse aller Reifegrade, dazu Fleisch und Meeresfrüchte; ein originellsten ist ein Stand mit gedörrtem Fisch – als Blickfang dient hier ein ausgestopfter Rochen.

El Campo, Av. Real 46. Steht keinem deutschen Bioladen nach: mit einer reichen Auswahl an Lebensmitteln, frischem Obst und Gemüse, dazu einer umfangreichen kosmetischen Abteilung.

● **Outdoor:** *Valle Verde,* Calvo Sotelo 22, Tel. 922463292, www.valleverde-lapalma.com. Alles, was der Wanderer begehrt: Teleskop-Wanderstöcke zum Kaufen oder Ausleihen, sturmtaugliche Regenschirme, Regenjacken, Sprays zum Imprägnieren, Schlafsäcke, Thermoflaschen, Taschenlampen und wasserdichte Salz- und Pfefferstreuer. Wanderschuhe werden auf einer Teststrecke erprobt, am Schwarzen Brett finden sich nützliche Tipps für Aktivurlauber. *Silvia* stellt auch Kontakte zu Wanderveranstaltern her.

Árbol de Vida – Luxus auf La Palma

„Manche kommen extra nach La Palma, um sich bei uns einzukleiden", so *Susanne*. Kein Wunder: Kaum hat man den „Lebensbaum" betreten, wird man von einer Farborgie umfangen. Denn nicht nach Hose und Rock ist die Kleidung sortiert, sondern nach Tönen. Von Dunkelviolett über alle Schattierungen von Rot und Grün bis zu Beige und Weiß, von „stark" bis „pastell" sieht man Samt und Seide, Hanf, Leinen, Baumwolle, Strick und Leder. Die Schnitte sind fließend weich, dabei raffiniert, je nach Wunsch im „Diva-Look" oder im „Everyday Outfit". Auch der Mann findet „Mode zum Wohlfühlen" – z.B. Hanfhüte der italienischen Edelmarke Grevi. In der Dependance hinter der Kirche wird Outdoor-Mode der Marken *Patagonia* und *Blue Willi's* verkauft, flauschig weiche Fleece-Pullis, Zipper-Hosen, Jacken aus recyceltem Plastik (!) und Kleider im aufgepeppten Dirndl-Stil (Calle Ángel 4–6 sowie eine Filiale in der Calle Fernández Taño 1, www.lapalma-Natur-Mode.de, Mo-Sa 10–13 Uhr, an drei Tagen der Woche auch nachmittags).

Stadtplan S. 237, Übersichtskarte S. 204

LOS LLANOS

- **Kunsthandwerk:** *Teimi:* Calle Iglesia 5. Körbe und Strohhüte, handgemachte Schuhe, Pflanzensamen, Zigarren und alles Erdenkliche aus Bananen-Pergament.

Kultur

Kunstausstellungen finden rings um die Plaza de España statt: in der Casa de Cultura, dem Casino und dem Gebäude der Caja Canarias, manchmal auch in der Casa Massieu in Argual. **Theaterstücke** werden in der Casa de Cultura aufgeführt, alle paar Wochen gibt es dort auch **Konzerte** einheimischer Ensembles. Im **Kino** Millenium hinter dem Busbahnhof (Calle Ramón Pol) werden manchmal Filme im Originalton gezeigt.

Nightlife

Los Llanos gilt als *das* Nightlife-Zentrum La Palmas. Am Wochenende kommen Jugendliche aus allen Ecken der Insel hierher, um bis zum nächsten Morgen durchzuschwofen. Ab 22 Uhr füllen sich die Bars, ab Mitternacht auch die Diskotheken. In jeder Saison gibt es neue Szene-Treffs, doch stets zu den Top-Adressen gehören die Disco-Pubs im Multiplexkino *Millenium* (Calle Ramón Pol s/n).

Heiter bemalt – die Altstadtgassen von Los Llanos

LOS LLANOS

Feste

● **Februar:** *Fiesta de Carnaval.* Gala-Wahl der örtlichen Karnevalskönigin, Feuerwerk, burleske Umzüge und Tanzfeste bis zur „Beerdigung der Sardine": ein zweiwöchiger Ausnahmezustand mit viel Salsa, Samba und Merengue.
● **2. Juli:** *Fiesta de los Remedios.* Alle zwei Jahre (ungerade Zahlen) feiert man die über das Aridane-Tal wachende „Barmherzige Jungfrau" mit Messen, Musik und viel Sport. Höhepunkt der dreiwöchigen Fiesta ist die Prozession am Tag der Schutzpatronin: Von prächtig geschmückten Karossen werden Ziegenkäse und Oliven, heiße Kartoffeln und Gofio-Bällchen in die Menge geworfen.
● **15. August:** *Fiesta de Nuestra Señora de las Angustias.* Ein langer Pilgerzug begibt sich zu der Kapelle an der Straße nach Puerto de Tazacorte, wo im Jahr 1570 vierzig Jesuitenmönche von Seeräubern getötet wurden.

Bus

Der **Busbahnhof** liegt westlich des Stadtzentrums nahe der Markthalle. Von dort starten Busse zu fast allen Orten der Insel (Fahrplan im Anhang): nach El Paso und Santa Cruz (Linie 1), Puerto de Tazacorte (Linie 2), Los Canarios (Linie 3), Puerto Naos (Linie 4) und Santo Domingo (Linie 5). Ein **Stadtbus** fährt werktags vom östlich gelegenen Ortsteil El Roque durch die Innenstadt nach Argual.

Ein halbierter Kürbis dient als Wasserkelle

Argual

An der Straße nach Tazacorte, zwei Kilometer westlich Los Llanos (LP-2 Km. 50), liegt das historische Argual mit einem oberen und einem unteren Ortsteil *(arriba/abajo)*. Reizvoll ist vor allem Argual Abajo, das zur Linken einiger auffälliger Viaduktbögen liegt. Mit seinem großen, noch ungepflasterten Platz gäbe er eine gute Kulisse für einen Kolonialfilm ab. Im Schatten hoher Eukalyptusbäume stehen teils verwitterte, teils restaurierte Herrenhäuser mit einem interessanten Innenleben.

Am auffälligsten ist die **Casona de Argual** von 1732. Ältere Palmeros kennen sie noch unter der Bezeichnung *Monteverde*, benannt nach dem Kölner Kaufmann *Jakob Groenenberg* (*monte* = Berg, *verde* = grün), der nach der Conquista auf die Insel kam und binnen weniger Jahre zum reichsten Zuckerbaron La Palmas aufstieg. Ihm folgten weitere Kaufleute, die am gleichen Platz Häuser erbauten. In der **Casa Massieu** (Nr. 31) befindet sich heute eine Bildungseinrichtung der Inselregierung, im **Palacio Morriña** (Nr. 35) widmet man sich dem Bananenexport.

Rastro Zum **Flohmarkt** trifft sich jeden Sonntag die alternative Szene auf der Plaza in Argual Abajo (9–13 Uhr). Unter Eukalyptus- und Lorbeerbäumen werden Neuigkeiten ausgetauscht, dazu verkauft man Secondhand-Kleidung und Antiquitäten.

Glasstudio Der ausgebildete Posaunist *Dominic Kessler,* letzter Sprössling einer Glasmacherfamilie, lädt jeden Sonntag zu öffentlichen Vorführungen am Glasofen ein. Er verschmilzt Vulkangestein in Kristall und lässt so schwarz-schillernde Objekte entstehen. Außerdem stellt er farbenprächtige Schalen und Karaffen, Kugeln und Briefbeschwerer her.

● **Artefuego La Palma,** Plaza de Sotomayor 29, Internet: www.artefuego.com, So 10–14 Uhr, sonst nur Verkauf, Do geschlossen.

Ein Kölner Zuckerbaron – Jakob Groenenberg anno 1509

Man staunt nicht schlecht, wenn man in alten Stadturkunden liest, dass das Aridane-Tal, der fruchtbarste Landstrich La Palmas, vor knapp 500 Jahren Deutschen gehörte. Der erste hieß *Lukas Rem,* kam aus Augsburg und war von Beruf Kaufmann. Als Mitglied der Welser, einem der größten Handelshäuser seiner Zeit, stieg er 1509 ins blühende Zuckergeschäft ein. Doch schon kurze Zeit später stellte er ernüchtert fest, dass der Anbau des „weißen Goldes" viel Zeit und Geld in Anspruch nahm. Es galt für ständigen Sklavennachschub zu sorgen, auch verschlang der Betrieb der Zuckerraffinerie enorme Summen. Im gerade erst entdeckten Goldland Amerika winkte schnellerer Gewinn ...

Neuer Besitzer der Zuckerplantagen wurde *Jakob Groenenberg* aus Köln. Er war von Anbeginn erfolgreich und verkaufte palmerischen Zucker tonnenweise nach Flandern. In Antwerpen, das damals Teil des spanischen Reiches und wichtige Schaltstelle des internationalen Handels war, nannte man ihn ehrfürchtig „Heer van Canarien". Der mächtige Groenenberg zog es vor, unauffällig zu bleiben, denn mittlerweile war auch auf den Kanaren die Inquisition aktiv, alles Fremde war verdächtig. Pragmatisch wie er war, übersetzte er seinen Namen ins Spanische und hieß fortan nur noch *Monteverde*. Sein Erfolg lockte bald auch Kaufleute aus Antwerpen (spanisch: *Amberes*) auf die Insel; sie investierten in Grundbesitz und betätigten sich als Mäzene. So erklärt es sich, dass fast alle hiesigen Kunstwerke von Rang aus Flandern stammen. Sie wurden im Austausch gegen Zucker, später auch Wein, nach La Palma gebracht.

Ein kleiner Nachtrag: Dem Kaufmann *Groenenberg* hat die rasche Namensänderung nichts genutzt. Der Inquisition, der kirchlich-königlichen Geheimpolizei, missfiel es, dass ausgerechnet ein Ausländer reichster Mann der Insel war. Unter dem Vorwand, er sympathisiere mit der ketzerischen Lehre seines Landsmanns *Luther,* wurde *Groenenberg* alias *Monteverde* 1530 verhaftet und ein Teil seines Vermögens beschlagnahmt. Man warf ihn in den Kerker eines Sevillaner Klosters, wo er ein Jahr später eines jämmerlichen Todes starb. Erst 1545 war der Name rehabilitiert, und gegen die Zahlung einer beträchtlichen Geldsumme wurden *Monteverdes* Söhne sogar vom spanischen König geadelt.

Essen und Trinken

- **El Rincón de Morago** €€€, Llano de San Pedro 6, Tel. 922464564. Am schattigen Dorfplatz von Argual gibt es modern-palmerische Küche in klassisch-stilvollem Ambiente. Standesgemäß teuer, an Winterabenden sehr zugig, deshalb nur bedingt zu empfehlen.
- **Palacio del Vino, Queso y Jamón** €€, Av. Tanausú 21, Tel. 922462774, tgl. außer Di 13–1 Uhr. „Wein-, Käse- und Schinkenpalast" am westlichen Ortsausgang von Los Llanos. Señora *Ana* hat die Bodega ihrer Vorfahren in ein originelles Lokal verwandelt. Die halbrunden und verliesartigen, ins Vulkangestein geschlagenen Säle sind mit Fässern und Flaschen gespickt, Schinkenkeulen und Räucherwürste hängen von der Decke. Man nimmt an kleinen Holztischen Platz und bestellt zum samtig-weichen Hauswein reifen *Manchego*-Käse, *jamón serrano* (Schinken), pikante *Chorizo*- oder süße *Morcilla*-Wurst. Dazu Verkauf von über 300 verschiedenen Weinsorten in Flaschen und vom Fass.

Beliebter Sonntagstreff – der Flohmarkt in Argual

ARGUAL

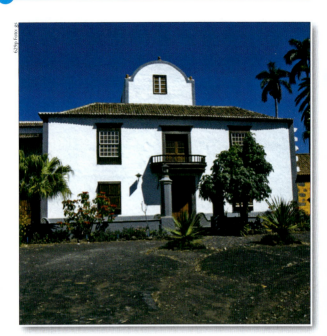

Einkaufen

- **Kunsthandwerk:** *Casa Massieu,* Plaza de Sotomayor 31 (Argual Abajo), Mo-Fr 8-15 Uhr. In stilvollen Räumen wird teures, erlesenes Kunsthandwerk angeboten, darunter bestickte Leinendecken, Strohhüte und Lederschuhe sowie Zigarren in duftenden Zedernholzkästchen.
- **Flohmarkt:** s. Rastro.

Plaza in Argual

Tazacorte

Durch ein kilometerlanges Gebiet von Bananenplantagen gelangt man von Los Llanos nach Tazacorte. Der 3500 Einwohner zählende Ort thront auf einem Ausläufer des Aridane-Tals, das in steilen Klippen zum Meer hin abfällt. Es lebt sich hier anders als in Santa Cruz oder Los Llanos – nirgends geht es auf La Palma südländischer zu als in Tazacorte und seinem Hafen. Dafür sorgen das stets warme Klima, die farbige Altstadt mit ihren engen Gassen, vielleicht auch die tolle Aussicht über die Bananenfelder aufs Meer. Den Bewohnern wird eine mußevolle Lebensart nachgesagt, sie gelten als offen und zugleich eigenwillig. Wer will, kann in Tazacorte seinen Urlaub verbringen; es gibt mehrere Unterkünfte und Bars, dazu die besten Fischrestaurants der Insel im wenige Autominuten entfernten Puerto.

Rückblick Tazacorte gilt als der älteste spanische Ort der Insel. In seinem geschützten Hafen ging am 29. September 1492 *Alonso Fernández de Lugo* mit 900 Mann an Land. Es war der Tag des heiligen Michael, des Erzengels und Drachentöters, dessen martialische Pose *Lugo* so gefiel, dass er die Insel kurzerhand nach ihm benannte. Offiziell trägt sie noch heute den Namen *San Miguel de La Palma*.

Tazacorte heißt „Hof des Tazo" und erinnert an den letzten, von den Spaniern entthronten altkanarischen Herrscher dieses Gebiets. Sobald sich die Konquistadoren ihrer Gegner entledigt hatten, machten sie sich daran, Siedler ins Land zu holen und das fruchtbare Land wirtschaftlich zu nutzen. Auf Plantagen wurde das begehrte Zuckerrohr angebaut und zu „weißem Gold" weiterverarbeitet. Man verschiffte es nach Europa, wo es auf den Märkten mit großem Gewinn verkauft wurde. Nach dem Niedergang von Zucker kam Wein; und als auch dieser keine Abnehmer mehr fand, begann man mit dem Anbau von Bananen, der in

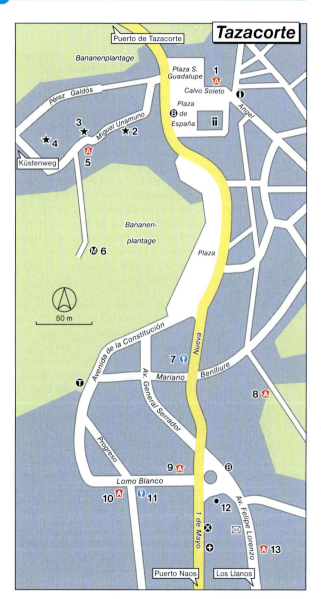

Übersichtskarte S. 204 **TAZACORTE**

```
Unterkünfte              ★   4 Waschplatz
 🅰  1 Cristina           Ⓜ   6 Bananen- und
 🅰  5 Rosema                   Mojo-Museum
 🅰  8 Atlantis           ●  12 Ayuntamiento
 🅰  9 Morro Sol I            (Rathaus)
 🅰 10 Isa I & II
 🅰 13 Morro Sol II           Ⓑ Bushaltestelle
Essen und Trinken            ❌ Taxi
 ❶  7 Carpe Diem             Ⓣ Tankstelle
 ❶ 11 Bagañete               ✉ Post
Sonstiges                    ⅱ Kirche
 ★  2 Casa Massieu           ✚ Gesundheits-
 ★  3 Casa Monteverde           zentrum
```

der zweiten Hälfte des 20. Jahrhunderts für neuen wirtschaftlichen Aufschwung sorgte.

Avenida In weitem Bogen verläuft die **Avenida Constitución** an der Küste entlang, die Häuser bilden eine geschlossene Front. Zum Meer aber ist Tazacorte geöffnet und macht die Promenade zur beliebten Flaniermeile: ein schöner Ort, um dem hier meist spektakulären Sonnenuntergang beizuwohnen.

Oberstadt Die Avenida teilt den Ort in zwei Hälften. Volkstümlich geht es oberhalb der Straße zu. Da ist zum einen die **Plaza de España,** das Herz von Tazacorte. Blickfang ist der von Bougainvilleen umrankte und bunt gekachelte Laubengang, unter dem ältere *señores* gern ihre Siesta halten, um sich danach im *kiosco* ein Gläschen Wein zu genehmigen.

Neben der Pergola kann sich die Ortskirche kaum mehr entfalten. Die **Iglesia de San Miguel,** 1492 erbaut zu Ehren des heiligen Michael, hat im Laufe der Zeit mancherlei Umbau erlebt, gut getan hat ihr das nicht. Erinnert wird in der Kirche an die „Märtyrer von Tazacorte": Das Schiff von 40 Jesuitenmönchen, die in Puerto de Tazacorte einen Zwischenstopp auf ihrer Fahrt nach Brasilien einlegten, wurde von französischen Seepiraten gekapert, alle Missionare kamen ums Leben. Doch im Kampf gegen die Kräfte des Bösen wird das

Gute letztendlich siegen; dafür steht der Erzengel Michael, dessen Figur den Hauptaltar ziert.

Keine Stadt auf La Palma hat so viele begeisterte Dominospieler wie Tazacorte. Man sieht sie – nur wenige Schritte entfernt – an der **Plaza de Simón Guadalupe,** manchmal auch am **Stadtgarten,** der über ein Gewirr verwinkelter Gassen (Calle Ángel/Morales Pérez) erreichbar ist.

Unterstadt Unterhalb der Avenida liegt das pittoreske **Viertel der Zuckerbarone** mit alten Palästen und Landsitzen; erreichbar ist es über die gegenüber dem Kirchplatz abzweigende Gasse Pérez Galdós. Biegt man nach wenigen Metern links ab zur parallel verlaufenden Calle Miguel Unamuno, kommt man zum herrschaftlichen Haus **Casa Massieu,** das für wechselnde Ausstellungen genutzt wird (Calle Miguel Unamuno 9, unregelmäßig geöffnet). Ein Stück weiter bergab führt rechts ein Fußweg zur **Casa Monteverde** und zum **Waschplatz Los Lavaderos,** links gelangt man zum **Bananen- und Mojo-Museum.**

Bananen-museum Das markante, ockerfarbene Haus ist jener Frucht gewidmet, der La Palma seinen Wohlstand verdankte. Man bekommt einen Einblick sowohl in die Aufzucht der Banane als auch in die traditionellen „Nebenkulturen" wie Bohnen, Kürbis und Süßkartoffeln. Die in den Plantagen beschäftigten Arbeiter durften in bestimmten Monaten des Jahres Gemüse für ihre Familie anpflanzen – Lohnersatz in Form von Naturalien! Im Umkreis des Hauses entsteht ein Themen-Garten, in dem man die verschiedenen Lebensphasen der Banane nachvollziehen kann – vom jungen Strauch bis zur ausgewachsenen, früchteschweren Staude.

● **Museo del Plátano,** Calle Miguel Unamuno s/n (El Charco), unregelmäßig geöffnet.

Mojo-museum Nebenan soll, sofern es die Finanzlage zulässt, ein Museum eröffnet werden, in dem sich gleichfalls alles um ein Lebensmittel dreht: Hier handelt es sich um *mojo,* jene Soße, die von keiner kanarischen Tafel wegzudenken ist und die in vielen Varianten zubereitet wird.

● **Museo del Mojo,** Calle Miguel Unamuno s/n (El Charco)

Küstenweg Die Calle Miguel Unamuno verlängert sich in eine Betonpiste, die durch Bananenplantagen in wenigen Minuten zu einer dramatischen Abbruchkante führt. Wie mit dem Beil abgeschlagen fallen die Klippen ab, tief unten kräuselt sich das Meer. Auf einer Steinbank kann man verschnaufen, anschließend dem vorbildlich gepflasterten Weg (Camino del litoral) noch ein Stück längs der Küste folgen.

Waschplatz Auf dem Rückweg lohnt ein Halt an der öffentlichen Waschstelle (Los Lavaderos): Ein Brunnen auf einem schmuck restaurierten, von einem Aquädukt überspannten Platz erinnert daran, dass sich hier mehrere Jahrhunderte lang Frauen die Hände an der Familiengroßwäsche wund rieben.

Info   ● **Touristeninformation:** *Oficina de Información Turística,* Calle Isidro Guadalupe/Ecke Fernández de la Guerra, Tel. 652679670.

Unterkunft   ● **Isa I & II** €€, Calle Progreso 14/Ecke Lomo Blanco, Tel. 922 480052, Fax 922480066, www.apartamentosisa.com. Zweistöckiges Haus an der Südseite des Ortes mit Blick über Bananenplantagen aufs Meer. Der ältere Trakt *(Isa I)* verfügt über 12, der neuere *(Isa II)* über 16 freundlich ausgestattete Apartments und eine Dachterrasse mit Pool. Bars und Läden liegen ganz in der Nähe. Wer nicht mit *Alltours* oder anderen Veranstaltern anreist, kann auch individuell buchen – die Rezeption ist Mo–Fr 9–14 und 16.30–19 Uhr, Sa 9–14 Uhr besetzt.
● **Ap. Rosema** €€, Calle Miguel de Unamuno 13, Tel. 922 480202. Unterhalb der Casa Massieu: ein einzeln stehendes Haus inmitten des Bananenmeers mit vier großen Apartments und weitem Blick aufs Meer. *Señor Manolo* vermietet Autos, seine Frau *Olga* sorgt für das Wohl der Gäste. Sind beide unterwegs, bekommt man die Schlüssel bei Landy (Av. de la Constitución 21, Tel. 922480464).
● **Ap. Cristina** €€, Calle Calvo Sotelo 5, Tel. 922480882, buchbar bei Neckermann. Señora *María Cristina* vermietet

fünf schöne Apartments mit Einbauküche und Bad, eins davon mit Dachterrasse. Zentral gelegen an der Plaza de España.

●**Ap. Morro Sol II** €€, Av. Felipe Lorenzo 5, Tel. 922480423. An der Straße nach Los Llanos: ein moderner Ableger des 100 Meter entfernten *Morro Sol I* mit zehn gut ausgestatteten, etwas teureren Apartments.

●**Ap. Florida** €€, Av. Felipe Lorenzo 18, Tel. 922430677, Handy 607598297. Die nun auch von einem Reiseveranstalter unter Vertrag genommene Anlage verfügt über sechs Apartments. Von Balkon bzw. Terrasse bietet sich Meerblick; außerdem Sonnenterrasse mit Pool. Rezeption besetzt Mo–Fr 9–11 Uhr.

●**Ap. Atlantis** €/€€, Calle Mariano Benlliure 14, Tel./Fax 922406146, www.atlantis-lapalma.com. Beliebtes Haus im oberen Teil der Stadt mit 23 sehr geräumigen, mit hellen Holzmöbeln und Keramikfliesen freundlich eingerichteten Apartments (max. vier Personen). Es gibt Sat-TV mit vielen deutschen Programmen, die Küche ist gut ausgestattet. Schön und warm sind vor allem die zum Poolgarten geöffneten Wohnungen. Das Haus steht unter der Leitung des engagierten Niederländers *Roel van der Meer*.

●**Ap. Morro Sol I** €, Calle Lomo Blanco s/n, Tel. 922480423, Fax 922480189. Direkt am Kreisverkehr am Südausgang der Stadt: ein dreistöckiges, nicht sehr attraktives Apartmenthaus mit vier Wohnungen für drei bis fünf Personen.

●**Finca La Cruz** €, La Cruz 16, Tel. 922406016 oder 662048964, www.finca-lacruz.com. Außerhalb vermietet das Schweizer Physiotherapeuten-Paar *Christoph* und *Marja Engel* vier unterschiedlich große, nette Apartments inmitten einer Bananenplantage. Alle haben Terrasse, das größte verfügt gar über drei von Orangenbäumen eingerahmte Balkone (mit Blick sowohl aufs Meer als auch auf die Berge). Die Gäste teilen sich den Garten mit Liegen und Grill. Anfahrt: 700 Meter oberhalb des Ortsausgangs (Richtung Los Llanos, LP-2 Km 51,8) in eine Asphaltpiste einbiegen, die nach 200 Metern am Haus endet.

Essen und Trinken

●**Carpe Diem** €€, Calle Nueva 16, Tel. 922480235, Mi–So ab 17 Uhr. Kulinarisches Highlight: Die Karte ist klein und die Portionen auch, dafür ist alles frisch und relativ günstig. Vorneweg gibt's gratis hausgemachtes Mandelbrot und Tomatencreme. Danach greift man zur „Variation von Olivenpenade, Auberginenkaviar und Avocado-Tartar" oder zu raffiniertem „Parfait vom Räucherlachs", dessen Grundzutat von einer Räucherei aus Puntallana stammt. Vegetarier freuen sich über Gyros aus Seitan und Jogurt-Minz-Soße.

Im Hafen von Puerto de Tazacorte

Doch es gibt auch Palmerisches. „Die Kanarier haben gute Produkte, doch kommen diese oft lieblos auf den Tisch", so *Holger,* der Koch. Sein Gegenprogramm: Statt Runzelkartoffeln mit Mojo bereitet er eine feine Kartoffelsuppe mit grünem Koriander-Schaum zu, statt grob gehacktem Kaninchen eine Lasagne mit in Rotwein gekochtem Kaninchen-Ragout. *Miriam,* von Haus aus Betriebswirtin, serviert sehr persönlich und souverän.

● **Baga ñete** €, Calle Progreso 17, Tel. 922481075, Mo–Sa 9–23 Uhr. Gemütliches Lokal mit typisch kanarischer Küche, gut schmeckt vor allem das Ziegenfleisch.

● Für Snacks und Sandwiches bieten sich Lokale am Rathaus-Kreisel (Lomo Blanco) und rund um die Plaza de España an.

Einkaufen

● **Vulkanschmuck:** *Volcán Verde,* Calle Ángel 4, Tel. 9224 80943, www.volcan-verde.com, Sa/So geschlossen. In einer Werkstatt oberhalb der Ortskirche können Besucher beobachten, wie Schmuck entsteht. In den Vitrinen sind Kreationen aus Silber, Lava und Olivin ausgestellt, u.a. Ringe, Ketten und Ohrstecker. Alle Artikel sind wahlweise poliert oder mattiert erhältlich.

Feste

● **Ende September:** *Fiesta de San Miguel.* Auf der Plaza feiert man über zehn Tage lang zu Ehren des Schutzheiligen der Stadt. Den Höhepunkt bildet der Umzug von 20 tanzenden Pappgäulen *(caballos fuscos),* angeführt werden sie von einer Giraffe.

Puerto de Tazacorte

Kaum ein Ort der Insel liegt besser: Wo die „Schlucht der Ängste" (Barranco de las Angustias) in einem weiten Delta ins Meer mündet, ducken sich die Häuser von Puerto de Tazacorte unter den knapp 600 Meter hohen Steilwänden. Zwischen den Klippen erstreckt sich ein künstlich aufgeschütteter Strand, der eine große Zahl von Badeurlaubern anlockt.

Promenade Scherzhaft wird der Ort „Klein-Rimini" genannt, und tatsächlich kann man ihm ein gewisses mediterranes Flair nicht absprechen. Eine verkehrsberuhigte Promenade zieht sich fast um die gesamte Bucht, in ihrem Nordteil reihen sich Terrassenlokale aneinander. Selbst die ehemalige Fischerkapelle wurde in ein Restaurant verwandelt und heißt heute *Taberna del Puerto* („Hafentaverne"). Viele Häuser sind bunt gestrichen und mit Blumen geschmückt, stehen in scharfem Kontrast zu den Mietskasernen im Barranco.

Hafen Am Südrand der Bucht befindet sich der Hafen, der durch eine fast 500 Meter lange Mole vom offenen Meer abgetrennt ist. Er dient der Fischerei und der Sportseefahrt, bietet aber auch Platz für große **Fähren,** die irgendwann von hier nach El Hierro fahren sollen. Schon jetzt starten kleinere Schiffe zu Ausflügen längs der Küste.

Kirche im Tal Folgt man der Straße von der Küste landeinwärts, gelangt man nach 1,6 Kilometern zur **Ermita Virgen de las Angustias,** der „Kapelle der Jungfrau der Ängste". Das Kirchlein steht am Rand der Schlucht auf einem großen Festplatz und fällt durch seine strahlend weiße Fassade ins Auge. Es lohnt sich einen Blick ins Innere der meist geöff-

Schwarzer Sand vor bunter Häuserkulisse:
Puerto de Tazacorte

neten Kirche zu werfen. Aus der Dunkelheit schält sich der vor Gold strotzende, in barocker Pracht schwelgende Hauptaltar heraus, dessen herrliche Madonnenfigur im 17. Jahrhundert von flämischen Künstlern geschaffen wurde.

Unterkunft

● **La Palma Oficina Turística,** Calle Trasera 5, Tel./Fax 922480287, www.la-palma-tourismus.com. Das Büro dient als Rezeption mehrerer Unterkünfte. Über dem Büro befinden sich ein Apartment €€ und eine zweigeschossige Maisonette mit schöner Terrasse €€€. Meerblick aus erster Strandlinie bietet das Ap. Piso Taberna €€€ über dem Lokal am Paseo, das mit Holzmöbeln und Mahagoniregalen behaglich eingerichtet ist.

● **Ap. Don Pancho** €€, Trasera 19, Tel. 922460922. Funktionale Apartments in einem vierstöckigen Neubau nahe der Promenade – je höher, desto besser der Meerblick.

● **Ap. Luz y Mar** €€, Calle Esplanada 6, Tel. 922428502, www.buenviaje.es. Dreistöckiges Ferienhaus mit zehn Apartments, Dachterrasse und Pool, zu Fuß nur wenige Minuten vom Strand entfernt.

● **Ap. Orión** €€, Av. del Emigrante s/n. Wer mindestens eine Woche bleiben möchte, kann sich mit den deutschen Besitzern von La Fuente in Santa Cruz (Tel. 922415636) in Verbindung setzen. Vom Apartment Nr. 39 im 3. Stock hat man einen schönen Blick auf den Sonnenuntergang.

● **Weitere Apartments** in Puerto de Tazacorte findet man unter www.jofisa.net und www.lapalmapartamentos.com.

Cueva Bonita – „schöne Höhle" mit gierigem Schlund

Der kanarische Künstler *César Manrique* nannte sie „die Sixtinische Kapelle der modernen Kunst". Wenn sich das Sonnenlicht auf der Wasseroberfläche spiegelt und das Gewölbe in prächtigen Farben erstrahlt, wirkt die Cueva Bonita, die „schöne Höhle", schlichtweg grandios. Wer möchte das nicht mal mit eigenen Augen sehen? Bei ruhiger See zählen Fahrten entlang der zerklüfteten Küste zu den Höhepunkten eines La-Palma-Urlaubs.

In früheren Zeiten, hört man, flüchteten Fischer oftmals vor Piraten in die Höhle. Während diese ihnen draußen vor dem Eingang auflauerten, konnten die Fischer durch einen geheimen Ausgang aus der Höhle entkommen.

Im Januar 1997 kamen mehrere Touristen von einem Ausflug zur Cueva Bonita nicht mehr zurück. Sie hatten bei stürmischer See an einer Bootsfahrt teilgenommen, die der Bürgermeister von Tijarafe später als „Wahnsinn" verurteilte. „Anabel" hieß das Unglücksschiff – und noch heute, mehrere Jahre danach, streitet man darüber, wer für den Unfall verantwortlich ist. Hatte der Kapitän überhaupt einen bei der Hafenbehörde eingetragenen Vertrag mit dem Veranstalter? Oder war gar nicht der Kapitän schuld, sondern das Unternehmen? War er zu der Fahrt gezwungen worden, obwohl er doch wegen der schlechten Wetterverhältnisse gar nicht hatte starten wollen?

Und die Moral von der Geschicht': Vertrauen schützt vor Unheil nicht ...

Essen und Trinken

●**PlayaMont** €€, Av. del Emigrante s/n, Tel. 922480443, tgl. außer Do 12–16 und 18–23 Uhr, im Juli geschlossen. Palmenbeschattetes Open-Air-Lokal am Südrand der Bucht, teilweise überdacht und seit Jahren sehr beliebt. Alle Zutaten sind frisch und so schonend zubereitet, dass sich der Eigengeschmack entfalten kann. Die Palette reicht vom *cocktail de gambas* mit knackig-fleischigen Garnelen bis zu üppig bemessenen Calamares-Portionen, vom zarten *pescado blanco* (weißer Fisch) oder dem dunklen und festen *pescado azul* (blauer Fisch) bis hin zum edlen rötlichen *alfonsiño*. Freundlicher Service unter dem wachsamen Auge von Señor *Pelayo*, der sein Handwerk auf Kreuzfahrtschiffen in der Karibik erlernte. Von dor, genauer aus Grenada, stammen auch die exotischen Kokospalmen im Garten.

●**Taberna del Puerto** €€, Plaza Castilla 1, Tel. 922406118, tgl. außer Di 13–23 Uhr. Ehemalige Kapelle direkt an der Promenade, von *Ursula* und *Alexandra* locker geführt. Bei großem Hunger greift man zur *parrillada de pescado y marisco*, einer Riesenplatte mit Papageienfisch, Geißbrasse und Miesmuscheln, teilweise mit Ziegenkäse und *mojo* überbacken und mit in Knoblauch gedünstetem Gemüse serviert. Süßschnäbel wählen als Nachtisch *moreno en camisa* („Mulatte im Hemd"), Rührteigpudding mit Nüssen, der mit Sahne lauwarm serviert wird. Auch wer nur auf ein Getränk vorbeikommt, ist willkommen. Sehr gut schmeckt der *Café Barraquito*!

● **Teneguía** €€, Paseo Marítimo, Tel. 922406136, tgl. 12–23 Uhr. Statt der rustikalen Strandhütte führt *Ana* nun ein elegantes Lokal mit Edelholzmöbeln und Leinengardinen. Gut schmecken hier z.B. die *vieja*, der „Papageienfisch", und der – freilich stets importierte – *lenguado* (Seehecht). Einmal jede Woche gibt es Paella mit Meeresfrüchten.

● **Montecarlo** €€, Paseo Marítimo s/n, Tel. 922480533, www.kioscomontecarlo.com, tgl. 13–23 Uhr. Letztes Lokal an der Promenade, ähnlich wie das Teneguía eingerichtet.

● **Casa del Mar** €€, Av. del Emigrante 2, Tel. 922480184, tgl. 13–16 und 20–23 Uhr. Lokal der Fischerkooperative im ersten Stock eines Neubaus. Nicht gerade romantisch oder gemütlich, aber die Ware ist frisch und die Portionen sind üppig.

● **La Rosa de los Vientos** €€, Calle El Pozo 1, Tel. 922 480747, So–Fr 12–20 Uhr, im Sommer länger. Auf der schönen Promenadenterrasse servieren *Diego* und *Susi* kanarische Küche in wechselnder Qualität – mit einem Getränk kann man nichts falsch machen!

Aktivitäten

● **Bootsausflüge:** Seit Jahren im Einsatz (bei stetig steigenden Preisen) ist der Glasboden-Katamaran *Fancy II*. Unterwegs gibt es einen Badestopp in einer einsamen Bucht, mit etwas Glück sind auch Delfine zu sehen. Die Touren zur Cueva Bonita, einer Höhle mit faszinierendem Farbspiel, starten meist nachmittags. In der Regel ist man rund drei Stunden unterwegs, Infos und Tickets erhält man direkt am Hafen (www.tazacorte-la-palma.com).

Feste

● **16. Juli: Fiesta del Carmen.** Carmen, die Schutzheilige der Fischer, wird übers Meer gefahren, mit einer langen Bootsprozession im Schlepptau.

264 Der ursprüngliche Nordwesten

Der ursprüngliche Nordwesten

> **Kurzinfo Nordwesten**
> - **Bank/Post:** in Tijarafe, Puntagorda und Santo Domingo
> - **Gesundheitszentrum:** *Centro de Salud Tijarafe*, Tel. 922490344; Puntagorda, Tel. 922493059; Santo Domingo, Tel. 922180970; in allen drei Orten gibt es auch eine Apotheke.
> - **Taxi:** Puntagorda, Tel. 922493178; Santo Domingo, Tel. 922400103.
> - **Bus:** Linie 5 verbindet die Orte entlang der Strecke Los Llanos – Tijarafe – Puntagorda – Llano Negro – Santo Domingo. **Fahrplan im Anhang!**

Überblick

Der nordwestliche Teil der Insel ist bisher touristisch kaum erschlossen. Je weiter man von der „Schlucht der Ängste" (Barranco de las Angustias) bei Los Llanos nordwärts fährt, desto einsamer wird es. Im Küstenraum liegen liebliche Gärten, weiter oben Mandelbaumterrassen und ausgedehnte Kiefernwälder. Ziegen durchstreifen die Weiden, fast immer begleitet vom palmerischen Hirtenhund. Es ist wohl kein Zufall, dass sich in dieser Region vor allem „Aussteiger" niedergelassen haben: Biobauern und Bienenzüchter, aber auch Maler und Musiker, die sich vom Zauber der Landschaft inspirieren lassen.

Vorhergehende Seite:
Ziegen grasen auf den saftigen Weiden des Nordenwestens

Hier wird sich jeder wohl fühlen, der **grandiose Naturlandschaften** und vom Tourismus fast unberührte Dörfer sucht; man muss freilich bereit sein, zum Strand lange Anfahrten in Kauf zu nehmen. An der zerklüfteten Steilküste gibt es nur wenige, dafür aber sehr spektakuläre Badeplätze – mehr ein Schauspiel fürs Auge als ein echter Schwimmgenuss. Die wichtigsten Orte des Nordwestens sind Tijarafe, Puntagorda und Santo Domingo, wo restaurierte Landhäuser, Apartments und Pensionen als Unterkunft bereitstehen.

Mirador El Time

Der Aussichtspunkt verdankt seinen Namen nicht etwa dem englischen Wort *time*, sondern dem altkanarisch-berberischen Begriff für „hoher Fels". Tatsächlich thront der Mirador auf einer 594 Meter hohen Klippe über dem **Barranco de las Angustias** („Schlucht der Ängste") und bietet einen weiten Blick übers Tal die Küste hinab. Er ist der erste Haltepunkt hinter den endlosen Serpentinen, die aus der Talsohle aufs Gebirgsplateau führen. Dabei markiert die tief eingeschnittene „Schlucht der Ängste" nicht nur eine geografische Grenze, sondern auch die Kluft zwischen dem verstädterten, modernen Aridane-Tal und dem ländlich-abgelegenen La Palma, zwischen dem sonnigen Süden und dem bald rauer werdenden Norden. Man sieht's den Gesichtern der Bauern an, dass hier oben ein anderer Lebensrhythmus herrscht: Sie sind bedächtiger, verbindlicher, aber auch verschwiegener.

Essen und Trinken

●**Mirador El Time** €, Carretera General LP-1, Tel. 9224 89083, tgl. ab 8 Uhr. Ein Café mit tollem Ausblick auf Puerto de Tazacorte und das Aridane-Tal (⇨Wanderung 9). Man sitzt auf der Terrasse und lässt sich Mandelkokos- und Haselnusskuchen schmecken. Nebenan gibt's einen Souvenirladen mit Keramik, Holzarbeiten und kulinarischen Mitbringseln.

NORDWESTEN

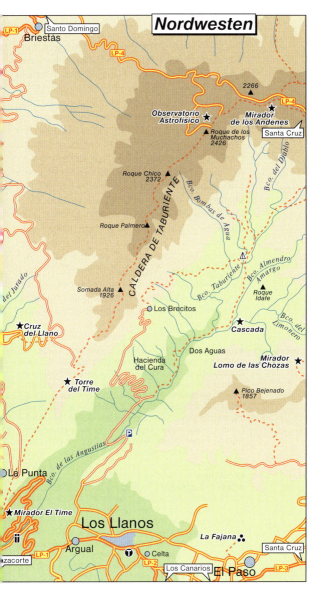

La Punta

Der sonnenverwöhnte Weiler La Punta gehört bereits zur Gemeinde Tijarafe und ist ein guter Standort für Finca-Urlaub. Die Häuser liegen unterhalb der Durchgangsstraße in einer Höhe von 300 bis 450 Metern und sind über eine Straße erreichbar, die an der Kooperative mit dem wohlklingenden Namen *Prosperidad* (Wohlstand) vorbeiführt. Im Ort gibt es einen Tante-Emma-Laden, in dem die Dorfbewohner morgens ihre Post abholen, und einen deutschen Bäcker, der Urlauber mit leckerem Vollkornbrot versorgt. In der Bar am Platz trifft sich vor allem die einheimische Männerwelt.

La Punta fällt über Bananenplantagen vier Kilometer zur Küste hin ab; an der ehemaligen Verpackungsanlage endet die Straße jäh. Früher wurden von hier Bananen mit einer Seilbahn über mehrere Hundert Meter zur Hafenmole geschaukelt, heute schraubt sich ein spektakulärer, gut ausgebauter „Königsweg" entlang der Steilwand nach Puerto de Tazacorte hinunter (⇨Wanderung 9).

Unterkunft

●**Central Garden** €€, Carretera de la Costa 63, Tel./Fax 922489117, auch buchbar über Brigitte und Werner, www.lapalma1.de/casasframe.htm. Weit unten an der Straße zur Küste (ab Kooperative 4,3 km): eine lauschige Anlage inmitten von Bananenplantagen. *Carlos* vermietet drei gemütliche, von tropischen Pflanzen umrahmte Apartments, alle mit rustikaler Küche, getrenntem Schlaf- und Wohnzimmer und Terrasse. Der Garten ist ein paradiesischer Flecken: Papayabäume, Riesenfarne und diverse Palmenarten wachsen rund um einen Pool à la *Manrique*.

Landhäuser:
●**Casa La Esquinita** €€, La Punta 9, Tel. 922490206, buchbar über *Karin Pflieger* (⇨ „Unterkunft, Urlaub im Landhaus"). Schmuckes, mit viel Naturstein und Holz verkleidetes Haus mit Blick über Bananen- und Papaya-Plantagen aufs Meer. Von der gemütlichen Wohnküche mit offenem Dachstuhl gelangt man in den verglasten Flur, von dem die beiden Schlafzimmer und das Bad abgehen. Es gibt zwei Terrassen, eine davon unter einer schattigen Palme. Die Besitzer wohnen gleich nebenan. Anfahrt: An der Coope-

rativa Prosperidad zur Küste hinunter, nach 450 Metern in die dritte rechts abzweigende Straße einbiegen; nach gut 100 Metern abermals rechts, das Haus befindet sich 200 Meter weiter zur Linken.

● **Casa El Tributo** €€, Calle El Correo 6, buchbar über *Karin Pflieger* (s.o.). Knapp unterhalb von *La Esquinita* und gleichfalls ganz aus Vulkangestein gebaut. Auf 120 Quadratmetern drei Schlafzimmer, ein Wohnraum mit Essecke, Küche und Bad (max. sechs Pers.). Im großen, mit exotischen Bäumen bepflanzten Garten findet man einen Grillplatz und viele lauschige Winkel. Die nur halb so große, etwas tiefer liegende Casa La Carpintera (El Correo 8) kann auch angemietet werden: mit Wohn-Schlafraum, Küche, Bad und Terrasse für max. drei Personen.

● Weitere Häuser für Landtourismus befinden sich oberhalb der Hauptstraße im Weiler Las Cabezadas.

Essen und Trinken

● **La Punta** €, Plaza de La Punta, Tel. 922490697, tgl. außer Do ab 11 Uhr. Gute Hausmannskost in der Dorfbar, entweder an der Theke oder an einem der blitzblanken Holztische. *Pedro* und *Ana Isabel* servieren *carne de cerdo* (Schweinefleisch), manchmal auch Paëlla und hausgemachten Nachtisch.

Einkaufen

● **Panadería Artesanal** (Bäckerei), Carretera General. Knapp unterhalb der Straße, nahe der Dorfkapelle, verkaufen *Marion* und *Klaus* in ihrem hübschen Haus Vollkornbrot in verschiedensten Varianten: solange der Vorrat reicht!

Seit vielen Jahren versorgt Marion Besucher mit Vollkornbrot

El Jesús

Vier Kilometer nördlich von La Punta liegt der Weiler El Jesús. Die Ortsdurchfahrt wirkt etwas blass, doch umso schöner sind die oberhalb gelegenen Hänge: weiße Mandelbaumtupfer auf saftigem Grund, mit Lavamauern gestützte Felder und weiter oben lichter Kiefernwald, dazwischen alte Gehöfte, die für Landurlaub hergerichtet wurden. Naturliebhabern sei ein Abstecher zum Aussichtspunkt Torre del Time empfohlen (nicht zu verwechseln mit dem Mirador El Time): Unmittelbar nördlich der Bushaltestelle (Km. 88) geht es auf einer kurvenreichen Straße, dem Camino El Pinar, ins Bergland hinauf. Nach 4,7 Kilometern folgt die Wegkreuzung Cruz del Llano, wo sich zwei Heiligenschreine gegenüberstehen. Zum Aussichtsturm kommt man über die rechts abzweigende Piste (vgl. ⇨Wanderung 10).

EL JESÚS

Unterkunft

- **Landhäuser:** Am Camino El Pinar finden sich rechter Hand mehrere Landhäuser (Nr. 24, 40 und 62, bis aufs erste buchbar über *Karin Pflieger* (⇨ „Unterkunft, Urlaub im Landhaus"). Nach zwei Kilometern liegt etwas unterhalb der Straße die **Casa Bonita** €€, sehr klein, doch gemütlich (max. zwei Pers.) mit schönem Steingarten direkt an einem alten Königsweg; die nebenan lebenden Besitzer *Paula* und *Miguel* versorgen die Gäste mit Vollkornbrot. Gut 500 Meter bergauf kommt man zur hübschen, mit Kamin und zwei Schlafzimmern ausgestatteten **Casa Serradero** €€. Fast am Ende der Straße, in 1000 Metern Höhe und nahe der Waldgrenze, befindet sich **Ricardos Pajero** €€: ein restauriertes Steinhäuschen mit Wohnküche und Schlafzimmer sowie einem winzigen Innenhof mit Grillplatz (zwei Pers.). Señor *Ricardo* lebt gleich nebenan und trinkt mit den Gästen gern ein Glas hausgemachten *vino de tea*.
- **Casa Tía Rosario** €€, El Jesús 18, buchbar über *Karin Pflieger* (⇨ „Unterkunft, Urlaub im Landhaus"). Zum Wohlfühlen: schönes Haus mit Garten am Hang.
- **Casa Rosabel** €€, Arrecida 28, Tel. 922491053, www.8gh.com. *Göran Hosinsky,* Astronom am Observatorium, und seine Frau *Rosabel,* Betreiberin eines Bioladens, vermieten ein restauriertes Natursteinhaus in einem Obstbaumhain. Es ist sehr gemütlich eingerichtet; über eine Pergola-Terrasse gelangt man in die komfortable Küche mit altem Rauchabzug, den Wohn-Schlafraum mit Kamin, Sat-TV, Musikanlage und Gratis-Internetanschluss sowie das Bad, dessen Wasser einer Quelle entspringt. An der Rückseite des Hauses befindet sich eine weitere Terrasse mit Blick auf romantische Fluren. Die Besitzer wohnen nebenan, gern weist *Göran* die Gäste in die Benutzung der hauseigenen Teleskope ein, mit deren Hilfe sich La Palmas sternklarer Nachthimmel noch weiter öffnet. Anfahrt: An der LP-1 gegenüber Haus 11 rechts in die Straße einbiegen, am Waschplatz vorbei immer geradeaus und vor Haus Nr. 12 rechts halten.
- **Casa Nuria** €€, Camino La Barbilla 4-B, Tel. 922460482, www.autos-idafe.com. Komfortables Haus hoch über dem Ort und mit Weitblick aufs Meer. Der Autovermieter *José* hat es im modern-rustikalen Stil eingerichet – mit zwei Schlafzimmern, Salon, Küche, Bad, Terrassen und Garten. Anfahrt: Hinter der Kirche an der LP-1 die Straße „Recta del Casino" hinauf, an der Erdpiste rechts.

Gehörntes Verkehrshindernis: Ziegenherde bei El Jesús

Tijarafe

Tijarafe, das langgestreckte, hoch über dem Meer thronende Bauerndorf, wurde erst vor wenigen Jahren von Urlaubern „entdeckt". Kontakt zu den Einheimischen stellt sich leicht her, schnell wird man ins Dorfleben integriert. Dazu findet man alles, was man braucht, entlang der Durchgangsstraße: Banken, Läden und Bars. Oberhalb liegt der Ortskern mit Kirche und Rathaus, unterhalb befinden sich Gesundheitszentrum, Schule und Polizei. Im Schatten von „Moby Dick", einem am Nordausgang aufgebockten Schiff von 1913, treffen sich samstags die Jugendlichen, um mit Autos und Mopeds in den „Szeneort" Los Llanos auszurücken.

Ortskern Über die neu angelegte „Paradestraße" geht es zum Dorfplatz hinauf. Die um 1700 fertiggestellte **Iglesia Virgen de la Candelaria** geht auf eine Kapelle von 1515 zurück. Drinnen lohnt ein Blick auf den barocken Hauptaltar. Dort steht eine anmutige, einen Meter große Marienskulptur mit Jesuskind, die laut Legende „das Licht in die Gemeinde bringt".

Schöne Beispiele für volkstümliche Architektur findet man in der Calle 18 de Julio. Die **Casa del Maestro,** das „Haus des Lehrers", wurde in ein kleines Ethnographisches Museum verwandelt (Sa–So geschl.), das vor allem dem „Teufelsfest" gewidmet ist: Masken, Figuren und Fotografien veranschaulichen das schaurige Spektakel. Nebenan bietet **La Venta,** ein musealer „Einkaufsladen", die kulinarischen Köstlichkeiten der Region an. Besonders begehrt sind die aus Mandeln zubereiteten Süßigkeiten, z.B. *almendrados* (Mandelmakronen) und *bienmesabe* (Mandelmus). Außerdem gibt es Wein und Likör, Most und Marmelade.

Badebuchten Zur romantisch gelegenen „Schmugglerbucht" **Porís de Candelaria** führt eine asphaltierte, aber beängstigend schmale und abschüssige, vier Kilometer lange Piste (⇨Wanderung 11). Das Piratenversteck präsentiert sich als riesiger, vom Meer ausgewaschener Felsüberhang, unter dem sich inzwischen einige Ferienhäuschen ducken. Über Stufen steigt man zur kleinen Badestelle hinab.

Eine spektakuläre Badestelle ist auch die **Playa de la Veta,** ein 100 Meter langer Sandstrand am Fuß einer Steilwand. Leider hat es die Anfahrt über eine extrem steile, schmale Straße in sich – bei Gegenverkehr hilft nur beten! Anfahrt: Am nördlichen Ortsausgang, 300 Meter hinter „Moby Dick", folgt man der Calle Acceso al Colegio abwärts und ignoriert alle Abzweigungen, bis man nach 1,6 km zu einem Wassertank gelangt. Hier hält man sich rechts und biegt nach wiederum 1,6 km links in die berüchtigte Steilstraße ab, die nach knapp 3 km an einem Parkplateau endet. Von hier führt ein Weg in einen 30 Meter langen Tunnel (Lichtschalter, Achtung: herabhängende Felsen!), dann längs eines Geländers zum Strand hinab. Ist die See zum Baden zu aufgewühlt, erkundet man die Küste: In nördlicher Richtung befindet sich eine Bootsanlegestelle und ein zweiter Strand.

| Wein und Höhlen | Gut drei Kilometer nördlich von Tijarafe liegt, direkt an der Hauptstraße, die moderne **Weinkooperative** Bodegas Noroeste de La Palma. Hier zweigt eine schmale Straße ab, die in 3,2 Kilometern zur bizarren Siedlung **Bellido** führt. Ins rötliche Gestein sind so viele Höhlen gekerbt, dass der gesamte Berg wie ein durchlöcherter Käse anmutet. Die Stollen sind mit Eisen- oder Holztüren verbarrikadiert, die vorgelagerten Terrassen wüst und leer – freilich nur werktags. Denn kommt man am Wochenende hierher, kann man eine rauschende Fiesta erleben. So manche palmerische Familie hat ihre eigene Höhle, in der sie den auf den umliegenden Hängen gewonnenen Wein lagert und natürlich auch einmal wöchentlich kostet. |

TIJARAFE

Waldpick- Im Weiler Tinizara zweigt von der LP-1 die Piste
nicknickplatz Camino de los Riveroles ab. Sie führt in 1,5 Kilometern zur **Hoya del Lance,** einem Picknickplatz mitten im Wald – mit Grillstellen, Kinderspielplatz und Blockhütten.

Pista del 300 Meter hinter der Gemeindegrenze Tijarafe –
Cabildo Puntagorda zweigt rechts die asphaltierte Pista del Cabildo (Camino Traviesa LP-111) ab, die in elf Kilometern durch eine malerische, von Mandelbaum- und Weinterrassen geprägte Landschaft nach Briestas führt.

Unterkunft **Landhäuser:**

● **Casa Las Tierras Viejas** €€, Calle Acceso Amiranda, Antiguo Camino Real 51, Tel. 922490335, Landhaus, buchbar über *Karin Pflieger* (➪ „Unterkunft, Urlaub im Landhaus"). Alle Räume mit offenem Dachgestühl, Terrakottaböden und massiven Holzmöbeln. Im Erdgeschoss befinden sich Wohnzimmer, Schlafraum, Küche und Bad; über eine steile Treppe gelangt man ins Obergeschoss, wo sich ein weiteres Schlafzimmer samt Veranda befindet. Aus dem Gemüsegarten hinterm Haus darf man sich bedienen, die Besitzerin *Ana María* bringt zusätzlich frisches Obst. Anfahrt: Am nördlichen Ortsausgang, 300 Meter hinter dem aufgebockten Moby-Dick-Schiff, links auf schmaler Straße hinab, vor dem Haus der Besitzerin (Nr. 28) rechts einbiegen, hin-

Alle Jahre wieder – Teufel los in Tijarafe

Die fast zweiwöchige **Fiesta del Diablo** von Tijarafe beginnt Ende August ganz „harmlos" mit Wettangeln in der Piratenbucht, einem Konzert vor der Dorfkirche, Umzügen und Sportwettkämpfen. Doch dies ist nur das Vorspiel zu einem wilden Spektakel, bei dem es, wie man hört, schon Tote und Verletzte gegeben hat: Ein „wahrhaftiger" Teufel wird auf das Volk losgelassen und tanzt auf riesigen Stelzen Feuer spuckend über den Dorfplatz – wo er hintritt, bringt er Zerstörung. Freilich wird auch bei diesem Fest das Gute triumphieren: Zu Mariä Lichtmess, am 8. September, bietet Maria – an diesem Tag geboren – dem Teufel die Stirn und „erleuchtet" die Welt. In einer großen Prozession wird ihre Skulptur durch die Straßen getragen; eine theatralische Bibelinszenierung und ein gigantisches Feuerwerk beschließen das Fest.

ter der *Casa Limones* rechts in den steingepflasterten Fahrweg einschwenken und kurz darauf abermals rechts.
● **Casa Dulce** €€, Lomo de la Fuente 7, Tel. 922490226, Landhaus, buchbar über *Karin Pflieger* (s.o.). Señora *Dulce*, die Tankwartin von Tijarafe, vermietet ein kleines, kuscheliges Haus neben dem ihren. Zum Dorfplatz sind es auf steiler Straße 500 Meter. Die 65 Quadratmeter große Casita besteht aus einem Wohnzimmer mit Gebälk, einem Schlafraum und einer gemütlichen Wohnküche, von der man Zugang hat zur windgeschützten Terrasse (max. 3 Personen).
● **Casa El Topo** €€, buchbar über *Karin Pflieger* (s.o.). Ein Haus für Genießer: 40 qm groß und hoch oben über Tijarafe, eingerahmt von Orangen-, Mandel- und Feigenbäumen. Mit Kamin!

Grandiose Piratenbucht: Porís de Candelaria

TIJARAFE

Essen und Trinken

- **Bodegón San Antonio** €, Carretera General s/n, Tel. 922490136, tgl. 6–23 Uhr. Rustikale Bodega mit langer Bar und Insel-Postern. Geboten werden gute Tropfen aus La Palma, in Flaschen abgefüllt oder vom Fass, dazu appetitliche Tapas, die man sich in der Vitrine aussuchen kann.
- **La Muralla** €€, Ctra. General (Aguatavar), Mobiltel. 6603 22305, tgl. außer Mo 13–23 Uhr (von 16–19 Uhr nur Getränke). Das Restaurant am nördlichen Ortsausgang „schwebt" auf Stelzen über dem Abgrund und ist so konzipiert, dass man aus jedem Winkel über den Steilhang hinweg auf Meer und Himmel schaut. Die minimalistische Architektur aus Holz, Beton und Glas unterstreicht das luftige Ambiente und lenkt nicht ab von der grandiosen Weite. Am schönsten sitzt man auf dem Balkon open air. Auch die Küche kann sich sehen lassen: Auf eine deftige Suppe oder einen Salat folgt bevorzugt frisches Fleisch: Schweinefilet, auf Wunsch süßsauer, mit Champignon- oder Pfeffersoße, lecker auch *nido del pollo*: ein „Nest" aus gerösteten Kartoffelspänen, in dem pikante Hähnchenstreifen mit Austernpilzen lagern. Gut sind die hausgemachten Desserts wie Gofio-Creme oder Feigeneis. Es lohnt sich, nach den Tagesgerichten *(platos del día)* zu fragen, auch ein relativ preiswertes Menü wird serviert.
- **La Venta & El Embrujo** €€, Calle 18 de Julio, Tel. 92249 0260, Mi–Sa 13–16, 19–23 Uhr. Im historischen Zentrum oberhalb der Durchgangsstraße, neben dem „Haus des Lehrers", befindet sich ein kleines Bistro, in dem man die in der Vitrine ausgestellten Leckereien vor Ort kosten oder sich zum Mitnehmen verpacken lassen kann. Auf der gegenüberliegenden Seite der kopfsteingepflasterten Gasse öffnet ein Lokal mit vier Tischen, in dem verfeinerte kanarische Küche serviert wird. Die Karte ist klein, dafür ist alles frisch, Kräuter und Gemüse kommen aus dem eigenen Garten. Das Menü wechselt monatlich, doch meist dabei sind Schweinefilet-Gemüse-Törtchen *(milhojas de bichillo)* und Seehecht in Safran-Soße *(merluza en salsa de atún)*.
- **Kiosco Tijarafe** €, Carretera General, tgl. ab 9 Uhr. Kein Wunder, dass der Pavillon an der Durchgangsstraße der zentrale Treffpunkt ist, hat man hier doch einen tollen Weitblick aufs Meer! Wer Hunger hat, erhält allerlei Deftiges aus der Friteuse.

Einkaufen

- **Vida Sana,** Carretera General 5, Tel. 619840150, Sa-Nachmittag und So geschl. *Lisa* verkauft alles, was ein „gesundes Leben" ermöglicht: frische Vollkornbrötchen, Garafía-Honig und Maulbeerwein, Wein von der Bodega El Tendal in Bellido, Natur-Kosmetik aber auch Seidentücher, Lederwaren und Schmuck.

El Roque

Der Vorort von Puntagorda ist für seinen **Drago** (Drachenbaum) berühmt. Bereits von der Straße aus ist er sichtbar: Windschief beugt er sich einer Schlucht entgegen, und damit er nicht – wie dereinst sein Zwillingsbruder – vom Sturm entwurzelt wird, hat man ihn mit einem Mäuerchen gestützt. Ein Treppenweg führt zu einem Aussichtsplatz im Schatten des Drachenbaums. Von hier schaut man auf Hänge, die mit Mandel- und Orangenbäumen bepflanzt sind, auf Bauerngehöfte aus Naturstein und das am Horizont aufblitzende Meer.

Unterkunft

- Wer diesen wunderbar idyllischen Blick länger genießen möchte, kann sich in der **Casa Toña** einquartieren, einem Holzhäuschen an der kleinen Kreuzung unterhalb der Straße. Vermietet wird es von *Antonia,* der Besitzerin des Restaurants *Virgen del Pino* in Puntagorda (Tel. 9224 93228).

Puntagorda

Von Puntagorda ist es nicht weit zum kühlen Norden – im Winter kommt es hier schon mal zu ein paar Regenschauern. Die Natur dankt's mit grünen Fluren und Feldern. Rund um den Ort wachsen Mandeln und Apfelsinen, doch die Erträge sind gering, gut leben können von der Landwirtschaft nur Wenige. In den vergangenen 20 Jahren sind viele Palmeros in andere Regionen der Insel abgewandert und haben ihre Häuser an Ausländer verkauft. Gegenwärtig liegt die Einwohnerzahl bei etwa 2000. Beim Blick ins Telefonbuch staunt man nicht schlecht – etwa jeder dritte aufgeführte Name klingt deutsch.

Pino und El Pinar

Das in eine anmutige Hügellandschaft eingepasste Puntagorda liegt unterhalb der Straße Los Llanos – Santo Domingo; die wichtigsten Ortsteile sind die „ungleichen Brüder" Pino und El Pinar. Pino war lange Zeit ein Hort des Franquismus, El Pinar dagegen eine Bastion der Linken. Noch heute wirken die beiden Ortsteile grundverschieden; daran ändert auch der breite, von Mandelbäumen gesäumte Boulevard nichts, der vom Rathaus nach Norden ausgreift und für „Verständigung" sorgen soll.

Die meisten Besucher bevorzugen **Pino,** das sich rund um das Rathaus und die moderne Kirche San Mauro erstreckt. Im Restaurant Pino de la

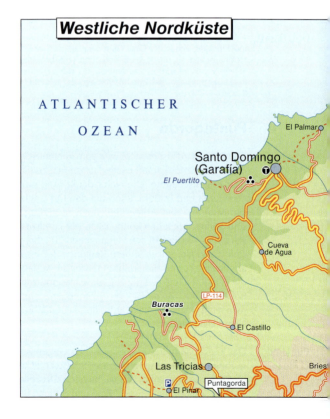

Virgen treffen sich viele Einheimische, gegenüber gibt es eine hübsche Pension – ein sehr guter Ort, um Urlaub zu machen. Unterhalb von Pino liegt die Streusiedlung **Fagundo,** auch dort können Landhäuser angemietet werden.

In **El Pinar** vermisst man einen gewachsenen Ortskern. Entlang der Hauptstraße stehen moderne, oft wenig attraktive Bauten; die schöneren Häuser, oft Zweitwohnsitz wohlhabender Ausländer, liegen abseits in den ruhigen Seitengassen.

PUNTAGORDA

Aussichtspunkt

Nahe dem Ortskern von Pino befindet sich der **Mirador de Miraflores,** ein Aussichtspunkt mit Blick auf grüne Felder und Mandelterrassen. Anfahrt: 200 Meter hinter dem Restaurant *El Pino* rechts einbiegen, dann 300 Meter bergauf.

Kapelle

Alte Chroniken belegen, dass die **Ermita de San Mauro** bereits kurz nach der Conquista errichtet wurde, dem heiligen Maurus zum Dank für seinen Erfolg bei der Unterwerfung der heidnischen Ureinwohner. Der heutige, von einer Kiefer beschat-

Loblied auf eine Frucht – das Fest der Mandelblüte

Die *Fiesta del Almendro en Flor* ist für die Palmeros eines der wichtigsten Ereignisse des Jahres. Die ganze Insel kommt für zwei Tage nach El Pinar, um alte Freunde wiederzusehen und die gerösteten Mandeln des Vorjahres zu naschen. Zwei volle Tage herrscht Ausnahmezustand: Wein darf in Strömen fließen, und es wird getanzt bis zum Morgengrauen. Das genaue Datum des Festes wird stets erst wenige Wochen zuvor, abhängig vom Stand der Mandelblüte, festgelegt. Wer dabei sein will, sollte sich das letzte Wochenende im Januar vormerken, doch vielleicht fällt das Fest auch auf das erste oder zweite Wochenende im Februar. Aber noch aus einem anderen Grund lohnt es sich zu kommen: Die besten Folkloregruppen des gesamten Archipels geben sich in Puntagorda ein Stelldichein.

tete und kürzlich renovierte Bau stammt von 1811. Der Ort belebt sich in der dritten Augustwoche, wenn im Rahmen eines Festes die Skulptur des Heiligen aus der neuen in die alte Dorfkirche getragen wird.

Anfahrt: 50 Meter hinter dem Restaurant Pino der Straße in Richtung *cementerio* (Friedhof) folgen und nach zwei Kilometern vor einem großen Staubecken rechts einbiegen; an der Gabelung 150 Meter weiter hält man sich rechts und erreicht nach 300 Metern die Kapelle.

Hafen

Die Bezeichnung *Puerto* (Hafen) weckt falsche Erwartungen: nur **kleine Fischerboote** werden hier ins Wasser gelassen. Es gibt jedoch unterhalb der Klippen einen romantischen **Badeplatz,** an dem man – zur Sommerzeit bei ruhiger See – in die Fluten steigen kann. Anfahrt: An der Ermita-Gabelung geradeaus, drei Kilometer weiter erreicht man eine weitere Verzweigung. Hält man sich rechts, gelangt man zu einem Parkplateau; von dort noch zehn Minuten zu Fuß (Gesamtentfernung ab Puntagorda: acht Kilometer).

Unterkunft

In Pino:
● **Pension Mar y Monte** €€, Pino de la Virgen 7, Tel./Fax 922493067, www.la-palma-marymonte.de. Eine Pension, wie man sie sich schöner kaum denken kann: ins Dorfleben eingebunden, ein guter Ausgangspunkt für Wandertouren und ideal, um andere Leute kennen zu lernen. Man merkt dem Haus an, dass es von einem Stadtplaner konzipiert wurde: Hier stimmen Architektur, Komfort und Funktionalität. Die fünf Zimmer sind mit viel Holz behaglich eingerichtet. Es gibt Korbsessel mit Tischchen, ein Waschbecken und Heizung und sogar Betten mit Latex-Matratzen! Begehrt ist vor allem das Bullaugen-Zimmer, in dem man durch ein großes, rundes Fenster das Dorftreiben beobachten kann. Die Gäste teilen sich zwei blitzblanke Bäder, einen Wintergarten und eine gemütliche Küche. Dort wird auch das im Preis enthaltene Frühstück serviert. Es ist so üppig, dass es fast für den ganzen Tag reicht: selbstgebackenes Brot, hausgemachte Konfitüre, Wurst und köstlicher Ziegenkäse vom Nachbarn, dazu ein Kaffee, der in einer gigantischen WMF-Maschine aus den 1950er Jahren zubereitet wird – ursprünglich stand sie in einer Hambur-

ger Konditorei! Zum Haus gehört ein großer, überdachter Patio und eine noch größere Dachterrasse sowie ein Garten. Tipps zum Wandern bekommt man bei den Pensionsbesitzern *Axel* und *Stephan*.

Ist in der Pension kein Bett mehr frei, bitte nachfragen im Lokal gegenüber: *Antonia* vermittelt Landhäuser!

In El Pinar:

Das Schweizer Paar *Elisabeth* und *Erich Elmer*, seit 1986 im Ortsteil El Pinar ansässig, vermittelt romantische und ruhig gelegene, dabei zugleich preiswerte und komfortable **Ferienhäuser.** Sie sind umgeben von Wiesen und Bäumen und haben freien Blick auf den Atlantik. Nachfolgend eine kleine Beschreibung, weitere Infos im Internet unter www.lapalmaferien.com.

●**Casa Naranjo** €€€, Camino del Hondito 9, Tel./Fax 922 493383. Die *Casa Naranjo*, eines der schönsten Häuser im Nordwesten, thront am Rande eines Seitentals unterhalb von El Pinar und ist durch einen wunderbaren Garten mit Kiwi- und Orangenbäumen vom Haus seiner Schweizer Besitzer getrennt. Es verfügt über eine bestens ausgestattete Wohnküche, ein Schlafzimmer mit offenem Dachstuhl und ein weiteres Wohnschlafzimmer mit Platz für eine dritte Person. Doppeltes Mauerwerk und Fußbodenheizung sorgen in den Wintermonaten für wohlige Wärme; von allen Räumen und auch von der windgeschützten Terrasse aus blickt man aufs Meer hinab. Von der „Hauptstraße", dem Camino del Pinar, links abbiegen in den Camino del Hondito, das Haus befindet sich 400 m weiter zur Linken.

●**Casa Juan** €€€, Camino de la Fayera 1, Tel./Fax 922493383. Fast eine Hacienda im Ortskern von El Pinar: Rings um einen riesigen, teilweise überdachten Innenhof mit Orangenbaum und Palmen gruppieren sich drei Doppelzimmer, ein Wohn-Essraum mit Sat-TV, zwei Bäder und eine gut ausgestattete Küche mit Waschmaschine – insgesamt stolze 200 Quadratmeter Wohnfläche, dazu ein großer Garten mit Grillofen, Pfefferbäumen und Kastanien. Anfahrt: von der Verbindungsstraße Pino – El Pinar nach 200 m links einbiegen und hinter dem Gesundheitszentrum gleich links.

●**Casa Palmera** €€, Tel. 922493383. Mitten im Ort und doch abgelegen – am Rand einer Schlucht: Das efeuumrankte rustikale Häuschen besticht mit handgearbeiteten Kienholzmöbeln und modernem Komfort (Marmorheizung!). Toll ist der Garten, wo man auf Terrassen unter Palmen und Drachenbäumen sitzen und den Weitblick aufs Meer genießen kann.

●**Casa Erel** €€, Camino del Hondito 13, Tel./Fax 922493383. Unterhalb ihres Hauses vermietet Familie *Elmer* eine weitere Casa: eingeschossig und in kanarischem Stil, auf einer Hangterrasse über einem Orangenhain. Es besteht aus einem Studio für zwei Personen sowie einem geräumigen

Apartment für zwei bis drei Personen. Beide Einheiten sind mit großen Terrassen ausgestattet und haben Meerblick. Geheizt wird mit Schweden-Öfchen, trockenes Holz ist ausreichend vorhanden. Anfahrt wie *Casa Naranjo*.

● **Casa La Costa** €€, Pista del Canal s/n, Tel./Fax 922493383. Bungalow im kanarischen Stil mit einem 30 Quadratmeter großen Studio (max. zwei Personen) und einem fast doppelt so großen Apartment (max. drei Personen), die sich eine Terrasse mit weitem Meerblick teilen. Anfahrt wie oben, weiterfahren in Richtung Küste und dann rechts.

Camping

● **Centro de Naturaleza La Rosa** €, Camino Real Barranquito Hondo 4 (LP-1 Km. 76), Tel./Fax 922493306, www.airelibrelapalma.org. Nutzbar auch im Winter, regulär geöffnet aber nur im Sommer: Einer der wenigen Campingplätze der Insel, betrieben vom Umweltverein *Aire Libre*. Wer kein Zelt dabei hat, kann eines ausleihen. Für 30 Personen ist Platz; zusätzlich gibt es 18 Betten in drei *cabañas* (Campinghütten) mit Kochmöglichkeit, Essraum und Toiletten. Das Camp liegt nördlich von Puntagorda rechts der Hauptstraße (ausgeschildert).

Essen und Trinken

In Pino:

● **Pino de la Virgen** €, Calle Pino de la Virgen 6, Tel. 922 493228, tgl. 8–23 Uhr. Beliebtes kanarisches Lokal, von *Antonia* und ihren vier Geschwistern mit viel Schwung geleitet. Einheimische und Besucher fühlen sich gleichermaßen wohl im begrünten Innenhof, im Kaminraum und auf der überdachten Terrasse. Lokale Folkloregruppen treffen sich hier, aber auch der eine oder andere Besucher greift spontan zur Gitarre. Passend zum Ambiente zeigt sich die Küche: *queso asado* (zarter gebratener Ziegenkäse mit grüner Mojo-Soße) und *conejo en salsa* (mariniertes Kaninchen), als Dessert *tarta de la casa* (Mandeltorte) oder *bizcocho con almendro y nata* (Mandelsahnecreme). Zum Schluss ein hausgemachter Obstlikör, und als Mitbringsel vielleicht eine Packung *almendrados*, leckere kleine Mandelmakronen!

In El Pinar:

● **Jardín de los Naranjos** €€, Carretera Fayal 33, Tel. 619571125, www.jardindelosnaranjos.com, Di–Fr 18–23, Sa–So 13–23 Uhr. Eine Bereicherung der örtlichen Gastro-Szene: *Señora Dácil*, einst Köchin im Observatorium auf dem Roque de los Muchachos, serviert typisch Palmerisches wie Kürbiscremesuppe und Kaninchen in Tomaten-Zwiebelsoße, aber auch „Importe" wie Gemüse-Couscous und Tagliatelle mit Garnelen. Wer etwas Besonderes probieren will, greift zu „Tigermuscheln": pikant gefüllt mit Kräutern und Muschelfleisch, dann paniert und überbacken. Alles Gemüse kommt aus *Dácils* Garten, die Eier

> ### Wandertipp
>
> Die Gegend um Puntagorda ist reich an Mandelbaumterrassen und Weinbergen. Auf dem **Cabildo-Weg GR 130** wandert man via Las Tricias nach Santo Domingo (und fährt von dort mit Bus zurück). Wer nur das schönste Teilstück laufen will, klinkt sich in Las Tricias ein und verbindet die Tour mit einem Abstecher zu den **Buracas-Höhlen** (⇨Wanderung 13). Vom Campingplatz nördlich Puntagorda schraubt sich der **Camino de la Rosa** (PR LP 11) durch Kiefernwälder zum Roque de los Muchachos hinauf; eine Variante führt zum Waldgasthof Las Briestas (⇨Wanderung 12).
>
> Wer die Schönheit der Umgebung im Rahmen einer einstündigen Runde kennen lernen will, folgt von der Markthalle in El Fayal aus dem **Naturlehrpfad** (sendero autoguiado A La Vera del Gran Barranco de Izcagua).

stammen von ihren frei laufenden Hühnern und die Molkereiprodukte von befreundeten Bauern. Mit leinengedeckten Tischen und Blumenarrangements gibt sich das Lokal fein, das Ambiente bleibt freundlich-familiär. Mit nur sechs Tischen recht klein, darum empfiehlt sich am Wochenende Reservierung.

Einkaufen

●**Mercadillo,** El Fayal, Sa 15–19 und So 11–15 Uhr. Erfolgreiche Konkurrenz zu Mazo: In der Erholungszone El Fayal öffnet mitten im Kiefernwald eine Markthalle. Hier gibt es Obst und Gemüse direkt vom Bauern, dazu Käse und Süßigkeiten, Wein und frisch gepressten Zuckerrohrsaft. Vor allem auf La Palma lebende Deutsche verkaufen Heilmittel und Naturkosmetik, Bilder, Schmuck und Kleidung

Aktivitäten

●**Radfahren:** *Centro de Naturaleza La Rosa,* Camino Real Barranquito Hondo 4, Tel./Fax 922493306. Rechts der Straße nach Santo Domingo liegt ein halbwegs intaktes Ökozentrum, in dem auch Räder verliehen werden.

Feste

●**Ende Januar/Anfang Februar:** *Fiesta del Almendro* (⇨ Exkurs „Das Fest der Mandelblüte").
●**13. Dezember:** *Fiesta de Santa Lucía.* Nach der Messe wird auf dem Kirchplatz gebechert und gezecht.

Abgelegen aber schön:
Tasca El Castillo hoch über Las Tricias

Las Tricias

Es ist noch nicht lange her, da war das Dorf durch den gewaltigen **Barranco de Izcagua** fast vollständig von der Außenwelt abgeschnitten. Man brauchte schon einen triftigen Grund, um sich der Holperpiste anzuvertrauen, die nach jedem Unwetter abzurutschen drohte. Durch die neue Asphaltstraße ist Las Tricias an die Zivilisation herangerückt, und es ist nur eine Frage der Zeit, bis immer mehr Urlauber diesen idyllischen Flecken entdecken werden.

Auf grünen Terrassen stehen alte, aus Vulkangestein errichtete Gehöfte, die Fenster sind zum Meer hin ausgerichtet. Etwas zu groß geraten ist die Kirche, die nur zur Sonntagsmesse geöffnet wird. Gegenüber befindet sich ein winziger Spar-Laden, der den Männern des Dorfs zugleich als Bar dient – hier verbringen sie ihre Tage bei einem Gläschen Wein und beim Kartenspiel (Mi geschl.).

Wandertipp

Die Felszeichnungen im **Barranco de Buracas**, noch vor gar nicht langer Zeit Zufluchtsort junger Aussteiger, zählen zu den beliebtesten Ausflugszielen der Region (⇨Wanderung 13). Schön und problemlos ist auch die Wanderung auf dem rot markierten Cabildo-Weg GR 130 durch eine malerische Landschaft nach Santo Domingo; zurück kommt man mit dem öffentlichen Bus. Mit Hilfe der Cabildo-Wanderkarte lassen sich viele weitere Touren konstruieren: z.B. eine Bergtour als Zusammenschnitt der Bausteine SL VG 55 (hinauf zur Traviesa), PR LP 10 („La Traviesa"), PR LP 11 („Camino de la Rosa") und GR 130 (zurück zum Ausgangspunkt).

Unterkunft

- **Casa Cruz de las Tricias** €€, Cruz del Llanito, Tel. 9224 00078, auch buchbar über *Karin Pflieger* (⇨ „Unterkunft, Urlaub im Landhaus"). 600 Meter nördlich vom Ortskern liegt das nostalgische Herrenhaus am Schnittpunkt alter Königswege. Vier Personen können hier gut wohnen: Die beiden Schlafzimmer mit Dielenboden sind einfach, aber behaglich; es gibt einen Wohn- und Essraum mit verspieltem Mosaikboden, eine verglaste Veranda, eine Küche mit originalem Rauchabzug und ein geräumiges Bad (mit Waschmaschine). Von der Terrasse mit Palme und Drachenbaum genießt man den Sonnenuntergang überm Meer – und vielleicht kommt auch ein Hirte mit seinen Ziegen vorbei ... *Moncho,* der Besitzer, lebt mit seinen Schwestern und Dutzenden von Katzen und Hunden nebenan.
- **Casa Los Cardones** €€, La Pelada s/n, buchbar über *Isla Bonita* (⇨ „Unterkunft, Urlaub im Landhaus"). Knapp zwei Kilometer vom Ortskern entfernt: ein direkt oberhalb der Straße nach Santo Domingo gelegenes Haus für drei bis vier Personen mit schönem Obstgarten.
- **Casa Maria Presentación** €€, El Castillo s/n, buchbar über *Karin Pflieger* (⇨ „Unterkunft, Urlaub im Landhaus"). Für Gäste, die motorisiert sind und die totale Einsamkeit lieben: In reizvoller Landschaft liegt das kleine, für zwei bis drei Personen eingerichtete Haus mit Dachterrasse und herrlichem Blick über Mandel- und Kiefernbäume aufs Meer. Anfahrt: drei Kilometer nordöstlich von Las Tricias auf der zum Weiler El Castillo bzw. zum Restaurant Azul ausgeschilderten Asphaltstraße hangaufwärts.

Übersichtskarten S. 268, 280   **LAS TRICIAS**

| **Essen und Trinken** | Im einsam-romantischen **Weiler El Castillo**, 3 km nordöstlich Las Tricias (achten Sie an der LP-114 Las Tricias – Santo Domingo auf die Ausschilderung!) haben nebeneinander zwei ausgefallene Lokale geöffnet: |

●**Azul** €€, Plaza del Castillo 13, Tel. 922400660, Fr–So 14–22 Uhr. „Gemüse und mehr", manchmal auch habsburgisch-deftige „Ausreißer" wie Knödel, Rinderbraten und Gulasch. Wunderbar ist das Ambiente: Von der Terrasse blickt man über grüne Steilhänge aufs Meer, besonders schön ist die Stunde vor dem Sonnenuntergang. Auch drinnen sitzt man gut: Alte Holztüren dienen als Tische, ein Kamin flackert und an den Wänden hängen Kunstfotos. Einziger Wermutstropfen: Gäste, die „nur" für Kaffee und Kuchen vorbeikommen, werden abgewiesen. Reservierung empfehlenswert!

●**Tasca El Castillo** €€, El Castillo, Tel. 922400036, Do–So 14–22 Uhr. Im wilden Garten stehen Holz- und Korbstühle, bei kühlen Temperaturen sitzt man in Separees und studiert die witzigen Bilder an der Wand: Der Karikaturist *Ernst Kahl* hat die „beleidigte Leberwurst" und den „Hasenrücken in Rotwein" wörtlich genommen. Programmatisch steht auf einem nostalgischen Foto: „Wer sich nicht wehrt, endet am Herd!" und „Auch Du hältst die Küche sauber, Genosse!" Heute steht *Eo* am Herd und fabriziert Vollkorn-Bruschettas und -Crepes, Tagliatelle und Gnocchi, auch Fleischspieße, Tiramisú und Käsekuchen. *Dorit* serviert und rät zum passenden Wein.

| **Feste** | ●**15./16. Juli** und **Ende August:** *Fiesta de Judas*. Das Fest zu Ehren *Carmens* beginnt mit einem großen „Judas-Spektakel". Da man glaubt, der Apostel sei schuld an allen bösen Dingen, die im vorangegangenen Jahr geschehen sind, macht man ihm einen (kurzen) Prozess: Nachdem er sein Testament verlesen hat, wird er auf dem Kirchplatz verbrannt. Derart „gereinigt" können sich die Bewohner auf die eigentliche Fiesta vorbereiten. In der zweiten Augusthälfte findet sie statt. |

Santo Domingo (Garafía)

Santo Domingo ist die Hauptstadt der Gemeinde Garafía und liegt auf einem Plateau hoch über der vom Meer zernagten Steilküste. Im Sommer pfeift der Wind über die Hänge, im Winter türmen sich die von atlantischen Tiefausläufern herangetragenen Wolken zu dichten Bänken auf. Den Besucher umgibt eine herbe, melancholische Landschaft, die ihren Reiz aus den verschiedensten Grünschattierungen gewinnt. Wären da nicht die

Santo Domingo de Garafía – Ort der Verbannten

Die Hauptstadt der Gemeinde Garafía muss sich zur Zeit mit der Änderung ihres Namens abfinden. Noch vor gar nicht langer Zeit war der prähispanische Name der Gemeinde zugleich der Name des Ortes oder doch zumindest in diesen integriert: Man sprach von *Garafía* oder auch von *Santo Domingo de Garafía*. Vielen Bewohnern gefällt es nicht, dass ihr geliebter Ort nun *Santo Domingo* heißen und so seiner altkanarischen Wurzeln beraubt werden soll. Warum beharren die Menschen hier so stark auf der Anbindung an Vergangenes?

Es hat etwas mit ihrer Herkunft zu tun. Denn nach der Conquista haben im „wilden" Nordwesten mehr Ureinwohner überlebt als in anderen Teilen der Insel. Weil kaum einer der neuen spanischen Herren darauf erpicht war, in dieser unwirtlichen Gegend eine Existenz zu gründen, durften die Altkanarier bleiben. Sie wurden als Schafhirten und Holzfäller geduldet. Zu ihnen gesellte sich eine Handvoll portugiesischer, von der Iberischen Halbinsel vertriebener Juden. Aufgrund der Isolation blieben die berberischen Züge in den Gesichtern vieler Einwohner bis heute erhalten, und auch den „garafianischen Schäferhund" gibt es noch: Ihm allein vertraut der Hirte seine Herde an.

Bis vor kurzem war die Gemeinde vom Rest der Insel weitgehend abgeschnitten. Nach Santa Cruz führte nur eine Holperpiste, die Verbindung mit Los Llanos bestand über *Caminos Reales*, gut ausgebaute Fußwege. Manchmal wurden Waren auch verschifft – doch von der winzigen Mole aus gelang das nur bei absolut ruhiger See. Heute hat sich für die Bewohner vieles verändert, gut ausgebaute Straßen führen nach Los Llanos und die Nordküste entlang. Dennoch bleibt das Gefühl der Abgeschiedenheit erhalten. Muss ein altes Mütterchen zum Arzt nach Santa Cruz, sagt sie noch immer: „Ich fahre nach La Palma" – als handelte es sich um eine andere Insel, ganz weit fort …

Palmen und Drachenbäume, fühlte man sich nach Irland oder ins nordspanische Galicien versetzt.

Die Bevölkerungszahl hat sich in den letzten 50 Jahren mehr als halbiert, doch ein Ende der Landflucht ist in Sicht. Der **Turismo Rural** wurde als neue Erwerbsquelle entdeckt – er soll helfen, die junge Generation im Ort zu halten. Vor allem Frauen werden beim Streben nach Selbstständigkeit unterstützt.

EU-Gelder wurden auch für die Verschönerung des Kirchplatzes genutzt, der wie ein prächtiger Balkon über dem Meer hängt. Kopfsteingepflasterte Gassen führen hangaufwärts zu restaurierten Landhäusern, die darauf warten, von Ruhe suchenden, naturverbundenen Urlaubern entdeckt zu werden. Allerdings hat die Gemeindeverwaltung inzwischen auch Pläne ganz anderer Art: Im Weiler San Pedro möchte sie einen *complejo bioclimático* bauen, ein Kurhotel mit 600 Betten. Viele fragen: wem zum Nutzen?

Ortskirche Die strahlend weiße **Iglesia Nuestra Señora de la Luz** ist der Blickfang der zentralen Plaza. Um 1550 als schlichte Kapelle erbaut, wurde sie im 17. Jahrhundert zu einer großen zweischiffigen Kirche erweitert. Eine uralte Holztür führt in das düstere Innere. Der Altar ist in rötliches Licht getaucht; es fällt durch ein bleiverglastes Fenster und lässt die verehrte Figur der *Virgen de la Luz* (Mariä Lichtmess) hervortreten. Über dem Altar wölbt sich fein gearbeitetes Tafelwerk im Mudejar-Stil in typischer, geometrischer Verschränkung. Sehenswert ist auch ein etwas angegrautes Gemälde im rechten Seitenschiff, das die wundersame Rettung eines Schiffes aus Seenot darstellt: Dem Tod geweihte Männer in peitschender Gischt klammern sich an zerborstene Planken.

Museum Das ockerfarben getünchte Herrenhaus am Ortseingang ist die **Casa de Cultura.** Unregelmäßig geöffnet ist das Ethnografische Museum, in dem

> **Wandertipp**
> Überquert man den Kirchplatz nordwärts und hält sich dann rechts, steht man sogleich vor einem tief eingeschnittenen Barranco mit Drachenbäumen, verwitterten Steinhäusern und Höhlen. Hier startet ein schöner Wanderweg entlang der Steilküste nach **El Palmar** (⇨Wanderung 16).

die Geschichte des Dorfs von der prähispanischen Zeit bis zur Gegenwart veranschaulicht wird.

●**Centro de Interpretación Etnográfico,** Calle Díaz y Suárez s/n, meist Mo–Fr 10–13 Uhr.

El Calvario Einen Kilometer südlich von Santo Domingo, an der Straße nach Las Tricias, zweigt rechts eine Asphaltpiste zum *cementerio* (Friedhof) ab. Am hinteren Ende der Friedhofsmauer beginnt rechts ein unscheinbarer Pfad, der zum **Petroglyphenfeld** El Calvario führt, einem prähispanischen Kultplatz hoch über dem Meer mit mehreren rundlichen Steinen, in die Spiralmuster eingeritzt sind.

El Puertito Vom Friedhof windet sich die Asphaltpiste noch zwei Kilometer durch eine rau-herbe Landschaft zu einem Parkplateau mit Mirador hinab, wo sich ein herrlicher Blick auf die Steilküste und mehrere vorgelagerte Felseilande bietet. Ab hier geht es nur noch zu Fuß weiter: Über einen Serpentinenweg gelangt man in gut zehn Minuten zum Puertito hinunter, einer **Anlegestelle** mit einer Handvoll Fischerbuden und aufgebockten Booten, die freilich nur bei ruhiger See zu Wasser gelassen werden.

Landhäuser ●**Lomo de la Cruz** €€, Tel. 922254249, buchbar über *Karin Pflieger* (⇨„Unterkunft, Urlaub im Landhaus"). Kleines, nur 50 m² großes Landhaus oberhalb des Dorfs für zwei bis drei Personen. Direkt am Haus starten markierte Wege.

Santo Domingo: auf dem Weg zum Puertito

SANTO DOMINGO

●**Casa El Barranquito** €€, Calle Ramón y Caja s/n, buchbar über *Isla Bonita* (⇨ „Unterkunft, Urlaub im Landhaus"). Ein uriges Steinhäuschen knapp oberhalb des Dorfplatzes, ideal für zwei Personen. Der ehemalige Viehstall wurde zur Küche ausgebaut, vom Schlafzimmer schaut man in den Barranco de la Luz.

●**Casa Drago** €, Barranco de la Luz 3, Tel. 922400407, www.artesania-drago.de. *Antje Dieckmann,* die Ketten aus Drachenbaumsamen herstellt, vermietet eine kleine *casita* neben ihrem Haus. Am Wanderweg nach El Palmar, versteckt in einer Schlucht, nur wenige Gehminuten vom Ortszentrum.

●Weitere Landunterkünfte vermietet *Isla Bonita* im vier Kilometer entfernten Ortsteil La Piedra (Casa La Piedra, Casa La Herbilla) sowie oberhalb von El Palmar (Casa El Jaral).

Essen und Trinken

●**El Bernegal** €€, Calle Díaz y Suárez 5, Tel. 922400480, tgl. außer Mo 12–17 Uhr. Im *bernegal,* einer Tontasse, wurde dem Gast einst kühles Wasser gereicht, zugleich ist es Sinnbild für Erfrischung und Wohlergehen. Getreu dieser Devise haben *Domingo* und *Carmen* eine kulinarische Oase geschaffen, in der man im stilvollen Ambiente eines restaurierten alten Hauses ausgefallen und doch vergleichsweise preiswert essen kann. Die Portionen sind großzügig und liebevoll dekoriert – serviert auf blütenweißen Leinentischdecken. Das Mahl beginnt mit einer kostenlosen Probe Ziegenquark mit Rosinen: *para picar,* wie die Canarios sagen, was so viel heißt wie „um zu pieksen, den Magen zu stimu-

lieren". Danach beginnt die Qual der Wahl: Bananenomelett, Spinatkroketten oder gebratene Austernpilze? Oder vielleicht Salat „nach Art des Hauses" mit Avocado, Roquefort und Nüssen? Nicht minder spannend sind die Hauptspeisen, z.B. Tagliatelle mit Krabben oder Schweinefilet in cremiger Champignonsoße, garniert mit Gemüsetortilla. Wer Süßes mag, wird als Dessert vielleicht das hausgemachte Nougateis probieren wollen. Auf der Karte stehen fast alle palmerischen Weine, der Haustropfen ist eine milde Variante des hiesigen *vino de tea*. Zum Abschluss gibt's selbstgebrannten Kräuterschnaps.

● **Santo Domingo** €, Plaza de Baltazar Martín, Tel. 922 400015, tgl. außer Di 11–15 Uhr. Bar in einem alten Herrenhaus am zentralen Platz. Einheimische treffen sich am liebsten an der Theke, die Touristen sitzen meist draußen. Gut schmeckt *queso de cabra* (Ziegenkäse), den es auch *ahumado* (geräuchert) gibt. Preiswertes *Menú del día*!

Feste

● **5. Januar:** *Misterio/Los Reyes Magos*. Auf dem Kirchplatz wird die Bibelgeschichte von den Heiligen Drei Königen als Mysterienspiel in Szene gesetzt.

Rund um Llano Negro

Eine kurvenreiche Straße schlängelt sich von Santo Domingo hinauf ins Gebirge. Nach 8,7 Kilometern kommt man zu einer wichtigen Kreuzung, die auf vielen Karten nach dem nahe gelegenen Weiler Llano Negro benannt ist. Rechts geht es zum Observatorium bzw. über den Waldgasthof Briestas nach Puntagorda, links über San Antonio del Monte zum Archäologischen Park La Zarza und nach Roque Faro.

Essen und Trinken

● **Kiosco Briestas** €, Carretera General LP-1, Tel. 922434373, tgl. außer Di 8–22 Uhr. Den Waldgasthof *Briestas* auf halber Strecke zwischen Llano Negro und Puntagorda gibt es schon seit über 25 Jahren. Im großen Speisesaal mit seinen Baumstümpfen, den herabhängenden Farnen und dem Vogelgezwitscher spürt man die Nähe zum Wald. Herrlich warm sitzt es sich nahe dem Kamin. Holzbänke sorgen dafür, dass man den Nachbarn am Tisch näherkommt. Spezialität des Hauses ist *caldo de trigo* (Weizensuppe), doch die anderen Eintöpfe sind nicht minder deftig. *Coromoto* und *Toño* servieren auch Fleisch aus der Region, am liebsten pikante Ziege und Kaninchen, dazu passend den harzigen *vino de tea* vom Fass.

San Antonio del Monte

Seinen klangvollen Namen erhielt der Weiler San Antonio del Monte von eingewanderten portugiesischen Juden. Sie ehrten damit den Schutzheiligen ihrer Heimat, den Patron aller Tiere. Seit Jahrhunderten leben die Bewohner von **Schafzucht.** Die Hirten kennen jeden Stock und Stein, wie es heißt, können sie ihre Tiere an der Art des Glockengebimmels unterscheiden. Mit ihrem *zurrón*, einem Ledersack für den Proviant, und dem Stab, den sie *garrote* nennen, durchstreifen sie die Insel auf der Suche nach Weidegründen.

Einkaufen

● **GASAM,** Carretera General LP-1 (von Llano Negro ostwärts Richtung Barlovento, Abfahrt San Antonio, dann erstes Haus rechts), Mo–Mi 9–14 Uhr, Fr–So 10–18 Uhr. Der in San Antonio hergestellte Ziegenkäse gilt als der beste der Insel; in diesem blitzblanken Laden gibt es ihn geräuchert, frisch und gereift, außerdem appetitliches Fleisch, Gemüse und Obst. Alle Produkte stammen von Bauern und Viehzüchtern der Region, die sich zu einer Kooperative zusammengeschlossen haben, den Ganaderos Artesanos de San Antonio del Monte.

Feste

● **Um den 13. Juni:** *Fiesta de San Antonio del Monte*. Auch das **Dorffest** hat mit Tieren zu tun: Auf dem weitläufigen Platz rings um die Kapelle (vom GASAM-Laden der Stichstraße einen Kilometer folgen) findet alljährlich zu Ehren des Schutzheiligen ein grandioser **Viehmarkt** statt. Fast alle Bauern der Insel treffen mit ihren Ziegen, Schafen und Kühen ein, die zum Abschluss prämiert werden. Es wird gefeilscht und getauscht, gezecht und geschmaust – der Geruch von gegrilltem Fleisch, Räucherkäse und harzigem Wein durchdringt die Luft. Dazu Schießbuden, Glücksräder und schräge Musik mit Waschbrett und Akkordeon.

La Zarza

Märchen-Trip in die Vergangenheit: 700 Meter östlich des Abzweigs San Antonio del Monte kann ein **Archäologischer Park** mit Felsinschriften aus prähispanischer Zeit besichtigt werden. Im Besucherzentrum am Eingang erhält man Einblick in altkanarische Alltagskultur, danach geht es auf einem romantischen 2,5 Kilometer langen Pfad zur

Fuente de la Zarza (Dornbuschquelle). In die dahinter liegende Basaltwand haben Ureinwohner Spiralen und Schlangenlinien geritzt, die als der unendliche Kreislauf der Natur gedeutet werden: Geburt, Tod und neues Leben.

Fünf Gehminuten entfernt, in einer Nachbarschlucht, entdeckt man die noch interessanteren **Felszeichnungen von La Zarzita**. Außer den bekannten geometrischen Mustern kann man hier auch abstrahierte Figurendarstellungen bewundern. Man braucht nicht viel Fantasie, um in einer voluminösen Gestalt die klassische „Urmutter" zu erkennen; eine andere Zeichnung zeigt das Profil eines bärtigen Mannes.

●**Parque Cultural La Zarza,** Carretera General LP-1, Tel. 922695005, tgl. 11–17 Uhr (im Sommer 11–19 Uhr), ca. 2 €, Kinder die Hälfte.

Wandertipp

Am Besucherzentrum kann man sich in einen markierten, als Runde angelegten Naturlehrpfad einklinken, der durch Erika- und Lorbeerwald über San Antonio führt (*sendero autoguiado*, ca. 7 km, Höhenunterschied 130 m).

Gestoppter Exodus – Licht am Horizont

„Es fehlte hier an allem", sagt *Juan*, „an guten Straßen, an Schulen und Ärzten, vor allem aber an Arbeit." Jetzt aber scheint es ein Licht am Ende des Tunnels zu geben: „Seit die EU diese gottverlassene Gegend entdeckt hat, geht es aufwärts." *Juan* arbeitet heute im Laden der Kooperative von San Antonio, seine Frau lässt sich zur Verwalterin von Landhäusern ausbilden. Er ist froh, dass sie mit ihren Schafen und Ziegen im Norden ausgeharrt haben, nicht nach Los Llanos oder gar nach Übersee fortgezogen sind.

Keine Familie im hohen Norden, der die Worte „Exodus" und „Emigration" nicht geläufig wären. Die winzigen, den Steilflanken abgerungenen Felder waren schwer zu bestellen, und der kümmerliche Ertrag musste auf halsbrecherischen Pisten in die Stadt gebracht werden. Kein Wunder, dass die Großväter ihr Glück in Kuba, die Väter ihres in Venezuela suchten. Zurück blieben nur die Frauen, die bald den Beinamen „Venezuela-Witwen" trugen. In den vergangenen Jahren hat sich die Lage kurzzeitig verbessert: Mit EU-Geldern wurden alte Häuser restauriert, Pisten asphaltiert und die Landwirtschaft unterstützt. Nun hofft man, dass mehr Urlauber den spröden Reiz dieser urtümlichen Region entdecken ...

Don Pedro

Liebhaber von Geisterdörfern fahren von La Zarza noch 200 Meter weiter in Richtung Barlovento und biegen dann links ab. Eine kurvenreiche, fünf Kilometer lange Straße endet am Dorfplatz von Don Pedro. Das angrenzende Schulgebäude wirkt verwaist, ein paar Hunde und Katzen streichen umher, Menschen zeigen sich selten. Man genießt einen schönen Blick auf die Nordküste – und wer Lust bekommt zu wandern, folgt dem weiß markierten, vom Platz über Stufen hinabführenden Weg. Bauern nutzten ihn früher, um in knapp zwei Stunden zum Nachbarweiler El Tablado zu laufen.

Spiralen in einem verwunschenen Wald

> ### Wandertipp zur Küste
> Ziel einer kleinen Tour (hin und zurück 1.30 Std.) ist die Nachbarbucht **La Fajana.** Im Dorf achte man auf die Ausschilderung „Mirador El Topo": Eine Betonpiste geht in einen steingepflasterten Weg über, auf dem man in den Talgrund hinabsteigt. Von dort geht man einige Meter in Richtung Küste, dann über eine Erdpiste zu einer schmalen Asphaltstraße und auf dieser nach La Fajana, einem weitgehend verlassenen Dorf mit Bootsanlegestelle und kleiner Bucht, in der man aber nur bei absolut ruhiger See baden kann.

El Tablado

Ganz im Abseits, doch so wildromantisch schön, dass der lange Abstecher lohnt, liegt das Dörfchen El Tablado. An einem Forsthaus mit Picknickplatz achte man auf das abzweigende Sträßlein. Über sieben Kilometer schraubt es sich zur Küste hinunter und überwindet dabei einen Höhenunterschied von fast 1000 Metern. Unten angekommen, sieht man verwitterte Häuser, die sich auf Kuppen aneinander drängen; ringsum wachsen Drachen- und Orangenbäume. Noch vor wenigen Jahren galt El Tablado als Geisterdorf: Nur eine Hand voll älterer Leute hielt Stellung, die Jugend war längst fortgezogen. Doch mit dem *Turismo Rural* kehrt langsam wieder neues Leben ein. Mehrere Häuser wurden bereits restauriert und stehen als Landunterkünfte bereit.

Landhäuser

●**Casa Fema** €€, Los Blancos s/n, buchbar über *Isla Bonita* (⇨„Unterkunft/Urlaub im Landhaus"). Wer Ruhe und Einsamkeit liebt, wird sich hier wohlfühlen: Das restaurierte, rosa getünchte Landhaus schmiegt sich mit drei über enge Stiege verbundenen Stockwerken an den Steilhang. Es verfügt über ein kleines Wohnzimmer, zwei Schlafräume, Bad und Küche – von fast allen Fenstern schaut man über schmale Gemüseterrassen aufs Meer.

Roque Faro

Mit seinen knapp 150 Seelen präsentiert sich Roque Faro als Vorposten der Zivilisation im rauen, meist wolkenverhüllten Norden. Vielleicht hat man ihm auch deshalb den Beinamen *Faro* verliehen: ein „Leuchtfeuer" inmitten düsterer Waldeinsamkeit. In der Dorfpension findet man Nachtquartier – wer länger bleiben will, bucht eines der Landhäuschen unterhalb der Straße. Im traditionsreichen **Lokal Los Reyes** kann man sich für die Weiterreise mit einem Glas *vino de tea*, deftigem Eintopf und Ziegenfleisch stärken (Mo geschl.).

Unterkunft

●**Pensión Roque Faro** €, Roque Faro, Tel. 922400046. Spartanische Pension mit acht unbeheizten, feuchtklammen Zimmern. Fürs Gebotene zu teuer, besser schläft man in Franceses.

Weiterfahrt nach Barlovento

Gut einen Kilometer östlich von Roque Faro gelangt man zu einer Gabelung: Auf beiden Straßen gelangt man nach Barlovento (⇨ „Nordosten"). Die untere Straße ist besser ausgebaut, führt oberhalb der Küste entlang und erlaubt schöne Abstecher, z.B. nach **Franceses,** wo neuerdings Übernachtungen möglich sind (⇨ „Barlovento, Weiterfahrt entlang der Nordküste"). Im Kunsthandwerkszentrum werden traditionelle Stickereien angeboten, angefertigt von den Frauen des Dorfs (Lomo de las Tierras 42, Di geschl.). Lohnenswert sind auch die Abfahrt nach **Gallegos** (mit schöner Bar) und ein Stopp am **Mirador La Tosca.**

Nur bei schönem Wetter sollte man die höher gelegene und nur vier Meter breite, durch mehrere Tunnel führende Straße benutzen: eine abenteuerliche Fahrt durch faszinierende Landschaft mit dichtem Lorbeerwald und dramatisch eingeschnittenen Barrancos.

CALDERA UND CUMBRE

Im Zentrum: Caldera und Cumbre

Überblick

„Eine Landschaft im gewaltigen Aufruhr, weiteste Blicke, tiefste Stürze und wildeste Felsen" – so schwärmte schon der Reiseschriftsteller *Gerhard Nebel* vor über 50 Jahren. Ganz gleich, von welcher Seite man sich dem Inselzentrum nähert: die windgepeitschten Hochsteppen, die von Wolken umspülten Grate und zerklüfteten Schlünde sind überwältigend. Fast alles blieb hier so erhalten, wie es die Natur erschuf. Es gibt kaum Dörfer, nicht einmal Viehweiden und Ackerflächen. Der menschliche Eingriff beschränkt sich auf das Anlegen von Wanderwegen, Straßen und einigen wenigen Picknickplätzen.

Caldera de Taburiente

Mitten auf der Insel klafft der **riesige Kessel** der Caldera de Taburiente, der als Nationalpark unter Naturschutz steht. Er ist neun Kilometer breit und bis zu 2000 Meter tief; sein 23 Kilometer langer Rand ist von einem Dutzend Gipfeln gespickt, dessen höchster mit 2426 Metern der **Roque de los Muchachos** ist. Entstanden ist die Caldera nach Vulkanausbrüchen vor etwa 35 Millionen Jahren. Doch sie ist nicht, wie jahrelang angenommen wurde, ein Krater, sondern eine durch Wasserkraft und Einstürze verursachte Höhlung. Es waren die Regengüsse, die im Berginneren entspringenden Quellen und das anbrandende Meer, die den ursprünglich 4000 Meter hohen Vulkan zum Einsturz brachten.

Den einzigen Durchbruch im Kesselrund bildet der tief eingeschnittene **Barranco de las Angustias,** die „Schlucht der Ängste". Über sie wurde das Gestein „entsorgt", und noch heute fließt der in der Caldera entspringende Bach durch sie ins Meer, wobei er kleinere Felsbrocken mit sich führt.

Vorhergehende Seite:
Die karge Landschaft von Caldera und Cumbre

Der Kraft des Wassers konnte nur widerstandsfähiger Basalt trotzen. Wie steingewordene Ausrufezeichen stehen Felsnadeln im Caldera-Grund, am berühmtesten ist der von den Ureinwohnern als Heiligtum verehrte **Roque Idafe.**

Cumbre

Vom Rand der Caldera zieht sich der 1200 bis 1950 Meter hohe **Gebirgszug** der Cumbre in fast gerader Linie südwärts. Oft liegt er in Wolken, die von Nordost heranwehen, um auf der Westseite gleich einem gigantischen „Wasserfall" in die Tiefe zu gleiten. Unterschieden wird zwischen der **Cumbre Nueva** und der **Cumbre Vieja.** Der wallartige Kamm der Cumbre Nueva (Neuer Höhenrücken) ist vermutlich der Rest eines Riesenvulkans, dessen größter Teil im Meer versank. Er ist mit dichtem Busch- und Kiefernwald bedeckt und geht südlich des Picknickplatzes El Pilar in die Cumbre Vieja (Alter Höhenrücken) über. Ihrem Namen zum Trotz ist sie geologisch jüngeren Datums, die über 100 Vulkane und Krater sind noch nicht von Wasser und Wind zerfurcht.

Die letzten Ausbrüche fanden 1949 statt, als die Vulkane Birigoyo, Hoyo Negro und San Juan schwarze Lava spuckten. Bei Los Canarios bricht die Cumbre Vieja jäh ab; über San Antonio und Teneguía, die beiden jüngsten Vulkane, fällt die Insel zum Meer hin terrassenförmig ab.

Wandern

Das Zentrum der Insel ist ein Paradies für Wanderer: Auf markierten Wegen kann man in den Kessel hinabsteigen oder am oberen Rand der Caldera entlang gehen, längs der Wetterscheide der Cumbre spazieren oder ausgedehnte Waldtouren unternehmen. Abgesehen von Los Brecitos (⇨Wanderung 2) sind alle Tourenstartpunkte bequem mit dem Auto erreichbar, so der beliebte Aussichtspunkt La Cumbrecita (⇨Wanderung 1), der Picknickplatz El Pilar (⇨Wanderungen 6 und 7) und das Observatorium am Roque de los Muchachos (⇨Wanderungen 14 und 15).

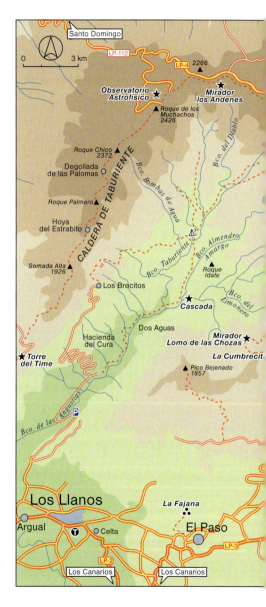

CALDERA

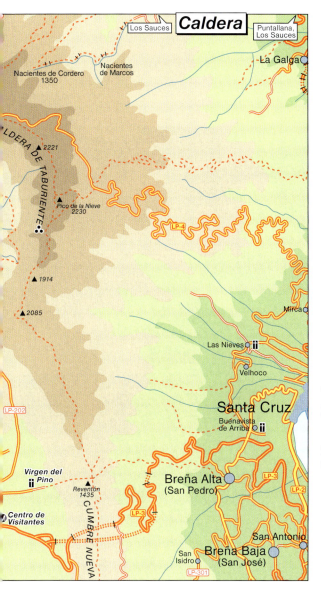

Übersichtskarten S. 304, 314

ÜBERBLICK

Naturschutz

Der Nationalpark wurde 1954 geschaffen und 1981 auf insgesamt 4690 Hektar vergrößert. Für Besucher unzugänglich sind die *zonas de reservas*, in denen sich Flora und Fauna geschützt entfalten können – so das in dichtem Kiefernwald gelegene Gebiet um den „heiligen" Roque Idafe. Andere Parkbereiche gelten als *zonas de uso restringido* (Gebiete mit beschränktem Zugang): In ihnen darf man sich bewegen, aber nur zu Fuß und auf den angelegten, markierten Wegen. Das **Übernachten** ist mit der entsprechenden Erlaubnis nur auf den ausgeschriebenen Campingplätzen möglich. Pflanzen, Tiere und Steine dürfen nicht gesammelt, eigener Müll muss mitgenommen werden.

Besucherzentrum

Am Km 23,9 der LP-2, drei Kilometer östlich von El Paso, befindet sich das sehr gut ausgestattete Besucherzentrum des Nationalparks. **Ausstellungen, Filme und Bücher** machen mit Geologie, Flora und Fauna vertraut, alle Erläuterungen gibt es auch auf Deutsch. Man wird über die aktuelle Wettersituation informiert, erhält die „Zutrittsnummer" zum Aussichtspunkt und kann auch die Campingerlaubnis für die Caldera beantragen. Von Juli bis September organisiert das Zentrum geführte Wanderungen; sie sind kostenlos und starten in der Regel am Campingplatz an der Playa de Taburiente. Wer daran teilnehmen möchte, sollte sich so früh wie möglich anmelden.

●**Centro de Visitantes Parque Nacional,** Carretera General 47, Tel. 922497277, Fax 922497081, caldera@mma.es, tgl. 9–14 und 16–18.30 Uhr.

Bus

An der Carretera General LP-2 halten Busse am Besucherzentrum wie auch am Abzweig nach El Pilar. Vom Besucherzentrum nach La Cumbrecita (6,7 km) benötigt man zu Fuß 1:45 Std., ebenso lange für die Strecke vom Abzweig El Pilar zum gleichnamigen Picknickplatz (6,8 km). Für beide Strecken gilt: Trampen ist fast immer erfolgreich.

La Cumbrecita

Der meistbesuchte **Aussichtspunkt** La Palmas ist die Passhöhe La Cumbrecita (1287 Meter). Sie liegt am Südrand der Caldera und ist über eine ausgeschilderte Straße erreichbar, die am Besucherzentrum abzweigt und in vielen Windungen durch Kiefernwald hinaufführt. Kastanienhaine setzen im Herbst goldgelbe Farbtupfer. Es empfiehlt sich, früh zu kommen, um nicht warten zu müssen: Wegen der wenigen Parkmöglichkeiten muss man vor dem Ausflug im Besucherzentrum eine „Nummer ziehen" – nur eine begrenzte Zahl von Gästen wird zugelassen.

Von La Cumbrecita bietet sich ein grandioser Blick in die Caldera: Wie Zinnen einer Festung ragen die Gipfel des Kraterrunds auf, über 1500 Meter stürzen zerklüftete Steilwände in die Tiefe. Nach winterlichem Regen sind sie von Wasserfällen überzogen, die den Fels aufleuchten lassen.

Großartig ist auch der Ausblick vom benachbarten, auf einem Felsplateau eingerichteten **Mirador Las Chozas.** Dieser ist über zwei Wege erreichbar: 15 Minuten braucht man auf der westlich des Parkplatzes abzweigenden Piste; etwas länger, aber dafür schöner ist die Tour, die am Wachhäuschen des Nationalparks startet und um mehrere Felsnasen der Caldera herumführt (⇨Wanderung 1).

Am Aussichtspunkt La Cumbrecita starten **weitere markierte Touren** auf den Bejenado, zum hoch über Los Llanos thronenden Mirador de La Cancelita sowie zum Picknickplatz El Riachuelo.

Auf der Rückfahrt zum Besucherzentrum sind zwei Abstecher möglich. Beim Schild „Valencia" geht es rechts hinauf in die Wanderregion um den **Bejenado** (1857 Meter). Links geht es wenig später zur **Ermita Virgen del Pino.** Die kleine „Kapelle der Jungfrau von der Kiefer" steht im Schatten eines knorrigen, über 500 Jahre alten Baumes. Weit reicht der Blick über grüne Fluren zum Meer.

Wanderer rüsten sich hier für den schweißtreibenden Aufstieg auf die Cumbre (⇨ Wanderung 5), weniger Aktive nutzen das schöne Plätzchen für ein Picknick. Just an der Kiefer, heißt es, sei die Madonna kurz nach der Conquista einem zweifelnden Ureinwohner erschienen, um ihn von der Kraft des Christentums zu überzeugen. Flugs wurde Maria ein Kirchlein gebaut, an dem noch heute alle drei Jahre, jeweils Ende August, das zweitgrößte Inselfest gefeiert wird (⇨ „Südwesten, El Paso").

Camping

●**Camping Caldera de Taburiente,** Playa de Taburiente, Tel. 922497277, Fax 922497081. Auf der Campingfläche mitten in der Caldera kann man im Sommer und an Feiertagen zwei, sonst bis zu sechs Tage kostenlos übernachten, neuerdings stehen auch sanitäre Anlagen bereit (aber kein Toilettenpapier!). Die schriftliche Erlaubnis erhält man im *Centro de Visitantes Parque Nacional* (Besucherzentrum), drei Kilometer östlich von El Paso (⇨ „Südwesten"). Da es in der Caldera keine Verpflegungsmöglichkeiten gibt, muss Proviant mitgebracht werden. Der Platz für max. 100 Personen ist nur zu Fuß erreichbar.

Unterkunft

●**Casa El Pinar/Casa Don Roberto** €€€, Calle La Valencia s/n, Municipio El Paso, buchbar über *Katja Schuhmacher* und *Steffen Heinze,* El Lomo Felipe 3, Tijarafe, Tel. 922 408077, www.lascasascanarias.com. Das feudale, 60.000 Quadratmeter große Anwesen von *Señor Capote*, dem einstigen Besitzer der Tabakfabrik von El Paso, liegt abgeschirmt in einem Kiefernwald und wird von Hunden bewacht. Die Casa El Pinar, in der sechs Personen Urlaub machen können, ist mit Zentralheizung ausgestattet und verfügt über einen Wohnraum mit Kamin, drei Schlafzimmer und drei Bäder, Hallenbad und Tennishartplatz.

Urig ist die benachbarte Casa *Don Roberto,* eine aus Naturstein erbaute „Jagdhütte". Sie verfügt über einen Riesenkamin im Wohnzimmer, drei Schlafräume (für max. fünf Personen), eine Küche, zwei Bäder und Terrassen. Von der Straße nach La Cumbrecita links abbiegen in Richtung Valencia, dann über eine Pistenzufahrt rechts.

Los Brecitos

Eine schmale, zwölf Kilometer lange Asphaltstraße führt von Los Llanos zum Aussichtspunkt Los Brecitos, wo sich ein imposanter Ausblick in die Caldera bietet: ringsum steile Felswände und auf dem Kesselgrund Kiefernwald, aus dem monolithartig graue Felsnadeln aufragen. Am Aussichtspunkt startet die klassische Caldera-Tour zur Campingzone Playa de Taburiente (s.o.) – wer am Ziel übernachten will, benötigt eine im Besucherzentrum des Nationalparks ausgestellte Genehmigung (⇨Wanderung 2).

Die Höhenstraße entlang der Caldera

Ein weiterer interessanter Zugang zur Caldera bietet sich über die nördliche Höhenstraße (LP 1032), die Santa Cruz mit Santo Domingo verbindet. Die „Traumstraße" La Palmas ist breit und bestens asphaltiert, sie schraubt sich in vielen Serpentinen zum Dach der Insel empor. Die Straße wurde 1985 eigens angelegt, um den größten **Parabolspiegel** der Welt auf den Roque de los Muchachos zu bringen – nicht die winzigste Erschütterung sollte das millionenschwere Instrument in Gefahr bringen.

Zunächst führt die Straße durch stillen, oft wolkenverhangenen Kiefernwald. Etwa bei Km. 24 zweigt eine anfangs asphaltierte, dann aber extrem holprige Piste zum zwei Kilometer entfernten **Pico de la Nieve** (Schneegipfel) ab, mit weitem Blick in die Caldera hinunter. Bald darauf lichtet sich der Wald und macht Heide- und Ginsterbüschen Platz. Im späten Frühjahr sind die Hänge in ein gelbes Farbenmeer getaucht, und es duftet nach Honig. Nun jagt schon bald eine wunderbare Aussicht die nächste.

Ein Halt lohnt vor allem an der **Degollada de los Franceses** (Km. 32) und am **Mirador de los Andenes** (Km. 33). Beide Aussichtspunkte sind durch einen Pfad verbunden, der an der **Pared de Roberto** vorbeiführt, einem durch Verwitterung freigelegten, vulkanischen Gang, der immer wieder berauschende Ausblicke in den Kessel gewährt. Man braucht für diese „Schnuppertour" nur eine knappe Stunde; danach geht es in noch einmal zehn Minuten auf der Straße zum Ausgangspunkt zurück (⇨Wanderung 14).

Die „rote Wand" am Caldera-Rand

Faszinierend ist auch der Blick vom höchsten Punkt der Insel, dem 2426 Meter hohen **Roque de los Muchachos,** zu dem eine knapp vier Kilometer lange Stichstraße durchs Gelände der Sternwarte hinaufführt. Das Auto kann auf einem Parkplatz abgestellt werden. Vom Wachhäuschen des Nationalparks führt ein kurzer, steingepflasterter Weg an den Felsnadeln des Gipfels vorbei zu einem ausgesetzten Mirador: Oft sieht man Wolken, die wie eine weiß brodelnde Suppe in alle „Ritzen" der Caldera drängen, während über ihr der Himmel strahlend blau leuchtet (⇨Wanderung 15).

Blick ins Universum – auf dem Roque de los Muchachos

Wer sich auf über 2000 Metern dem höchsten Punkt der Insel, dem Roque de los Muchachos, nähert, reibt sich die Augen: Inmitten einer wild-herben, mit Krüppelsträuchern bewachsenen Hochebene sieht man weiße Kuppeln und Stahltürme, dazwischen bienenstockartige Antennenkästen und einen Landeplatz für Hubschrauber. Tafeln in englischer Sprache warnen davor, das Gelände zu betreten – Futurismus pur, ein Szenario wie aus einem Science-Fiction-Film.

1985 haben sich sieben europäische Länder zusammengetan, um die Bewegungen der Himmelskörper und die Struktur des Universums zu erforschen. Doch warum hat man ausgerechnet La Palma als Standort für das astrophysische Observatorium gewählt? „Um ein Teleskop ab einer bestimmten Größe optimal nutzen zu können, bedarf es eines absolut dunklen Himmels", so *Arne Whyller,* einer der Leiter des **Observatorio Astrofísico** auf dem Roque de los Muchachos. Tatsächlich bietet die abgelegene Atlantikinsel ideale Voraussetzungen für die Installation einer der wichtigsten Sternwarten der Welt. Der höchste Punkt La Palmas (2426 Meter) liegt in einer ruhigen Luftschicht oberhalb der Wolkendecke in absolut sauberer Atmosphäre. Nachts ist der Himmel pechschwarz, weder flirrende Skylines noch beleuchtete Autobahnen stören die „Sternengucker". Damit sich daran auch im Zeitalter des Tourismus nichts ändert, hat der spanische Staat 1999 eigens für das Observatorium ein „Gesetz gegen die Lichtverschmutzung" verabschiedet.

Übersichtskarte S. 314

El Pilar

Folgt man der Straße vom Besucherzentrum in El Paso 2,8 Kilometer in Richtung Santa Cruz, zweigt rechts eine schmale Straße ab. Durch Wald und Lavafelder führt sie zum 1450 Meter hoch gelegenen **Freizeit- und Picknickplatz** El Pilar. Holzbänke laden zur Rast ein, für Kinder gibt es einen Abenteuerspielplatz. In einer ausgewiesenen **Campingzone** darf gezeltet werden (maximal 300 Personen). Die Erlaubnis holt man sich bei der Umweltbehörde von La Palma (⇨Kurzinfo Santa Cruz). An warmen Wochenenden scheint hier halb La Palma versammelt zu sein, von der Großmutter bis zum Urenkel finden sich ganze

Die Einrichtung eines Besucherzentrums ist geplant, doch bis es so weit ist, kann die Sternwarte nur im Sommer an ausgewählten „Tagen der offenen Tür" besichtigt werden (Führungen auch deutschsprachig). Die aktuellen Termine erfährt man bei der Touristeninformation.

Observatorio Astrofísico – ein europäisches Großprojekt

Großfamilien zur Fiesta ein. Werktags dagegen ist nicht viel los, nur eine Handvoll Besucher startet zu Touren entlang der Cumbre (⇨Wanderungen 6 und 7). Einige zieht es auch nordwärts über die Cumbre Nueva (Wetterscheide) zur Ermita Virgen del Pino oder übers Aschefeld Llano del Jable nach El Paso (⇨Wanderung 5).

Besucher-zentrum Über **Wandermöglichkeiten** in der Cumbre informiert ein Besucherzentrum. Schautafeln und Multimedia-Installationen erläutern geologische und biologische Besonderheiten auf der „Route der Vulkane". Man erfährt, dass La Palma vor ca. 2 Mio. Jahren über den Meeresspiegel hinauswuchs und

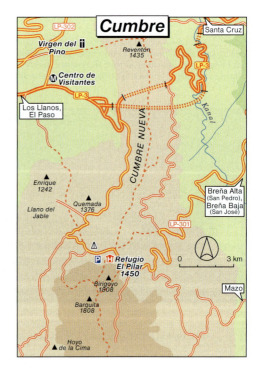

EL PILAR

die Cumbre Vieja aus jüngerer, schnell fließender Lava besteht. Ausgestellt werden Steine, die „vom Innern der Erde" erzählen, dazu Bilder der „fliegenden Reliquie", einer Taubenart, die nur auf den Atlantikinseln überlebt hat. Ein Raum ist den Schäfern gewidmet, die seit der Besiedlung der Insel mit ihren Herden über die Höhenzüge wanderten. Seit das Gebiet unter Naturschutz gestellt ist, dürfen hier keine Tiere mehr weiden, würden sie doch keine Rücksicht nehmen auf seltene, vom Aussterben bedrohte Pflanzen.

Ein 1,5 km langer, mit Schaupulten ausgestatteter **Naturlehrpfad** *(sendero autoguiado)*, startet hinter dem Haus und führt erst durch Kiefernwald, dann den Berg Montaña de la Venta hinauf und über eine Ebene zum Ausgangspunkt zurück. Pilzfreunde folgen dem *sendero micológico* und erfahren, wo Reizker, Erd- und Rötelritterling wachsen.

● **Centro de Visitantes,** geöffnet tgl. 9–16 Uhr.

Picknick in El Pilar

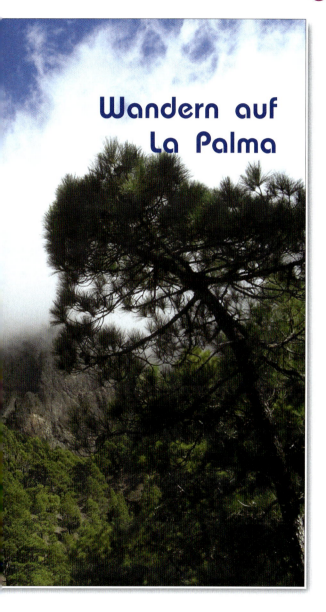

Wandern auf La Palma

Praktische Tipps

„Erholen könnt ihr euch woanders": So hieß es jüngst in einem Zeitungsbericht über La Palma. Nur zum Relaxen ist die Kanareninsel viel zu schade, warten doch im Inselinneren grandiose Landschaften darauf, entdeckt zu werden. Die Palette reicht von dschungelhaftem Lorbeerwald bis zu Vulkankegeln und -kratern, von subtropisch grünen Tälern bis zu alpinem Hochgebirge. Landschaftlicher Höhepunkt ist der riesige, von einem Bach durchflossene Erosionskrater Caldera de Taburiente, heute ein Nationalpark.

Wegenetz Wanderer können sich freuen: La Palma hat ein die ganze Insel überspannendes Netz von Wanderwegen (Karte kostenlos erhältlich bei der Touristeninformation). An allen kritischen Punkten sind **Wegweiser** aufgestellt, **farbliche Markierungen** erleichtern die Orientierung. Drei Arten von Wanderwegen werden unterschieden (jeweils zwei Großbuchstaben plus Zahl):

1. **GR** oder große Wanderrouten, auf denen man länger als einen Tag unterwegs ist (rot). Der **GR 130** zieht sich rund um die Insel knapp oberhalb der Küste; er überwindet keine großen Höhenunterschiede, führt aber über etliche Straßenkilometer (6 Tage à 7–8 Std. Gehzeit). Der **GR 131** verbindet die Vulkan- mit der Gipfelroute: Er startet in Puerto de Tazacorte im Inselwesten und folgt dem Höhenzug rings um den Erosionskrater Caldera de Taburiente, knickt dann südwärts ein und verläuft längs des Inselrückgrats bis zur Südspitze der Insel (3 Tage à 8 Std. Gehzeit). Unterwegs kann man in Herbergen übernachten (⇨Unterkunft).

2. **PR** oder kleine Wanderrouten, die man an einem Tag schaffen kann (gelb). Eingerichtet wurden 19 Haupt- und 23 Nebenrouten.

Vorhergehende Seite: Am Fuß der Caldera (Wanderung 1)

3. **SL** oder lokale Wanderrouten, die weniger als 10 km lang sind (grün). Sie verbinden die übergeordneten Wanderwege miteinander oder bieten die Möglichkeit, einen kleinen Spaziergang zu unternehmen.

> **Vorbildliche Homepage:** Unter www.senderosdela palma.com findet man alle markierten Wege (mit deutschem Text), die man mit Google Earth virtuell „ablaufen" kann!

Beste Wanderzeit

Auf La Palma kann das ganze Jahr über gewandert werden. Doch die beste Zeit ist das **Frühjahr**, wenn die Pflanzen in voller Blüte stehen und das Wetter meist stabil ist. Die Tage sind länger als im Winter, sodass man sich nicht sputen muss, um rechtzeitig vor Anbruch der Dunkelheit „zu Hause" zu sein. Wer im Sommer wandert, sollte in den heißen Mittagsstunden eine Siesta unter einem schattigen Baum einlegen und den Rückweg auf die kühleren Nachmittagsstunden verschieben.

Im Winter, wenn die meisten Urlauber nach La Palma kommen, ist das Wetter am launischsten. Da gibt es schon mal stürmische und verregnete Tage, in der Gipfelregion kann es sogar schneien. Ein Blick auf die Wetterkarte im Regionalfernsehen (Stichwort: *prognóstico del tiempo*) verrät, welche Region man sich für den folgenden Tag vornehmen sollte. Als Faustregel gilt: Kommt der Wind von Nordost, wandert man auf der Westseite, steht er mal auf Süd oder West, kann man frei von Passatwolken die Ostseite erkunden.

Ausgangspunkte

Mehrere der 20 vorgestellten Wanderungen starten unmittelbar in den Urlaubsorten: so Touren 3, 4 und 5 in El Paso, Tour 8 in Los Canarios und Tour 12 in Puntagorda. Oft sind freilich längere Anfahrtswege nötig, um zum Startpunkt einer Tour zu kommen. Wo es einen Busanschluss gibt, wurde dies angegeben (Fahrplan im Anhang); manchmal aber, so bei sämtlichen Caldera-Touren, ist die Anfahrt per Mietauto oder Taxi unerlässlich. Die Anfahrt zur Vulkanroute (Wanderung 7) organisiert man am besten mittels „Car-Sharing": An einem Tag wird das erste Grüppchen zum Ausgangspunkt gefahren und am Ziel zum verabredeten Zeitpunkt abgeholt, am folgenden Tag werden die Rollen getauscht.

Gehzeiten Die bei den folgenden Tourenbeschreibungen angegebenen Zeiten verstehen sich als reine Gehzeiten – ohne Rast und Fotopause und mit nur wenig Gepäck! Bedenken Sie bitte, dass jeder Wanderer sein eigenes persönliches Lauftempo entwickelt, die Zeit im Buch dient deshalb nur zur Orientierung!

Ausrüstung Wichtig sind feste, gut eingelaufene Schuhe mit griffiger Sohle und über den Knöchel reichendem Schaft, außerdem eine strapazierfähige Hose, im Winter auch ein warmer Pullover und Regenschutz. In den Rucksack gehören Wasser und Proviant, sofern es unterwegs keine Einkehrmöglichkeit gibt, natürlich auch eine Sonnencreme mit hohem Lichtschutzfaktor. Für Wanderung 19 ist eine Taschenlampe erforderlich.

Jagd Das Schild „caza controlada" weist darauf hin, dass in dem betreffenden Gebiet **von August bis November an Sonn- und Feiertagen** „kontrolliert" gejagt werden darf. In den Gemeinden Ma-

---

Im Notfall

In einer Notsituation ist die Zentrale für alle Notfälle unter **Tel. 112** zu erreichen (auch auf Deutsch). Das Rote Kreuz hat die Telefonnummer 922461000, die Berg- und Seerettung verständigt man unter Tel. 922411024.

zo und Fuencaliente will man die Jagdsaison sogar bis Februar ausdehnen, um, wie es heißt, „den Weinanbau zu schützen". Zwar hat es auf La Palma bisher noch nie einen Jagdunfall mit touristischer Beteiligung gegeben; dennoch sollten Wanderer an den genannten Tagen eine gewisse Vorsicht walten lassen und nur dort entlang laufen, wo das Jagen nicht gestattet ist.

Gefahren Fast jedes Jahr kommt es auf La Palma zu Unfällen, weil Urlauber die Ausmaße der Caldera unterschätzen. Bleiben Sie bitte stets auf den beschriebenen bzw. ausgeschilderten Pfaden! Die steilwandigen Schluchten erweisen sich abseits der Wege als tückisch, unter einer Vertrauen erweckenden Pflanzendecke kann sich beispielsweise **bröckeliges Terrain** verbergen. Ein plötzlicher Wetterumschwung ist im Hochgebirge nicht selten. Nach starkem Regen drohen **Erdrutsch und Steinschlag,** Bäche können sich in reißende Wildwasser verwandeln. Planen Sie die Wanderung immer so, dass Sie noch vor Einbruch der Dunkelheit in die Ortschaft bzw. zum Auto oder zur Bushaltestelle zurückkehren. Es ist ratsam, Bekannte über die vorgesehene Route und die voraussichtliche Dauer der Wanderung zu informieren.

Praktische Tipps

Karten In Informationsbüros bekommt man die Karte „Red de Senderos de La Palma" mit einem Überblick über das offiziell markierte Wegenetz. Die beste deutsche Karte zum Wandern bietet *freytag & berndt* (Maßstab 1:30.000). Eine GPS-taugliche Karte auf reißfestem Kunststoffpapier im Maßstab 1:50.000 erschien bei REISE KNOW-HOW („La Palma, Gomera, El Hierro", world mapping project).

Organisierte Touren

Buchung per Katalog Anbieter von Wanderurlaub sind die bekannten großen Reiseveranstalter (*TUI, Jahn-Reisen, NUR* etc.), aber auch kleine, aufs Wandern spezialisierte Unternehmen (www.wikinger.de, www.trekking reisen.de). Achten Sie stets darauf, dass die Wandergruppen klein sind, ansonsten beginnt unterwegs die Qual des ewigen Wartens oder Hinterherlaufens.

- **Hauser Exkursionen GmbH,** Marienstr. 17, 80331 München, Tel. 089-2350060, Fax 2913714.
- **Wikinger Reisen,** Kölner Str. 20, 58135 Hagen, Tel. 02331-904742, Fax 904704, www.wikinger.de.
- **Activida Tours,** Am Beerholz 4, 65510 Idstein, Tel. 06126-581818, Fax 581820.
- **Gomera Trekking Tours,** Sandstr. 1a, 90443 Nürnberg, Tel. 0911-20787, www.trekkingreisen.de.

Buchung vor Ort

Im Osten:
- **Natour Trekking – Senderos Canarios,** Los Cancajos, Tel. 922433001, www.lpqp.com/senderos-canarios.
- **Naturarte,** La Sabina 86 (LP-206), Tel. 922428242, www.wandernauflapalma.com.

Im Süden:
- **Ekalis,** Carretera Las Indias 51 Bajo (bei Los Canarios), Tel./Fax 922444517, www.ekalis.com.

Im Westen:
- **Bike Station La Palma,** Puerto Naos, Av. Cruz Roja Local 3, Tel./Fax 922408355, www.bike-station.de.
- **Graja-Tours,** Los Llanos, Tel. 922107536, www.wandern-auf-la-palma.de.

Die 20 schönsten Wanderungen

Wanderung 1: Panoramaweg am Kraterrand

Spaziergang um La Cumbrecita

- **Charakter:** Eine bequeme Tour auf markiertem, gut ausgebautem Weg. Man läuft am Rand der Caldera entlang, mit eindrucksvollem Blick in den bewaldeten, tiefen Kessel.
- **Ausgangs- und Endpunkt:** Passhöhe La Cumbrecita
- **Länge:** 3 km
- **Dauer:** 1 Std.
- **Höhenunterschied:** je 50 m im An- und Abstieg
- **Anfahrt:** Die Anfahrt ist nur möglich via Besucherzentrum, 3 km östlich von El Paso (Buslinie 1 Santa Cruz – Los Llanos). Dort holt man sich eine „Eintrittsnummer" und biegt in die Straße nach La Cumbrecita ein: Sie endet nach 6,7 km an einem Parkplatz mit Info-Stand.
- **Hinweis:** An der ersten Weggabelung (ausgeschildert: „zona de acampada") können Wanderer, sofern sie erfahren, absolut trittsicher und schwindelfrei sind, auf dem schmalen, in die Steilwand geschlagenen Pfad zur Campingzone auf dem Grund der Caldera (auch Zielpunkt von Wanderung 2) hinabsteigen. Über den Zustand des Weges, der die Nummer PR LP 13.1 trägt, gibt das Info-Häuschen Auskunft.

Der Weg startet am Informationshäuschen am Parkplatz des Aussichtspunktes **La Cumbrecita** (1287 Meter). Wir folgen ihm in nördlicher Richtung, schwenken an der Gabelung nach knapp 100 Metern links ein und durchqueren lichten Kiefernwald. An der Gabelung fünf Minuten später folgen wir dem nach links ausgeschilderten Weg in Richtung „Mirador Los Roques". Wenig später ist eine Kreuzung erreicht: Unterhalb des Weges weist ein Schild zum „Lomo de las Chozas", dem

WANDERUNG 1

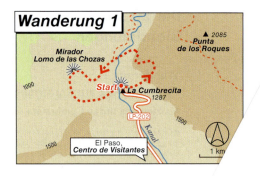

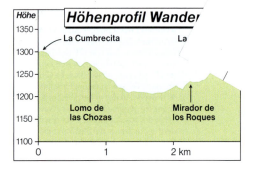

nächsten Etappenziel; rechts geht es zur „Ermita del Pino" und einer „Zona de acampada". Zuvor aber lohnt ein kurzer Abstecher zum **Mirador de los Roques** mit einem prachtvollen Blick in die Caldera (15 Min.).

Wir kehren zur Kreuzung zurück und halten uns rechts. Der Weg quert zwei Seitenschluchten auf kleinen Brücken und mündet schließlich in eine

Erdpiste, in die wir rechts einbiegen. Sie geleitet uns zum **Mirador Lomo de las Chozas,** einen gesicherten, hoch über der Caldera „schwebenden" Aussichtsbalkon (45 Min.). Besonders von der unteren, über Treppen erreichbaren Plattform ist der Ausblick einfach fantastisch. Nach gebührendem Aufenthalt geht es zur Piste zurück. Vorbei an Lehrtafeln zu Geologie und Flora erreichen wir **La Cumbrecita,** den Start- und Endpunkt der Tour (1 Std.).

Wanderung 2:
Klassische Tour ins Herz der Caldera

Runde von Los Brecitos zum Barranco de las Angustias

- **Charakter:** Auf gut ausgebautem Weg mit federndem Nadelpolster geht es durch Kiefernwald zum Grund der Caldera hinab, wo ein Gebirgsbach Erfrischung bietet. Der Rückweg durch den Barranco de las Angustias („Schlucht der Ängste") ist bei schlechtem Wetter nicht zu empfehlen. Die geröllige Klamm wirkt eng und düster, an einigen Stellen ist Trittsicherheit erforderlich.
- **Ausgangspunkt:** Los Brecitos
- **Zwischenziel:** Camping Caldera
- **Endpunkt:** Parkplatz im Barranco de las Angustias
- **Länge:** 11 km
- **Dauer:** 5:30 Std.
- **Höhenunterschied:** 800 m im Abstieg
- **Einkehr:** Mit schriftlicher Erlaubnis der Nationalparkverwaltung kann man auf dem Campingpatz im Calderagrund kostenlos übernachten.
- **Anfahrt:** In Los Llanos auf der Calle Dr. Fleming in Richtung Norden, an ihrem Ende erst rechts, dann sogleich wieder links, vorbei am Friedhof und über eine große Kreuzung. Am Ende der Straße hält man sich rechts und erreicht nach 4 km einen Parkplatz im Barranco de las Angustias. Hier steigt man in ein Jeep-Taxi um (tgl. 9–12 Uhr, 10 € p.P.!!!), das Wanderer zum Startpunkt der Tour nach Los Brecitos bringt.
- **Hinweis:** Diese Tour ist identisch mit dem gelb markierten Cabildo-Weg PR LP 13!

Der Weg ab **Los Brecitos** ist ausgeschildert („Zona de acampada"). Er führt am Fuße der Caldera-Steilwand entlang, passiert lichten Kiefernwald und durchquert Seitentäler auf Holzbrücken. Am **Mirador del Lomo del Tagasaste** genießt man erstmals einen Blick in den weiten Kessel, aus dem der verwitterte Roque Idafe aufragt (40 Min.). Nach

Übersichtskarte S. 304   **WANDERUNG 2** 327

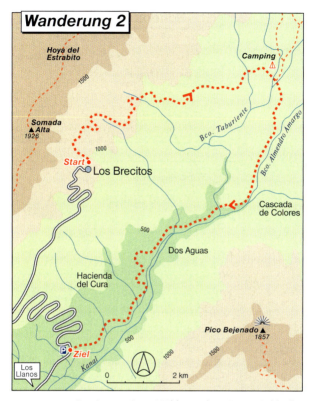

Passieren einer Höhle und weiterer Schluchteinschnitte gelangt man zu einer Tafel der Nationalparkdirektion, wo man den links abzweigenden Weg ignoriert und geradeaus weitergeht. Kurz darauf ist die **Playa de Taburiente** erreicht (1:45 Std.). Der gleichnamige Wildbach ist eingerahmt von Weidengebüsch und in viele Seitenarme verzweigt. Besonders schön präsentiert er sich gut 500 Meter flussabwärts, wo es sich in kleinen „Wannen" wunderbar baden lässt: ein romantisches Idyll inmitten zerklüfteter Felslandschaft.

Die **Zona de acampada** (Campingfläche) und das **Centro de servicios** (Info-Stelle des National-

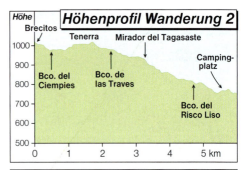

parks mit sanitären Anlagen) befinden sich an der Ostseite des Flüsschens. Wer die Nacht nicht hier verbringen will, tritt nach einer Picknickpause den Rückweg über den Barranco de las Angustias („Schlucht der Ängste") an. Dieser ist zwar in allen Partien gut ausgeschildert, stellt aber doch erhebliche Anforderungen an die Trittsicherheit. Der Pfad verläuft anfangs oberhalb des Bachs, passiert den Aussichtspunkt **Somada del Palo** und schlängelt sich dann zur Wegstelle **Cuesta del Reventón** hinab. An der folgenden Gabelung ignorieren wir den schwierigen, mit „Atajo" (Abkürzung) gekennzeichneten Pfad und halten uns rechts, beide Wege führen wenig später wieder zusammen. Wir passieren eine als **Cruce de Barrancos** markierte Stelle, den Zusammenfluss zweier Bäche (3:15 Std.).

Übersichtskarte S. 304

WANDERUNG 2

Rio de la Caldera

Abstecher: Durch den ostwärts abzweigenden, geröllübersäten Barranco del Limonero, der seinen Namen einer dunkelgelben Verfärbung verdankt, gelangt man zum spektakulärsten Punkt der Caldera, der **Cascada Colorada.** Der „bunte Wasserfall" ergießt sich über eine knallrote Steinwand in die Tiefe – ein herrlicher Anblick (hin und zurück 25 Min.).

Zurück zum Hauptweg: Vom Zusammenfluss der Barrancos geht es weiter talabwärts. Ein Kreuz erinnert an das Unwetter von 2001, als an dieser Stelle Sturzwasser zwei Touristen in den Tod riss. Wenig später gelangen wir zur Staumauer **Dos Aguas** (Zwei Gewässer), wo der von rechts kommende Río de Taburiente in den Río del Almendro Amargo mündet. Wir lassen die Staumauer links liegen und wandern an der rechten Flanke der Schlucht abwärts. Wo auf der gegenüberliegenden Barrancoseite eine Ruine zu sehen ist, geht es ins Bachbett hinab. Kurz nachdem wir unter einem Wasserrohr hindurchgeschritten sind, biegt links ein Pfad ab, der um einen Engpass des Barranco herumführt. Ein paar Minuten später führt er in die Schlucht zurück, die wir bald darauf vor einem großen, rötlichen Felsbrocken noch einmal nach links verlassen. An der nächsten Gabelung halten wir uns rechts und steigen erneut ins Barranco-Bett hinab, um dann auf einem steingepflasterten, ausgeschilderten Weg auf die rechte Seite der Schlucht emporzusteigen.

Der Weg führt oberhalb eines zweiten Wasserstollens vorbei und passiert ein Steinhaus, das nach der hiesigen Anhöhe **Morro de la Era** benannt ist (4:30 Std.). Danach geht es wieder ins Bachbett hinab, ein weiteres Ausweichmanöver nach links ist fünf Minuten später angesagt (Schild: „Barranco de las Angustias"). Wir durchqueren in der Folge noch einige Male das Bachbett und gelangen schließlich auf eine Piste, der wir nach links zum **Parkplatz** in der „Schlucht der Ängste" folgen (5:30 Std.).

Wanderung 3: Prähispanische Felszeichnungen

Von El Paso nach La Fajana

- **Charakter:** Spaziergang durch eine bäuerliche Kulturlandschaft zu geheimnisvollen, altkanarischen Felsgravuren.
- **Ausgangs- und Endpunkt:** Plaza im Ortszentrum von El Paso
- **Länge:** 3 km (hin und zurück)
- **Dauer:** 1 Std.
- **Höhenunterschied:** 50 m im An- und Abstieg
- **Einkehr:** Bars und Restaurants in El Paso
- **Anfahrt:** Startpunkt ist die Plaza im Ortszentrum von El Paso (Buslinie 1 Santa Cruz – Los Llanos); am Supermarkt San Martín gute Parkmöglichkeit.

Von der **Plaza** folgt man der Avenida José Antonio in nördlicher Richtung und biegt links in die Calle Juan Pérez Capote ein. Etwa nach 400 Metern, an den letzten Häusern von El Paso, endet der Asphalt. Es geht geradeaus weiter auf einem breiten und von Mauern eingefassten, teilweise schottrigen Weg. Dieser führt in knapp zehn Minuten zu einem **Haus mit Palme** oberhalb des Barranco-Grunds. Vor dem Haus geht es rechts hinauf; von den Stufen am Eingang sind es genau 50 Meter bis zu einer Weggabelung, an der man links einbiegt. Nach weiteren 150 Metern steht man vor der durch Gitter geschützten Felswand von **La Fajana**, die übersät ist mit spiralförmigen Bildern (30 Min.).

Wer Lust hat, eine weitere Fundstelle in Augenschein zu nehmen, geht zum Haus mit Palme zurück und folgt dem Barranco-Grund links aufwärts. Nach fünf Minuten quert man ein Wasserrohr und geht dann noch gut 50 Meter weiter bis zu einer Absperrung. Schautafeln geben Erklärungen zu den hoch oben an der Felswand einge-

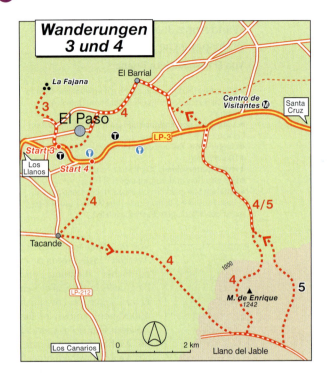

kerbten Zeichen. Sie mögen, so erfährt man, zur Markierung von Hirtenwegen und der Begrenzung von Weidegründen gedient haben, vielleicht aber verweisen sie auch auf magisch-religiöse Praktiken, die Regen herbeibeschwören sollten. Auf dem vom Hinweg bereits bekannten Weg geht es zur **Plaza** von El Paso, dem Ausgangspunkt der Tour, zurück (1 Std.).

Wanderung 4:
Wiesen, Pferdekoppeln, Aschefelder

Runde von El Paso über Llano del Jable

- **Ausgangs- und Endpunkt:** El Paso
- **Charakter:** Die abwechslungsreiche Tour führt über Mandelbaumfelder, dann durch Kiefernwald hinauf in eine schwarze Lavawüste. Eine insgesamt leichte Wanderung auf Pisten und Wegen, doch aufgrund des langen Anstiegs etwas beschwerlich.
- **Länge:** ca. 12 km
- **Dauer:** 4:15 Std.
- **Höhenunterschied:** 600 m im Aufstieg, 600 m im Abstieg
- **Anfahrt:** Die Tour startet, wo der Camino de la Era von der Hauptstraße LP-2 abzweigt (zwischen alter Tabakfabrik und Bushaltestelle), d.h. 800 m östlich des an der zentralen Ortskreuzung von El Paso gelegenen Supermarkts (Buslinie 1 Santa Cruz – Los Llanos).
- **Hinweis:** Diese Tour ist im ersten Teil weitgehend identisch mit dem grün markierten Cabildo-Weg SL EP 101, im zweiten Teil mit dem gelben PR LP 14!

Wir biegen in die Straße **Camino de la Era** ein und lassen die wenig attraktiven Häuser rasch hinter uns. Nach 1,2 Kilometern (ca. 15 Min.) schwenken wir hinter einem vergitterten Gebäude (ehem. Schule, Haus Nr. 29) links ein, um nach 100 m abermals links in die Calle Cuesta de la Juliana abzubiegen. Mauern aus Vulkangestein säumen die Straße, dahinter erstrecken sich romantische, durch Steinmauern abgeteilte Fluren mit Mandelbäumen; Pferde grasen auf Koppeln – Landleben par excellence! Nach 1,3 Kilometern gabelt sich die Straße, und der Asphalt endet (40 Min.). Wir halten uns rechts, folgen dem grün markierten SL EP 101 „Llanos del Jable/Refugio del Pilar/El Paso" und gehen an der Zufahrt zu einem Steinhaus vorbei. Wo der Kiefernwald be-

WANDERUNG 4

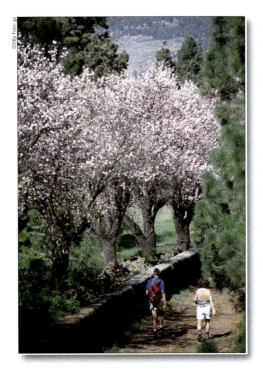

ginnt, schwenkt der Weg nach links, und es beginnt ein schweißtreibender, gut einstündiger Aufstieg. Von links mündet eine Piste in unseren Weg, der sich 50 Meter weiter gabelt: Wir wandern geradeaus aufwärts und halten uns nach weiteren 5 Min. an der Kreuzung links.

Nach insgesamt zwei Stunden erreichen wir **Llano del Jable:** wörtlich übersetzt „Sandebene", in Wirklichkeit eine bizarre Aschewüste am Fuße des Pico Birigoyo. Wir folgen der Piste in die Welt der schwarzen Lava und folgen an einem **Markie-**

Entlang einer Mandelbaumallee – Abstieg nach El Paso

rungspfosten dem ausgeschilderten Weg nach El Paso. Er führt uns im Uhrzeigersinn um den vor uns liegenden bewaldeten Hügel herum (Montaña de Enrique), eine Schranke hindert wenig später Jeeps an der Weiterfahrt (2:30 Std.). Wir passieren die Schranke, lassen eine Minute später den zu einem Haus führenden Rechtsabzweig unbeachtet und folgen dem Fahrweg in eine Mulde mit Obstbäumen hinab. Dort halten wir uns rechts und folgen einem breiten, bergab führenden Weg, der sich nach zehn Minuten kurzzeitig verengt. Kurz darauf überqueren wir eine erste Kreuzung, an der zweiten, zwei Minuten später, gehen wir halblinks auf einem nun gelb markierten Weg abwärts (2:45 Std.).

Die gelbe Markierung (= Cabildo-Weg PR LP 14) bleibt für uns fortan richtungsweisend, unser Weg ist jetzt identisch mit Wanderung 5. Nach drei Minuten stößt unser Weg auf eine Piste. Wir folgen ihr nach rechts, um schon nach wenigen Schritten abermals in den gelb markierten Weg (links) einzuschwenken. Eine Minute danach biegen wir ein weiteres Mal in die Piste ein, die sich kurze Zeit später in eine schmale Asphaltstraße verwandelt. Diese verlassen wir nach 30 Metern auf einem rechts abzweigenden, von Seitenmäuerchen flankierten Weg. Nach gut fünf Minuten überqueren wir die Straße, und es geht etwas steiler bergab. Nach weiteren zehn Minuten mündet der Weg in die Straße, der wir geradeaus – vorbei an einer weiträumig umzäunten Waldvilla – folgen. Nach 600 Metern auf Asphalt erscheint ein von der Naturschutzbehörde aufgestelltes Schild („Entra Usted en un espacio protegido"), an dem links, halblinks und geradeaus Pisten weiterführen. Wir folgen der mittleren, mit Mandelbäumen gesäumten Piste bergab, ignorieren zwei Abzweigungen nach links und stoßen nach 500 Metern auf die schmale Calle Las Moraditas; sie bringt uns nach 600 Metern an vereinzelten Häusern und Gehöften vorbei zur **Carretera General LP-2** (3:30 Std.).

Wir kreuzen die Straße und folgen der Calle El Pilar, um nach gut 500 Metern rechts in die Calle Ugranfir einzubiegen. Wir ignorieren eine links abzweigende Straße und biegen nach 400 Metern links in die alte Dorfstraße Calle La Rosa ein, die von restaurierten Gehöften gesäumt ist. Wir ignorieren alle Abzweigungen und erblicken nach gut 15 Minuten (1,1 km) zur Rechten die beliebte Pension La Tienda am „Großen Kreuz" (Cruz Grande), das eine wichtige Station auf dem Prozessionsweg markiert. Hier halten wir uns links, gehen auf der Calle General Mola 300 Meter hinab und biegen links in die Calle Ismael González y González ein. Nach 300 Metern schwenken wir erneut nach links, nach weiteren 100 Metern nach rechts: Wir befinden uns nun auf der Calle Fátima A, die nach 200 Metern am Startpunkt der Tour in die Hauptstraße im **Zentrum von El Paso** einmündet (4:15 Std.).

Auch bei Mountainbikern beliebt:
die Aschewüste von El Jable

Wanderung 5:
Pilgerpfad zur Wetterscheide

Runde von der Ermita über den Picknickplatz El Pilar

- **Charakter:** Über einen Königsweg geht es steil hinauf zum Kamm der Cumbre Nueva. Danach bummelt man auf staubiger, aber „aussichtsreicher" Forstpiste zum Picknickplatz El Pilar und läuft über jungvulkanische Hänge zurück nach El Paso. Aufgrund der Länge eine etwas mühsame Tour; in den Aschefeldern von Llano del Jable kurzzeitig weglos, Orientierungssinn ist erforderlich.
- **Ausgangs- und Endpunkt:** Kapelle Virgen del Pino bei El Paso
- **Länge:** ca. 16 km
- **Dauer:** 6 Std.
- **Höhenunterschied:** ca. 750 m im An- und Abstieg
- **Anfahrt:** Startpunkt ist die Ermita Virgen del Pino bei El Paso. Am Besucherzentrum an der Straße Santa Cruz – Los Llanos (bis hier mit Buslinie 1) biegt man in die nach La Cumbrecita ausgeschilderte Straße ein. An der Gabelung nach 900 m hält man sich rechts und folgt der Straße 1,2 km bis zur Kapelle (dort Parkplatz).
- **Hinweis:** Diese Tour ist im ersten Teil identisch mit dem gelb markierten Cabildo-Weg PR LP 1, auf dem Pass mit dem roten GR 131 und ab El Pilar mit dem gelben PR LP 14! Wer die Tour abkürzen will, bittet am Picknickplatz El Pilar einen der dort parkenden Autofahrer um einen Lift nach El Paso.

Hinter der **Ermita Virgen del Pino,** einer schmucken Kapelle im Schatten einer mächtigen Kiefer, steht eine Informationstafel des Nationalparks, an der unser Weg startet (PR LP 1, gelb). Parallel zu einer Mauer steigt er durch Kiefernwald an. An einer Gabelung geht es geradeaus, der steingepflasterte Camino schraubt sich in steilen Kehren zum Bergkamm empor.

Am 1430 Meter hohen **Reventón-Pass** angelangt (1 Std.), hält man sich rechts und folgt der mit „Refugio El Pilar" ausgeschilderten Forstpiste

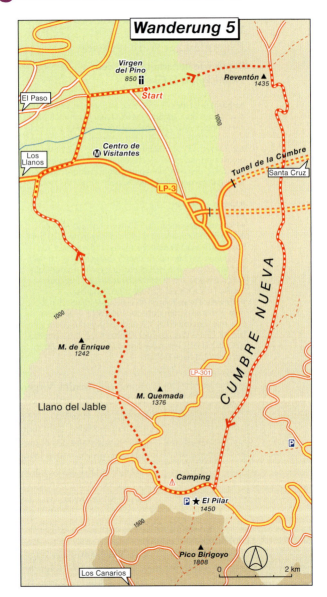

südwärts (GR 131, rot). Sie führt stets am Kamm entlang und ist kaum befahren. Zeitweise schwappen Passatwolken über die Cumbre, und man spaziert durch Nebel. Nach ca. 30 Minuten passiert man die Funkmasten des Reventón (1435 m), ein Abzweig zur Fuente (Quelle) wird ignoriert – stets läuft man weiter auf Piste. Nach mäßigem Auf und Ab wird schließlich die von Las Breñas nach El Paso heraufführende Straße erreicht, der man nach rechts zum **Picknickplatz El Pilar** folgt (3:30 Std.).

Zur Linken liegt das Besucherzentrum, wo die Vulkanroute startet (vgl. Wanderung 6/7), wir aber folgen der Straße weitere knapp 50 m und dann dem gelb-weiß markierten Weg PR LP 14, der rechts über die Campingfläche führt. Nach 15 Min. stößt er zum Rand der Aschewüste Llano del Jable vor, nach weiteren 5 Min. quert er die Straße. Nach wieder 5 Min. gelangen wir zu einer Sandpiste, die uns links in wenigen Minuten zu einem **Markierungspfosten** am Fuß der kahlen Montaña Quemada bringt. Geradeaus geht es auf dem grünen SL EP 101 nach Tacande (vgl. Wanderung 4), wir aber halten uns rechts und folgen der Ausschilderung nach El Paso (PR LP 14). Wenige Minuten später verlassen wir die Lavaebene und betreten Kiefernwald, nun immer der gelben Markierung folgend, mal auf Fahrweg, mal auf schmalerem Pfad, der die Kehren des Fahrwegs abkürzt. Für die Dauer von 45 Minuten ist unser Weg identisch mit Wanderung 4, über Pfade und Pisten erreichen wir die **Carretera General LP-2** (5:15 Std., dort gibt es auch eine Bushaltestelle). Wer zum Auto an der Ermita zurückkehren muss, hält sich an der LP-2 rechts und erreicht nach 400 Metern das Besucherzentrum. Der Weg von dort zur **Ermita** ist bereits von der Anfahrt her vertraut.

Wanderung 6:
Erloschener Feuerberg

Runde von El Pilar zum Pico Birigoyo

●**Charakter:** Eine gegensätzliche Tour: Erst durch Kiefernwald, dann über Aschehänge geht es zum aussichtsreichen Gipfel eines Vulkans hinauf. Sie ist problemlos und verläuft überwiegend auf gut ausgebauten Wegen, ist nur aufgrund des Höhenunterschieds etwas anstrengend. Auf dem Rückweg erfordern kurze Passagen auf geröllichem Grund Trittsicherheit. Vorsicht auch auf der Kammhöhe bei Sturm!
●**Ausgangs- und Endpunkt:** Picknickplatz El Pilar
●**Länge:** 5,5 km
●**Dauer:** 2:30 Std.
●**Höhenunterschied:** 420 m im An- und Abstieg
●**Anfahrt:** Der Startpunkt der Tour, der Picknickplatz El Pilar, liegt am höchsten Punkt der Passstraße zwischen den Cumbres und ist nur mit dem Auto erreichbar. Von El Paso kommend am Besucherzentrum vorbei und 3 km dahinter, also noch vor dem Tunnel, rechts in die Straße nach El Pilar einbiegen.

Hinter dem Besucherzentrum von El Pilar folgt man dem mit „Ruta de los Volcanes" (GR-131) ausgeschilderten Weg durch lichten Kiefernwald bergauf. Sieben Minuten später lässt man einen links abzweigenden Weg unbeachtet und geht stattdessen scharf rechts weiter bergan. Nach weiteren vier Minuten bietet ein halbrund **gemauerter Aussichtspunkt** einen weiten Blick auf den Gebirgszug der Cumbre Nueva.

Nach weiteren zehn Minuten ignoriert man den links abzweigenden, zum Pico Birigoyo ausgeschilderten Weg (nicht zu empfehlen, empfindlich steil!). Der Wald beginnt sich zu lichten, und unser Weg führt entlang der aschebedeckten Westflanke des Birigoyo. Er mündet in eine Schotterpiste

(35 Min.), der man links hinauf in Richtung Los Canarios folgt. Nach 15 Minuten ist eine markante **Gabelung** (50 Min.) erreicht: Rechts geht es mit dem GR 131 auf der „Ruta de los Volcanes" nach Los Canarios, wir aber halten uns links und folgen dem Pfeil Richtung Birigoyo. Drei Minuten später, an einer breiten Schneise, geht es auf einem links abzweigenden, wieder mit Birigoyo ausgeschilderten Pfad steil im Zickzack den Hang hinauf. Oben auf der **Montaña Barquita** erholt man sich

Pause vor dem Aufstieg auf den Pico Birigoyo

in einer windgeschützten Ruine von den Strapazen des Aufstiegs und genießt den Ausblick in den Krater (1:10 Std.).

Anschließend geht es auf einem breiten Weg weiter, nun entgegen dem Uhrzeigersinn am Kamm des Vulkans entlang. Zur Rechten ergeben sich schöne Ausblicke über die sanft gewellte Berglandschaft, vor uns erhebt sich der kahle, rötlich schimmernde Pico Birigoyo. Nach gut fünf Minuten, an einer Einsattelung mit Steinmännchen, gabelt sich der Weg. Wir gehen geradeaus und ersteigen die vor uns aufragende Wand des Pico Birigoyo. Am Kamm angelangt, folgen wir einem besser ausgebauten Weg entgegen dem Uhrzeigersinn am Kraterrand entlang. Wir genießen herrliche Ausblicke und erreichen schließlich den **Gipfel des Pico Birigoyo** (1808 Meter, 1:45 Std.).

Von der Vermessungssäule am Gipfel folgt man einem Pfad über Geröll den Hang hinab – immer in Richtung Nordost bis hin zu dichtem Kiefernwald und einer breiten, nordwärts ausgerichteten Forstschneise. Kurz bevor diese die Straße vom Picknickplatz nach Breña Alta erreicht, schwenken wir links in einen Pfad ein, der uns in wenigen Minuten zu der vom Hinweg bekannten Schutzhütte am Rastplatz **El Pilar** zurückführt (2:30 Std.).

Wanderung 7:
Spektakuläre Vulkanroute
Von El Pilar nach Los Canarios

- **Charakter:** Ein Klassiker unter den La-Palma-Touren. Durch eine bizarre Vulkanlandschaft mit über 100 Kratern und Kegeln geht es über den Inselkamm zur Südspitze. Die Tour verläuft auf ausgebautem Weg, Lava und Piste – gut markiert, aber aufgrund der Länge anstrengend und nur bei beständigem Wetter zu empfehlen.
- **Ausgangspunkt:** Picknickplatz El Pilar
- **Endpunkt:** Los Canarios
- **Länge:** 18 km
- **Dauer:** 6:15 Std.
- **Höhenunterschied:** 530 im Anstieg, 1250 m im Abstieg
- **Anfahrt:** wie Wanderung 6; vom Endpunkt Los Canarios zurück nach Los Llanos bzw. Santa Cruz mit Buslinie 3. Ideal ist es, sich zum Startpunkt bringen und vom Endpunkt abholen zu lassen. Oder man fährt mit dem Auto zum Start und lässt sich vom Endpunkt mit dem Taxi nach El Pilar zurückbefördern (30–35 €). Billiger wird's, wenn man vom Endpunkt mit dem Bus nach Los Llanos fährt und dort ein Taxi nimmt.
- **Hinweis:** Diese Tour ist identisch mit dem rot markierten Cabildo-Weg GR 131.

Die ersten 45 Minuten ab dem **Picknickplatz El Pilar** sind mit Wanderung 6 identisch. Wir gelangen zur Piste, folgen ihr nach links, verlassen sie aber nach 15 Minuten auf einem rechts abzweigenden, von Seitenmäuerchen flankierten und mit dem Schild „Ruta de los Volcanes/Los Canarios" markierten Weg. Bald führt er in engen Kehren zu einer Kreuzung hinauf, an der es geradeaus weitergeht – Steinmäuerchen erleichtern auch im weiteren Verlauf die Orientierung. Wir überqueren eine Holzbrücke, ignorieren zwei links abzweigende Wege und gehen links am Krater **Hoyo**

Negro (Infotafel, 1:30 Std.) vorbei – eine „Schwarze Grube", die zuletzt 1949 beim Vulkanausbruch des San Juan glühende Lava spie. Die Route GR 131 führt anschließend rechts um den Krater **Duraznero** herum, wo sich der Weg gabelt und zum höchsten Punkt der Tour hinaufführt: Der rechte führt auf den **Deseada II** (1937 Meter), der linke, etwas längere zum **Deseada I** (1949 Meter). Beide Gipfel bieten tolle Aussicht über die halbe Insel. Kurze Zeit darauf vereinen sich die Wege, die Tour setzt sich problemlos fort.

Bald erscheint der vegetationslose, rot schimmernde **Volcán Martín,** an dem sich der Weg verzweigt: Links führt ein Pfad in den Krater hinunter, geradeaus in zehn Minuten zum 1602 Meter hohen Gipfel. Unser Weg führt rechts hinab zu einem Sattel zwischen dem Vulkan und der Anhöhe Hoya de la Manteca. Über geröllige Lavahänge geht es in Südwestrichtung weiter, wobei ein rechts zur Quelle Fuente El Tíon führender Weg unbeachtet bleibt. Wenige Gehminuten später stoßen wir auf eine Pistenkreuzung, halten uns geradeaus und lassen uns über den langen, bequemen Fahrweg hinuntertreiben nach **Los Canarios.**

Auf der Vulkanroute

Wanderung 8:
Durch Kiefernwald auf die Cumbre Vieja

Von Los Canarios zum Vulkan Martín

●**Charakter:** Die problemlose, aber aufgrund des Höhenunterschieds anstrengende Tour führt auf Pisten durch Kiefernwald und später auf Wegen durch Lavafelder. Ziel ist der Vulkan Martín, der sich zuletzt 1646 aus dem Schoß der Erde erhob und den Inselsüden mit seinem glühenden Strom überzog.
●**Ausgangs- und Endpunkt:** Kirche in Los Canarios
●**Länge:** 19 km (hin und zurück)
●**Dauer:** 5:45 Std.
●**Höhenunterschied:** 900 m im An- und Abstieg
●**Einkehr:** Nahe dem Fußballplatz wurden eine Camping- und Picknickzone eingerichtet.
●**Anfahrt:** Startpunkt ist die Dorfkirche von Los Canarios, erreichbar ab Los Llanos und Santa Cruz mit Buslinie 3.
●**Hinweis:** Diese Tour ist identisch mit dem rot markierten Cabildo-Weg GR 131. Sofern der Zustand der Waldpiste es zulässt, kann man das Anfangsstück bis hin zur „Verzweigung" (Wanderzeit 1:45 Std.) mit Auto zurücklegen – man hat dann mehr Zeit für den attraktiveren Teil der Tour.

Von der Dorfkirche in **Los Canarios** geht man 70 Meter nach rechts und biegt links in das Asphaltsträßchen ein. Bereits nach 100 Metern verlässt man es auf einer links abzweigenden (inzwischen asphaltierten) Forstpiste, die am Rand eines Kiefernwalds aufwärts führt. Nach 2 Min. biegen wir rechts in den GR 131 ein und kürzen so eine lange Pistenkurve ab. Wo der Weg wieder in die Piste mündet, folgen wir ihr aufwärts, verlassen sie aber schon nach 200 m nach rechts (ausgeschildert GR 131 Refugio El Pilar). Nach ein paar Minuten schwenken wir links in den zur „Pino Santo Domingo" ausgeschilderten Weg ein. Nach 200 Metern ist eine stattliche **Kiefer** erreicht (20 Min.) – der Heiligenschrein in ihrem ausgehöhlten Stamm ist an jedem zweiten Augustsonntag Ziel einer Wallfahrt.

Rechts vom Baum verläuft unser Weg an einer Steinmauer entlang, bevor er wieder in die Piste einmündet. Wir folgen ihr nach links, passieren ein Betonhaus und halten uns an der nächsten Gabelung in Richtung „MUP Fuencaliente/Llano de los Cestos". Eine Tafel zeigt an, dass wir uns im Naturschutzgebiet Cumbre Vieja befinden (30 Min.). Wir gehen im Uhrzeigersinn am Berg Montaña de los Arroboles vorbei und ignorieren eine rechts abzweigende Piste. Wenig später genießen wir einen ersten Ausblick aufs Meer.

Nach 500 Metern folgt man der Ausschilderung links in Richtung „El Paso, Los Faros, El Tíon" (1 Std.), an der Gabelung nach weiteren 1,8 Kilometern rechts in Richtung „El Paso". Nach 500 Metern erreicht man erneut eine große **Verzweigung** (1:45 Std.): Rechts heißt es „Pista sin salida", links – zwischen Bäumen versteckt – „El Tíon, Los Faros, El Paso". Wir entscheiden uns für keine der beiden Pisten, sondern steigen zwischen ihnen auf dem mit „Ruta de los volcanes" ausgeschilderten Weg hinauf.

Wir überqueren eine Kreuzung (links geht's zur Quelle Fuente del Tíon) und sehen rechts den Berg Pelada und vor uns den rötlich schimmernden Volcán Martín. An der nächsten Gabelung halten wir uns links und ignorieren wenig später einen von rechts einmündenden Pfad (auf dem man später den Rückweg variieren kann: im Uhrzeigersinn um den Pelada). Hinauf geht's zur Passhöhe am Westhang des Vulkans. Es folgt die nun schon vertraute Sequenz Sattel-Mulde-Tal-Sattel und zum Abschluss – über seine Nordflanke – die Ersteigung des 1492 Meter hohen **Volcán Martín,** von dem sich eine fantastische Aussicht über den Inselsüden bietet (3 Std.). Zurück geht es auf dem bekannten Weg – nun bergab und etwas schneller, **Los Canarios** erreicht man nach 5:45 Std.

Wanderung 9:
Entlang einer Klippe zum Meer

Abstieg nach Puerto de Tazacorte

●**Charakter:** Leichte Tour erst auf Piste, dann auf einem „Paradeweg", der sich im Zickzack durch die Steilwand des Barranco windet. Man genießt einen herrlichen Ausblick aufs Meer – wer allerdings schwindelanfällig ist, könnte Probleme haben. Zum Schluss erfrischt man sich in den Fluten oder stärkt sich mit Fisch in einem der Lokale.
●**Ausgangspunkt:** Mirador El Time
●**Endpunkt:** Puerto de Tazacorte
●**Länge:** 3 km
●**Dauer:** 1:10 Std.
●**Höhenunterschied:** ca. 550 m im Abstieg
●**Einkehr:** Am Mirador und in Puerto de Tazacorte
●**Anfahrt:** Startpunkt ist der Mirador El Time an der Straße Los Llanos – Santo Domingo (Buslinie 2). Vom Endpunkt Puerto de Tazacorte kommt man mit Linie 2 nach Los Llanos.
●**Hinweis:** Diese Tour ist identisch mit dem rot markierten GR 131 (Ruta de la Crestería).

Vom **Mirador El Time** folgt man einer schmalen, steilen Straße (GR 131)abwärts. Nach ca. zehn Minuten geht sie in einen Weg über, der zu einer Bananenplantage führt: Man geht rechts um sie herum und sieht an ihrem Nordrand eine Straße, zu der man absteigt. Dort hält man sich links und geht an von üppigem Grün eingefassten Villen vorbei. An der folgenden Plantage gabelt sich die Straße: Wir halten uns links und gelangen nach knapp 200 Metern zu einer ehemaligen **Bananenverpackungsstation,** wo die Straße endet. Rechts geht es auf einem Weg weiter, der sogleich einen ersten tollen Ausblick auf die Küste bietet. Wie mit der Axt abgehauen stürzt die **Felswand** lotrecht in die Tiefe – weit unten liegen die Häuser von Puer-

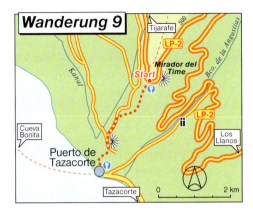

to de Tazacorte. Wenig später präsentiert sich unser Camino als klassischer Königsweg: tragtierbreit, steingepflastert und mit Seitenmäuerchen gestützt, schraubt er sich in unzähligen Kehren in die Tiefe. In **Puerto de Tazacorte** angekommen, führt er zwischen Restaurants zur Promenade.

Wanderung 10: Durch Mandelhaine zum Wachturm

Von El Jesús zum Torre del Time

- **Charakter:** Durch verwilderte Fluren und kleine Weiler geht es auf Piste oder steil angelegtem Königsweg in die Bergwelt hinauf. Der grandiose Ausblick vom Feuerwachturm Torre del Time entschädigt für die Mühen des Aufstiegs: Der Blick reicht von der „Schlucht der Ängste" (Barranco de las Angustias) über die Caldera bis zum Aridane-Tal. Besonders schön ist die Wanderung Ende Januar, wenn die Mandelbäume blühen!
- **Ausgangs- und Endpunkt:** El Jesús bei Tijarafe (LP-1 Km. 88)
- **Länge:** 10 km (hin und zurück)
- **Dauer:** 5 Std.
- **Höhenunterschied:** 550 m im An- und Abstieg
- **Anfahrt:** Startpunkt ist das Bushäuschen im Weiler El Jesús, einem Vorort von Tijarafe (Buslinie 2).
- **Hinweis:** Alternativ zur hier beschriebenen Tour gibt es eine Cabildo-Variante (PR LP 10 La Traviesa).

Zwischen dem Bushäuschen von **El Jesús** und einem in den Fels eingelassenen Altar folgen wir einer Betonpiste hinauf. Sie führt an einigen Häusern vorbei und mündet nach wenigen Minuten in eine Straße, in die wir rechts einbiegen. Nach 1,1 Kilometern auf Asphalt passieren wir ein Steinhaus mit vergitterter Tür. 100 Meter weiter, gegenüber Haus Nr. 2, zweigt links neben einem Bündel von Wasserrohren ein Trampelpfad ab, der nach 50 Metern in einen steingepflasterten Königsweg übergeht. Von Seitenmauern flankiert führt er an verwitterten Steinhäusern vorbei steil bergauf. Nach zehn Minuten stößt er auf die Straße, der wir gut 50 Meter nach rechts folgen, um alsdann links in einen betonierten Fahrweg einzubiegen (Hinweisschild: „Casas").

Nach 300 Metern passieren wir Haus Nr. 52, die **Casa El Pinar** (45 Min.), wo der Beton wieder dem alten Steinbelag weicht. An der Gabelung, eine Minute später, geht es geradeaus auf einem steingepflasterten Weg weiter. Dieser stößt nach weiteren zwei Minuten auf eine Asphaltstraße. (Achtung: Kurz vor Einmündung in die Straße geht der Cabildo-Weg zum Torre del Time rechts ab!) Wir aber folgen der Straße 30 Meter rechts hinauf, um nun in den als „La Traviesa/PR LP 10 Llano de la Cruz – Briestas" ausgeschilderten Weg einzuschwenken. Nach drei Minuten achte man auf einen Durchbruch in der Natursteinmauer. Hier geht man über Stufen rechts hinauf, quert die Straße (Schild „Nr. 60") und steigt – vorübergehend auf Beton – weiter bergan. Nach zehn Minuten quert der Weg eine Forstpiste; steil und steinig geht es nun in lichten **Kiefernwald** hinein.

Der Weg kreuzt noch mehrfach die Forstpiste, beim fünften Mal biegen wir rechts in sie ein und folgen 50 Meter weiter an der Gabelung dem al-

Übersichtskarte S. 268 **WANDERUNG 10**

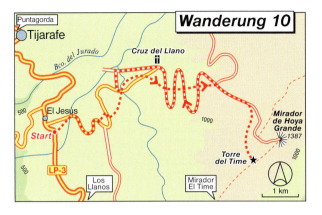

ten Hinweisschild zum „Time". Durch Kiefernwald geht es nun höhehaltend auf der breiten Forstpiste weiter, alle Links- und Rechtsabzweige werden ignoriert. Schließlich ist der Feuerwachturm **Torre del Time** (2:30 Std.) erreicht, von dessen Plattform sich ein grandioser Ausblick bietet.

Rückweg 1: Zur Abwechslung lässt man sich geruhsam auf der Richtung El Jesús ausgeschilderten Piste hinabtreiben. Nach einer Stunde gemächlichen Abstiegs gelangt man zur Gabelung **Cruz del Llano** (3:30 Std.) mit zwei dekorierten Heiligenschreinen. Auf der steilen, geradeaus weisenden Asphaltstraße (SL TJ 71) geht es 400 Meter hinab, dann biegt man links ein, um nach 50 Metern wieder rechts einzuschwenken. 600 Meter weiter (50 Meter vor dem Abzweig „Casas") verlässt man die breite Asphaltstraße, um auf dem vom Hinweg bekannten Camino nach **El Jesús** hinunterzulaufen (5 Std.).

Rückweg 2: Alternativ kann man vom Torre del Time auf dem rot markierten Cabildo-Weg GR 131 in einer Stunde zum Mirador El Time absteigen (auf der Karte gestrichelt) und von dort mit Bus nach El Jesús zurückfahren.

Wanderung 11:
Zur Schmugglerbucht

Von Tijarafe zum Porís de Candelaria

- **Charakter:** In vielen Kehren schraubt sich die Betonpiste steil zur Küste hinab. Wer ein Mietauto hat, kann sich die Tortur dieses Wegs getrost ersparen. Da es unterwegs keinen Schatten gibt, sollten Wanderer vormittags starten und den schweißtreibenden Aufstieg auf den späten Nachmittag verlegen. Die Bucht empfiehlt sich für ein Picknick, Badekleidung nicht vergessen!
- **Ausgangs- und Endpunkt:** Tijarafe
- **Länge:** 8 km (hin und zurück)
- **Dauer:** 4:30 Std.
- **Höhenunterschied:** 650 m im Ab- und Anstieg
- **Anfahrt:** Mit Buslinie 2 kommt man von Los Llanos nach Tijarafe.

In **Tijarafe** folgt man der Calle La Molina abwärts. Nach 700 Metern (Parkfläche) wird die Piste sehr steil, nach vielen Spitzkehren geht ihr Asphalt- in einen Betonbelag über: Links liegt der Kiesstrand Playa del Jurado, wir aber halten

uns rechts („Cueva de la Candelaria/Tijarafe"). Kurz vor dem Abstieg in die Bucht zweigt rechts der Camino PR LP 12.2 ab, den wir uns für den Rückweg vormerken. Auf einem befestigten Klippenpfad geht es zur Bucht **Porís de Candelaria** hinab (2 Std.). Dies ist einer der spektakulärsten Flecken auf La Palma: Unter einem gigantischen Felsüberhang ducken sich Hütten, wie durch ein Nadelöhr schäumt das Meer in die Bucht.

Rückweg: Nach Verlassen der Bucht biegen wir links in den Camino PR LP 12.2 ein, der 40 Min. steil aufwärts führt, dann nach rechts auf einen Bergrücken einschwenkt. Nach weiteren 20 Min. verlässt er ihn nach links, quert 15 Min. später eine Piste und nach wieder 5 Min. einen weiteren Fahrweg, um schließlich in ein Betonsträßchen einzumünden. 5 Min. danach, wo diese in eine Querstraße mündet, geht es auf rot-weißem Weg geradeaus weiter. Dieser knickt rechts ein und führt zu einer Straße, die uns zur LP-1 bringt – das Ortszentrum von Tijarafe liegt zur Rechten (4.30 Std.).

In der Piraten**bucht**

Wanderung 12:
Stilles Mittelgebirge

Von Puntagorda zum Gasthof Briestas

- **Charakter:** Gemütliche Tour längs bewaldeter, tief eingeschnittener Schluchten; im Februar blühen viele Mandelbäume, auf Weinterrassen gedeiht herber Rotwein. Der als „Camino Traviesa" ausgeschilderte Weg kreuzt mehrfach die asphaltierte Pista del Cabildo (LP-10), verläuft aber vorwiegend auf breiten, bequemen Wegen.
- **Ausgangspunkt:** Camino de la Rosa bei Puntagorda
- **Endpunkt:** Kiosco Briestas
- **Länge:** 8 km
- **Dauer:** 3 Std.
- **Höhenunterschied:** 500 m im Anstieg, 100 m im Abstieg
- **Einkehr:** Im Centro de la Naturaleza de la Rosa kann man zelten oder in Holzhütten übernachten. Der Gasthof in Briestas ist in der Regel dienstags geschlossen.
- **Anfahrt:** Startpunkt ist der gut 1 km nördlich von Puntagorda (Km. 76) abzweigende Camino de la Rosa (Buslinie 2 Los Llanos – Santo Domingo). Autos können an der Straße in Ausbuchtungen parken. Im Gasthof am Ziel der Wanderung sollte man Touristen fragen, ob man mit ihnen in Richtung Puntagorda zurückfahren kann; ansonsten muss man ein Taxi rufen oder den gleichen Weg zurücklaufen – kein Busanschluss!
- **Hinweis:** Hinweis: Der vorgestellte Weg ist identisch mit dem gelb markierten PR-LP 11 La Traviesa (später PR-LP 10).

Am **Holzschild** „Camino de la Rosa" verlassen wir die Straße und folgen einer Piste zum Haus Nr. 4 (*Centro de la Naturaleza de la Rosa*). Wir lassen es rechts liegen und steigen auf einem mit Steinen gepflasterten Weg bergauf (PR LP 11 Camino de la Rosa/Traviesa – Roque de los Muchachos). Drei Minuten später, wenn abermals das Holzschild „Camino de la Rosa" erscheint, mündet der Weg (s. Hinweis) wieder in die Piste.

Übersichtskarte S. 268 **WANDERUNG 12** 355

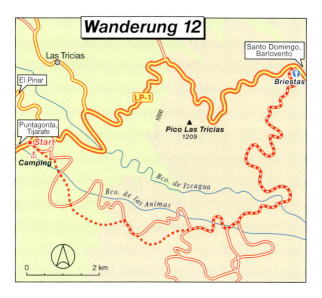

Wir halten uns rechts, ignorieren den breiten, rechts abzweigenden Weg, um nur ein paar Meter weiter in einen schmaleren, steingepflasterten Camino rechts einzuschwenken. Auch dieser steil aufwärts führende Weg war bei meiner letzten Tour kaum wiederzuerkennen: von Baggern aufgerissen und stark verbreitert. Erst oberhalb des neuen Wasserreservoirs blieben die Wege unversehrt, und die Wanderung wird zum Vergnügen.

Verlaufen kann man sich nicht: Man folge stets dem gelb markierten Camino de La Rosa (PR LP 11) und schwenke an der zentralen Weggabelung links ein auf den gleichfalls gelben Camino „La Traviesa" (PR LP 10). Nach insgesamt 2:15 Std. wird der Barranco Izcagua auf einer Brücke überquert, ein Schild markiert die Gemeindegrenze. Wir passieren eine von Weinfeldern gesäumte Hausgruppe (2:35 Std.); nach weiteren 1,5 km erwarten uns im Gasthof von **Briestas** Kaminfeuer und ein heißer *potaje de trigo* (Weizeneintopf).

Wanderung 13:
Drachenbäume und Felshöhlen

Von Las Tricias zu den Cuevas de Buracas

- **Charakter:** Über weite Strecken leichte Wanderung durch eine wild-paradiesische Schlucht mit stetem Blick aufs Meer. Am Ziel erwarten den Wanderer Drachenbäume und altkanarische Wohnhöhlen.
- **Ausgangs- und Endpunkt:** Las Tricias
- **Länge:** 6 km (hin und zurück)
- **Dauer:** 2:30 Std.
- **Höhenunterschied:** 300 m im An- und Abstieg
- **Einkehr:** Bio-Café in Buracas
- **Anfahrt:** Startpunkt ist die Dorfkirche von Las Tricias (Buslinie 2); nahe der Kirche ist es möglich, das Auto zu parken.
- **Hinweis:** Die Tour ist weitgehend identisch mit dem rot markierten GR 130, weicht aber vom Naturlehrpfad „Las Tricias – Buracas" stellenweise ab!

Vom Kirchplatz in **Las Tricias** folgt man der Straße in Richtung Santo Domingo. Nach einem Kilometer verengt sie sich; 100 Meter weiter, an einem Haus mit schönem Holzbalkon, führt halblinks ein holpriger Fahrweg hinab, dem wir 200 (zuletzt links einknickend und aufwärts führend) Meter folgen. Wir stoßen auf eine asphaltierte Straße, in die wir rechts einbiegen. Nach 100 Metern passieren wir das Haus einer Señora, die Wanderern gern Mandeln verkauft, nach weiteren 100 Metern die Casa Blanca (links). Einige Schritte weiter, kurz hinter der Rechtskurve, verlassen wir die Straße links auf einem rot-weiß markierten Pfad, der sogleich rechts einschwenkt. An einem herrlichen Drachenbaum vorbei geht es abwärts, man quert eine Asphaltpiste, zwei Minuten später eine Erdpiste. Achtung: Der Weg führt nach Querung der Erdpiste links (!) vorbei am dort postierten turmartigen Bau. Nach zwei Minuten ignorieren wir den rechts nach Santo Domingo abzweigenden Weg, über den wir später zurückkommen werden. Immer wieder sehen wir herrliche Drachenbaum-Exemplare; einzelne Steinhäuser werden von Aussteigern bewohnt. Der Weg führt rechts um eine Felskuppe herum in die nördlich angrenzende Schlucht, wo Frau *Frohmut* Wanderern in ihrem improvisierten Café (Abstecher nach links, meist ab 13 Uhr) Saft, Käse und Salat verkauft. Danach folgt man dem Weg Richtung Santo Domingo und sieht drei Minuten später zur Rechten die bekannteste der **Cuevas de Buracas** (1 Std.): Unter einer weit geöffneten Höhlenwand entdeckt man von den Altkanariern in den Fels geritzte Spiralen und Kreise. Es geht jetzt für kurze Zeit stärker bergauf. Nach Passieren eines Hauses mit kleinem Windrad (links) verlassen wir den Hauptweg auf einem scharf rechts abzweigenden Pfad (Zeichen „X"), laufen am Hang entlang und queren einen Seitenbarranco. Der Weg steigt an und führt zu der vom Hinweg bekannten Gabelung, an der wir uns links halten. Wir queren Erd- und Asphaltpiste (s.o.) und kehren nach **Las Tricias** zurück (2:30 Std.).

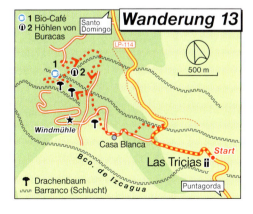

Wanderung 14:
Alpintrip zur Sternwarte

Von der Degollada de los Franceses zum Roque de los Muchachos

- **Charakter:** Leichte Tour auf gut ausgebautem Weg; nur an einigen, wenigen Stellen ist Schwindelfreiheit erforderlich.
- **Ausgangs- und Endpunkt:** Aussichtspunkt Degollada de los Franceses
- **Länge:** ca. 6 km (hin und zurück)
- **Dauer:** 2:45 Std.
- **Höhenunterschied:** ca. 250 m im An- und Abstieg
- **Anfahrt:** Auf der Höhenstraße, die Santa Cruz mit Hoya Grande im Nordwesten verbindet, verkehren keine öffentlichen Busse, man ist deshalb auf ein Mietauto angewiesen. Der Startpunkt der Tour, die Degollada de los Franceses an der LP-4 befindet sich bei Km. 32, wo man das Auto in einer Ausbuchtung parken kann.
- **Hinweis:** Die hier vorgestellte Tour ist identisch mit einem Abschnitt des rot markierten GR 131. Rasche Wetterumschwünge sind in dieser Region an der Tagesordnung, darum empfiehlt es sich, Pullover und Regenschutz mitzunehmen.

Vom geländergesicherten Aussichtspunkt **Degollada de los Franceses** folgt man dem ausgeschilderten Weg (GR 131) in Richtung Roque de los Muchachos. Nach starkem Regen können die ersten Meter auf der rötlichen, bröckeligen Lava etwas ausgewaschen sein, doch in der Regel stellt der Weg kein Problem dar. Nach fünf Minuten passiert man die **Pared de Roberto,** die „Wand des Roberto": eine äußerst schmale, in der Mitte aufgerissene Felswand, die wie eine für den Wanderer geöffnete Tür anmutet. Nur 50 Meter weiter lohnt ein Abstecher auf einem links absteigenden Pfad zu einem ockerfarbenen, gleichfalls mit bizarren Felsblöcken gespickten Plateau – atem-

 *Übersichtskarte S. 304*

beraubend ist von dort der Blick in den bewaldeten, von erstarrten Lavaströmen durchzogenen Kessel. Nach der nächsten Wegbiegung springt bereits das Ziel der Wanderung ins Auge: das Observatorium mit seinen Sternwarten; von dieser Stelle aus sind drei von ihnen sichtbar.

Nach relativ kurzem Abstieg geht es bald wieder leicht aufwärts: Man passiert erneut eine grandiose Felswand und erreicht den Caldera-Kamm mit einer **Gabelung** (40 Min.): Wer nur Lust auf eine Kurzwanderung hat, geht rechts auf den **Mirador de los Andenes** zu, steigt kurz davor über einen Pfad zur Höhenstraße hinab und folgt dieser 900 Meter nach rechts zum Ausgangspunkt an der Degollada de los Franceses. Die Hauptroute aber setzt sich an der besagten Gabelung links fort, wo nach 50 Metern ein Richtungsschild auf den Roque de los Muchachos verweist.

Der Weg orientiert sich am Kammverlauf, zur Rechten befinden sich das von Briten betriebene **Isaac-Newton-Teleskop** und, etwas weiter oben, das kleinere **Jacob-Kapteyn-Teleskop.** Wir ignorieren den Fahrweg zum Observatorium und halten uns links, kommen vorbei an dem von Schwe-

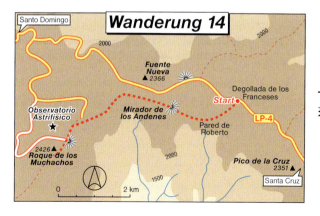

den installierten **Sonnenbeobachtungsturm Royac** und staunen über mehr als zwei Dutzend übers Gelände verstreute „Bienenkörbe", Teil des von Deutschen geleiteten **HEGRA-Projekts.** Das Kürzel steht für „High Energy Gamma Ray Array": der Versuch, über computergesteuerte Messgeräte kosmische Strahlung zu analysieren.

Kurzzeitig geht es zu einer Einsattelung hinab, vorbei am **Nordischen Optischen Teleskop** (NOT). Der Weg bleibt am Rande der Caldera, nähert sich dann der Straße und mündet schließlich in den Parkplatz auf dem 2426 Meter hohen **Roque de los Muchachos** (1:30 Std.). Von der Informationsstelle des Nationalparks führt ein kurzer, steingepflasterter Weg zu einem Aussichtspunkt, wo sich ein letzter grandioser Ausblick in den Kessel bietet.

Rote Hänge und eine zerbrochene Wand

Der **Rückweg** ist identisch mit dem Hinweg. Am Mirador de los Andenes lässt sich, wie bereits erwähnt, die Wanderung abkürzen, indem man frühzeitig zur Höhenstraße hinabsteigt und rechts auf Asphalt zur Degollada de los Franceses zurückläuft.

Variante Rückweg: Wer nicht auf gleichem Weg zurückgehen will, geht mit Wanderung 15 südwestwärts weiter zum Aussichtsgipfel Somada Alta. Der bestens ausgeschilderte Weg GR 131 setzt sich über den Torre del Time (hier Anschluss an Wanderung 10) und den Mirador del Time (hier Anschluss an Wanderung 9) bis Puerto de Tazacorte fort (Dauer: 6 Std.).

La Pared de Roberto – die geheimnisvolle Wand

Älteren Palmeros gilt die „Wand des Roberto" als unheimlich, beharrlich weigern sie sich, durch sie hindurchzugehen. Die schmale Felswand in der Nähe des Roque de los Muchachos mit ihrer türähnlichen Öffnung sei vom Teufel persönlich errichtet worden, erzählen sie, um die Liebe zweier Menschen zu zerstören. Die Legende berichtet, dass *Roberto*, ein schöner, kraftvoller Mann aus Mazo, täglich quer über die Insel nach Tijarafe geeilt sei – und dies nur, um seine Geliebte zu sehen! Dass zwei Menschen einander so zugetan waren, brachte den Teufel in Rage. Also beschloss er, *Roberto* ein Hindernis in den Weg zu legen.

Als dieser wieder einmal über die Insel hastete, türmte sich nahe dem Roque de los Muchachos plötzlich eine unüberwindbare Wand vor ihm auf. Mit aller Kraft stemmte er sich gegen sie – bis sie zerbrach. Doch war er von der Anstrengung so erschöpft, dass er sich nicht halten konnte und taumelnd in den Talkessel stürzte. Die junge Frau, die schon voller Unruhe war, lief ihm entgegen – auf einem Felsvorsprung nahe dem Roque de los Muchachos sah sie ihn liegen. Kurzentschlossen sprang sie in die Tiefe – und fand neben *Roberto* den Tod. Der Teufel aber rieb sich zufrieden die Hände: wieder zwei Menschen weniger, die noch an die Liebe geglaubt hatten …

Wanderung 15:
Windgepeitschte Höhensteppe

Vom Roque de los Muchachos zur Somada Alta

- **Charakter:** Leichte Bergtour auf einem gut ausgebauten Weg am Westkamm der Caldera, allerdings mit beträchtlichem Höhenunterschied.
- **Ausgangs- und Endpunkt:** Roque de los Muchachos
- **Länge:** 10 km (hin und zurück)
- **Dauer:** 5 Std.
- **Höhenunterschied:** 600 m im An- und Abstieg
- **Anfahrt:** Startpunkt der Tour ist der Parkplatz auf dem Gipfelplateau des Roque de los Muchachos, erreichbar über eine 3,8 km lange Stichstraße, die bei Hoya Grande von der Höhenstraße LP-4 abzweigt (kein Busanschluss).
- **Hinweis:** Die Tour ist identisch mit einem Abschnitt des rot markierten GR 131.

Vom **Parkplatz** gehen wir die Straße hinab, vorbei an zwei futuristischen **Observatorien.** Nach 800 Metern zweigt an einer Informationstafel zur Linken eine zum „Torre del Time" ausgeschilderte Piste ab, die wir sogleich nach rechts auf einem roten, von Seitenmäuerchen flankierten Weg verlassen (10 Min.). Nach drei Minuten passieren wir eine umzäunte Sendestation und gelangen zu einer unscheinbaren Gabelung, an der wir uns rechts halten. Der Weg führt fortan über ginsterbewachsene Hänge. Über eine Reihe von Passhöhen geht es in Südwestrichtung am Rand der Caldera entlang. Erstes markantes Etappenziel ist der 2306 Meter hohe **Roque Palmero** (1 Std.), den wir rechts umgehen. In der Folge bieten sich zur Linken herrliche Blicke in die Caldera, z.B. vom natürlichen Aussichtspunkt **Pinos Gachos.**

 Übersichtskarte S. 304   **WANDERUNG 15** 363

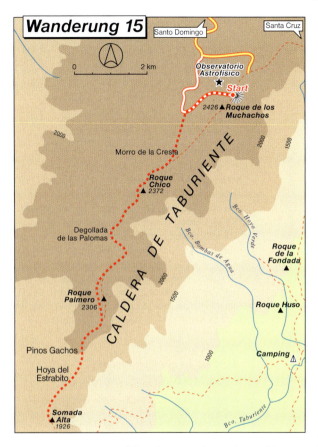

Weiter führt der Weg längs des Felskamms bergab, majestätische Kiefern wechseln sich ab mit bizarren Felsen. Am Aussichtsplatz **Hoya del Estrabito** (2 Std.) ist der tiefste Punkt des Weges erreicht. In der Folge geht es etwas bergauf, nun wieder durch lichten Kiefernwald. Kurz vor einer Linkskurve verlassen wir den Weg und folgen Steinmännchen links hinauf zum Aussichtsgipfel **Somada Alta** (1926 m, 2:15 Std.): Gen Osten stürzen Felswände senkrecht in die Caldera, gen Wes-

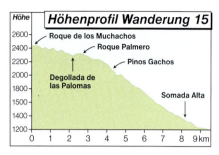

ten erstreckt sich ein Kiefernteppich bis hin zum Meer. Im Südwesten liegt, nur 3,5 Kilometer entfernt, der Torre del Time, Time, über den man in drei Stunden zum Mirador del Time an der LP-1 (⇨Wanderung 9) weiterlaufen könnte.

Der **Rückweg** zum Roque de los Muchachos erfolgt auf der vom Hinweg bekannten Route, die nun über weite Strecken bergauf geht und zeitraubender ist. **Variante:** Wer Zeit hat, kann von Somada Alta in drei Stunden über den Torre del Time (⇨Wanderung 10) zum Mirador del Time an der Straße LP-1 (⇨Wanderung 9) weiterlaufen.

Wanderung 16:
Ausflug in ein Geisterdorf

Von Santo Domingo nach El Palmar

- **Charakter:** Eine Tour fernab vom Tourismus durch herbe Landschaft mit stetem Blick aufs Meer.
- **Ausgangs- und Endpunkt:** Santo Domingo
- **Länge:** 6 km (hin und zurück)
- **Dauer:** 2:30 Std.
- **Höhenunterschied:** 200 m im An- und Abstieg
- **Anfahrt:** Startpunkt ist der Dorfplatz von Santo Domingo (Bus 2 ab Los Llanos bzw. Santa Cruz).
- **Hinweis:** Die hier vorgestellte Tour ist identisch mit dem rot markierten GR 130. Auf ihm kann man über Don Pedro nach *El Tablado* (Herberge) und *Franceses* (Bed & Breakfast) weiterwandern. Bis El Tablado führt auch der Themenwanderweg (*sendero autoguiado*, 9 km, Höhenunterschied 450 m); zwischen El Palmar und Don Pedro liegt der Windpark Juan Adalid, der die Kraft des Passats für die Gewinnung von Energie nutzt.

Auf dem **Dorfplatz** geht man zwischen Kirche und Kneipen vor bis zum Ende und schwenkt rechts ein zum Barranco, wo eine Straße beginnt. Man verlässt sie nach 50 Metern (unterbrochene Leitplanke links) auf dem rot markierten Weg GR 130. Dieser schraubt sich zum Talgrund hinab, um auf der gegenüberliegenden Seite steil anzusteigen. Am Rand wachsen **Drachenbäume,** das weiche Felsgestein ist von **Höhlen** durchlöchert.

Oben stößt der Weg bei einem Haus auf eine Piste, die wir nach 50 Metern nach rechts verlassen. Wenig später quert unser Weg die Piste und führt an zwei Gattern vorbei. Wir laufen an alten Bauernhäuschen vorbei und stoßen nach ca. 30 Minuten erneut auf die Piste, halten uns rechts und achten auf unseren sogleich links sich fortsetzenden Camino. Nach knapp 5 Min. mündet dieser wieder in den Fahrweg, dem wir nach links folgen. Wir kommen durch einen mit Agaven und Opuntien bewachsenen Talgrund, passieren felsiges Terrain und folgen der Markierung über Piste und Pfad. Problemlos erreichen wir El Palmar (1:15 Std.), retour auf gleichem Weg!

Wanderung 17:
Durch die Wasserschlucht

Von Los Tilos in den Barranco del Agua

- **Charakter:** Eine Kurztour für Genießer, bei gutem Wetter ideal zum Kennenlernen der üppig grünen Klamm. Im Flussbett ist Trittsicherheit nötig.
- **Ausgangs- und Endpunkt:** Besucherzentrum im Lorbeerwald Los Tilos bei Los Sauces
- **Länge:** 2 km (hin und zurück)
- **Dauer:** 1 Std.
- **Höhenunterschied:** 20 m im An- und Abstieg
- **Einkehr:** Restaurant in Los Tilos
- **Anfahrt:** 1 km südlich von Los Sauces (Haltestelle Haltestelle Buslinie 2) einbiegen in Richtung Los Tilos, dann 3 km zum Parkplatz am Ende der Straße.
- **Hinweis:** Die Tour ist oft nur im Rahmen einer Führung möglich, die einen Abstecher zum künstlichen Wasserfall beinhaltet.

Vom Parkplatz am **Besucherzentrum** (Centro de Visitantes) geht man auf der Straße zurück, passiert die Zufahrt zum Restaurant und biegt ein paar Schritte weiter, vor der scharfen Linkskurve, rechts ab in einen schmalen, zwischen Wasserkanal und abstürzendem Hang entlangführenden Pfad. Nach 100 Metern schwenkt er vor einem Wasserspeicher links ein und führt über mehrere Stufen ins **Schluchtenbett** hinab, in dem man sich rechts talaufwärts hält. Die feuchtnassen, von Efeu und Farn überwachsenen Steilwände stehen so dicht beieinander, dass kaum ein Lichtstrahl nach unten dringt – über Stock und Stein tastet man sich im Barranco-Bett voran. Nach 15 Minu-

In der immergrünen Schlucht

ten kann eine drei Meter hohe Steilstufe rechts umgangen werden, doch nach weiteren zehn Minuten muss man passen: An einer schier unüberwindlichen **Felswand** kämen nur beste Kletterer weiter voran. Durchs „grüne Verlies" kehrt man auf gleichem Weg nach **Los Tilos** zurück.

WANDERUNG 18

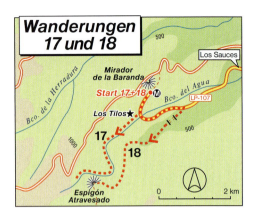

Wanderung 18:
Lorbeerwald und Dschungelblick

Von Los Tilos zum Mirador Espigón Atravesado

- **Charakter:** Leichte Tour auf Forstpiste und gut ausgebautem Weg. Man kommt durch dschungelhaften Lorbeerwald, passiert einen engen Canyon und genießt am Ende einen fantastischen, sonnendurchflirrten Ausguck in die „Wasserschlucht".
- **Ausgangs- und Endpunkt:** Besucherzentrum im Lorbeerwald Los Tilos
- **Länge:** ca. 4 km (hin und zurück)
- **Dauer:** 1:45 Std.
- **Höhenunterschied:** 250 m im Auf- und Abstieg
- **Einkehr:** Casa Demetrio in Los Tilos
- **Anfahrt:** wie Wanderung 17
- **Hinweis:** Die Tour ist identisch mit dem gelben PR LP 6.; am Info-Häuschen (tgl. 9–17 Uhr) ist Eintritt zu zahlen.

Geht man vom Parkplatz des **Besucherzentrums Los Tilos** 500 Meter auf der Straße zurück, zweigt rechts hinter dem Info-Häuschen eine Erdpiste ab (PR LP 6). Auf ihr durchquert man einen kurzen Tunnel (keine Taschenlampe erforderlich) und findet sich sogleich inmitten üppiger Vegetation wieder. Es geht behutsam bergauf, rechts der Forstpiste gurgelt der Agua-Bach. Vorbei an einer Wetter-

Übersichtskarte S. 126

WANDERUNG 18 369

mess-Station und einem Pumpenhaus gelangt man zu einer Gabelung (45 Min.), an der zwei Pfade abzweigen: Wir wählen den scharf links hinaufführenden, im weiteren Verlauf geländegesicherten Treppenweg, der an einem Kamm entlang in wenigen Minuten zu einem Aussichtspunkt mit Wettermess-Station führt. Er trägt den Namen **Mirador Espigón Atravesado** („Schräger Bergkegel"). Von hier genießt man einen atemberaubenden Blick in den Barranco del Agua hinunter, bevor man auf gleichem Weg zum Ausgangspunkt **Los Tilos** zurückkehrt.

Wanderung 19:
Abenteuer Biosphärenreservat

Zu den Wasserfällen Marcos y Cordero

- **Charakter:** Für diese Tour muss man mit Taschenlampe und Regenschutz ausgerüstet sein, denn es werden 13 teilweise enge, stockfinstere Tunnel durchquert. Sie wurden in die Steilflanke des Barranco del Agua geschlagen, um die Bewohner von Los Sauces mit Quellwasser zu versorgen. Unterwegs eröffnen sich atemberaubende Ausblicke, kurze Passagen erfordern Schwindelfreiheit. Der Höhepunkt kommt zuletzt: In schäumenden Kaskaden ergießt sich Quellwasser aus dem Berg in die Tiefe.
- **Ausgangspunkt/Endpunkt:** Besucherzentrum Casa del Monte bei Las Lomadas (nahe Los Sauces)
- **Länge:** 7 km (hin und zurück)
- **Dauer:** 3 Std.
- **Höhenunterschied:** 70 m im An- und Abstieg
- **Anfahrt:** Nur mit dem Jeep möglich: Von Santa Cruz kommend, die Hauptstraße LP-1 am Ortsschild Las Lomadas verlassen und links in die nach „Marcos y Cordero" ausgeschilderte Straße einbiegen. An der Gabelung nach 500 m dem links abzweigenden Asphaltsträßchen folgen, das nach 2 km in eine Erdpiste übergeht. Diese wird auf den restlichen 10 km zunehmend holprig und ist nach Regenfällen verschlammt.
- **Hinweis:** Beliebt ist es, mit Mietwagen nach Los Tilos zu fahren. Jeep-Taxis bringen Wanderer von dort nach Casa del Monte, wo Tour 19 startet. Vorteil: Man kann mit der ⇨Variante nach Los Tilos zurückwandern und braucht keine Strecke doppelt zu laufen. Das Taxi bestellt man unter Tel. 922450928 oder 616418847 (*Luis Batista*) und fragt nach *furgoneta taxi a Marcos y Cordero*; im Besucherzentrum von Los Tilos ist man gerne behilflich; die Tour ist als Naturlehrpfad markiert – unterwegs erläutern Hinweistafeln Flora und Fauna.

Startpunkt der Wanderung ist die **Casa del Monte,** ein kleines Besucherzentrum mit Parkmöglichkeit, zwölf Kilometer südwestlich des Weilers Las Lomadas. 30 Meter vor dem Haus kündigt ein mehrsprachiges Schild den Beginn der Tour an. Ein brei-

 Übersichtskarte S. 126

WANDERUNG 19

ter Weg (PR LP 6) führt in den Wald hinein, anfangs am Wasserkanal entlang. Nach zehn Minuten ist der erste in den Fels geschlagene **Tunnel** (**T 1**) erreicht. Die Taschenlampe angeknipst und hinein in die Finsternis! Stellenweise muss der Kopf eingezogen werden, denn die Decke ist niedrig. Nach kurzer Zeit tritt man ins Freie und genießt den breiten, üppig grünen Weg, bevor man in einen zweiten Tunnel (**T 2**) abtaucht: kürzer als der erste, aber nicht minder dunkel. Anschließend folgt eine etwas ausgesetzte Wegpassage: Wer nicht schwindelfrei ist, weicht auf die Kanalmauer aus.

Der dritte Tunnel (**T 3**) ist 200 Meter lang und damit der längste der Tour. Man tappt durch Pfützen, und es besteht die Gefahr, sich an vorspringenden Felsen zu verletzen. Kaum hat die Dunkelheit ein Ende, folgt der relativ kurze vierte Tunnel (**T 4**). Danach geht es auf einer Betonbrücke über eine Seitenschlucht; wer unsicher ist, ignoriert den teilweise abgebrochenen Weg und läuft auf der Kanalmauer entlang. Der nächste Tunnel (**T 5**) ist etwas eng, dafür jedoch sind die folgenden vier Stollen (**T 6–9**) wieder kurz und unproblematisch.

An einem **Wasserspeicher** (55 Min.) folgt man dem zwischen Becken und Kanal verlaufenden Weg und genießt wenig später den ersten Aus-

Wanderung 19

Marcos y Cordero: Erfrischung am Ziel

blick auf die Marcos-Quellen. Weiter geht es längs des Wasserkanals, bevor man wiederum zwei Tunnel (**T 10+11**) durchquert. Vor dem zwölften Tunnel (**T 12**) überrascht eine Ansammlung von Plastiktüten: kein hingeworfener Müll, sondern „Regenschutz", den Wanderer für ihre Nachfolger zurückgelassen haben. Man sollte sich präparieren, denn gleich tropft es von der Stollendecke, und aus der Felswand sprühen einige „Duschen".

Unmittelbar hinter dem Tunnel steht man vor den **Marcos-Quellen** (1:15 Std., 1360 m), die in einem imposanten Wasserfall aus der Felswand treten. Danach verlässt der Weg vorübergehend den Wasserkanal und steigt steil an. Nach Passieren eines letzten Tunnels (**T 13**) sind die **Cordero-Quellen** erreicht (1:35 Std.). Wir befinden uns jetzt auf einer Höhe von 1420 Metern. Mit ohrenbetäubendem Lärm rauschen die Kaskaden aus dem Fels, vielfarbig glitzern Wassertropfen im Sonnenlicht. Es lohnt sich, eine Picknickpause einzulegen, bevor man auf gleichem Weg zum Ausgangspunkt zurückwandert.

Variante: Nur nach vorhergehender Trockenphase empfiehlt sich für trittsichere Wanderer der Rückweg (ab Corderos-Quelle) auf dem gelb markierten PR LP 6 nach Los Tilos (3 Std.): ideal für alle, die dort ihr Auto abgestellt und sich mit Taxi zur Casa del Monte haben kutschieren lassen (⇨Hinweis).

Von der Quelle läuft man an der rechten Flanke der Schlucht bis zum Bachbett, umgeht eine Steilstufe und wechselt auf die linke Seite. Über eine Holzbrücke wechselt man erneut auf die andere Barranco-Seite, folgt dem Treppenweg und erreicht wenig später den Aussichtspunkt Espigón Atravesado. Anschließend geht es hoch über dem Barranco del Agua, dann hinab zu einer zweiten Holzbrücke und über einen Treppenweg zur Forstpiste, die uns – zuletzt durch einen kurzen Tunnel – zur Straße führt: Das Besucherzentrum Los Tilos liegt 500 m zur Linken.

Wanderung 20:
Mandelbaumweg über der Hauptstadt

Runde von Santa Cruz nach Las Nieves

- **Charakter:** leichte Tour auf Pisten und Wegen
- **Ausgangs- und Endpunkt:** Plaza de España in Santa Cruz
- **Länge:** ca. 5 km
- **Dauer:** 2:30 Std.
- **Höhenunterschied:** 350 m im An- und Abstieg
- **Einkehr:** Grill-Lokal Las Nieves am Ziel der Tour
- **Anfahrt:** Gute Busverbindungen von allen größeren Inselorten
- **Hinweis:** *Thomas* und *Ruprecht*, die Besitzer des Apartmenthauses La Fuente, haben diesen Weg nicht nur aufgezeichnet, sondern auch mit einer weißen „8" markiert, sodass ein Verlaufen nahezu unmöglich ist.

Von der **Plaza de España** läuft man zur Avenida del Puente und folgt ihr links zum Fußballstadion hinauf. Man geht an ihm geradeaus vorbei und gelangt durch die Unterführung ins dahinter liegende Tal. An seinem Grund angekommen (hier taucht zum ersten Mal das Markierungszeichen, die liegende „8", auf), biegt rechts an einem Elektrohäuschen unser schmaler, kopfsteingepflasterter Weg ab. Entlang der Solar-Straßenlampen führt er im Zickzack die Steilwand hinauf. Bei den Häusern am rechten Bergrücken angekommen, folgt man dem Markierungszeichen bis zur Hauptstraße. Wir folgen dieser ein paar Meter bergauf, wo ein Pfeil nach links auf einen Weg weist, der an Gärten vorbei und nach erneuter Querung der Hauptstraße am Restaurant Los Almendros vorbei rechts zum gepflasterten „Mandelbaumweg" führt. Dieser geleitet uns zu einer ehemaligen **Wassermühle,** heute eine urige Landunterkunft.

Wanderung 20

Im Tal angekommen, quert man den Kreisverkehr und folgt der Straße die letzten Meter bis zur **Kapelle Las Nieves.** Nach einer Stippvisite bei der „Schneejungfrau" geht es zurück: Gegenüber der Kirche am Pfarrhaus startet der als „LP 2.2" markierte Weg, der in das Tal unterhalb des Kreisverkehrs geleitet und uns von dort in die Stadt zurückführt.

Anhang

Anhang

Literaturtipps

- *Carlos Mueller:* **Die Kanarischen Inseln: Reisen durch die Zeit.** Dagmar Drewes Verlag, Celle 2006. Eine Zeitreise von der vulkanischen Entstehung des Archipels über erste Besiedlungen bis zur Gegenwart – anschaulich erzählt und mit vielen Fakten angereichert.
- *Ángeles Violán/ Rafael Arozarena:* **Galerie der kanarischen Volksbräuche,** Santa Cruz de Tenerife 2005 (Zech Verlag). Wer mehr über die Traditionen auf den Kanaren erfahren möchte, greift zu diesem Bilderbuch. 45 farbenfrohe und detailverliebte Illustrationen von Ángeles Violán laden zur „Lektüre" des Landlebens ein. Was nicht auf Anhieb klar wird, machen die stimmungsvollen Texte aus der Feder des kanarischen Autors Arozarena verständlich.
- *Harald Körke:* **Noch ein verdammter Tag im Paradies,** 5. Aufl., Tübingen 1998 (Konkursbuch Verlag). Mit spitzer Feder aufgespießte Ereignisse aus touristischer Umbruchszeit; weder die Palmeros noch die ausländischen Residenten kommen hier ungeschoren davon. Das Buch hat auf der Insel so viel Wirbel und Unmut ausgelöst, dass der Autor zeitweilig sogar um sein Leben fürchten musste. Inzwischen haben sich die Wogen geglättet, weitere Bücher von *Körke* sind erschienen („Liebe auf Papaya", „Beutels Fiesta"). Man findet sie z.B. in den Info-Büros von Los Llanos und El Paso.
- *Harald Braem:* **Tanausú: König der Guanchen,** Santa Cruz 2003 (Zech Verlag). Der letzte Herrscher der Ureinwohner starb im Hungerstreik, als ihn die Konquistadoren als Kriegstrophäe nach Spanien bringen wollten. Sein Freitod war der Schlusspunkt eines Lebens, das vom Kampf gegen die europäischen Eindringlinge geprägt war. Mit der Biographie *Tanausús* wird ein Panorama der von den Eroberern zerstörten Kultur entfaltet – ihre Erben sind die heutigen Palmeros.

LITERATURTIPPS

- *Udo Oskar Rabsch:* **Tazacorte,** Tübingen 1988 (Konkursbuch Verlag). Unter mysteriösen Umständen strandet ein Deutscher in Puerto de Tazacorte. Er kann sich an fast nichts erinnern, nur eines dringt aus seinem Gedächtnis immer wieder ins Bewusstsein: Er muss nach New York gelangen, wo ihn ein besseres Leben erwartet. Zwischen Suff, Krankheit und Sex dämmert er vor sich hin und erkennt am Ende, dass die Flucht ins gelobte Amerika sinnlos ist. Gezeichnet wird das Bild einer Insel, die nur von agilen Mafiosi und hoffnungslosen Fatalisten bewohnt zu sein scheint.
- *Patrick Robinson:* **Die tödliche Flut,** München 2005 (Heyne). In diesem pseudowissenschaftlichen Thriller führt ein atomares Terror-Attentat zum Absinken der Westflanke La Palmas. Die darauf folgende Flutwelle überspült die Ostküste der USA.
- *Izabella Gawin* und *Dieter Schulze:* **Spanisch für die Kanarischen Inseln – Wort für Wort,** Kauderwelsch Band 161, REISE KNOW-HOW VERLAG, Bielefeld. Spanisch zum Einsteigen und Auffrischen, bestens geeignet für die schnelle Verständigung. Mit Ausspracheregeln, Wörterlisten und wichtigen Redewendungen. Und ganz nebenbei lernt man auch manch sprachliche Besonderheit und erfährt, was im Umgang mit den Kanariern irritierend wirkt. Außerdem ist ein AusspracheTrainer auf CD erhältlich.
- **Kauderwelsch digital:** Spanisch – Wort für Wort, REISE KNOW-HOW Verlag. Die bewährten Kauderwelsch-Bände gibt es nun auch in einer digitalen Version für den PC daheim. Buch und Audio-CD sind hier kombiniert.
- **Spanisch Slang,** Kauderwelsch Band 57, REISE KNOW-HOW Verlag. Alltags-Spanisch für Fortgeschrittene.
- **ReiseWortSchatz Spanisch,** REISE KNOW-HOW Verlag. Das Wörterbuch zum Kauderwelsch.

Die Reiseführer auf einen Blick

Reisehandbücher
Urlaubshandbücher
Reisesachbücher
Edition RKH, Praxis

Algarve, Lissabon
Amrum
Amsterdam
Andalusien
Apulien
Auvergne,
 Cévennen

Barcelona
Berlin, exotisch
Berlin, Potsdam
Borkum
Bretagne
Budapest

City-Trips mit Billig-
 fliegern, noch mehr
Cornwall
Costa Blanca
Costa Brava
Costa de la Luz
Costa del Sol
Costa Dorada
Côte d'Azur,
 Seealpen,
 Hochprovence

Dalmatien Nord
Dalmatien Süd
Dänemarks
 Nordseeküste
Disneyland
 Resort Paris
Dresden

Eifel
Elba
El Hierro
Elsass, Vogesen
EM 2008 Fußballstädte
England, der Süden
Erste Hilfe unterwegs

Estland
Europa BikeBuch

Fahrrad-Weltführer
Fehmarn
Föhr
Formentera
Friaul, Venetien
Fuerteventura

Gardasee, Trentino
Georgien
Golf von Neapel,
 Kampanien
Gomera
Gotland
Gran Canaria
Großbritannien

Hamburg
Helgoland
Hollands Nordseeinseln
Hollands Westküste

Ibiza, Formentera
Irland
Island, Faröer
Istanbul
Istrien

Juist

Kalabrien, Basilikata
Katalonien
Köln
Kopenhagen
Korfu, Ionische Inseln
Korsika
Krakau, Tschenstochow
Kreta
Krim, Lemberg, Kiew
Kroatien

Landgang an der Ostsee
Langeoog
La Palma
Lanzarote
Latium mit Rom
Leipzig
Ligurien,
 Cinque Terre
Litauen
London

Madeira
Madrid
Mallorca
Mallorca,
 Leben/Arbeiten
Mallorca, Wandern
Malta, Gozo, Comino
Mecklenb./Brandenb.:
 Wasserwandern
Menorca
Montenegro
Moskau
Motorradreisen
München

Norderney
Nordseeinseln, Dt.
Nordseeküste
 Niedersachsens
Nordseeküste
 Schleswig-Holstein
Nordspanien,
 Jakobsweg
Nordzypern
Normandie
Norwegen

Ostseeküste
 Mecklenburg-Vorp.
Ostseeküste
 Kreuzfahrthäfen

Europa

REISE KNOW-HOW

Ostseeküste
  Schleswig-Holstein
Outdoor-Praxis

Paris
Piemont, Aostatal
Polen Ostseeküste
Polens Norden
Polens Süden
Provence
Provence, Templer
Pyrenäen

Rhodos
Rom
Rügen, Hiddensee
Ruhrgebiet
Rumänien, Rep. Moldau

Sächsische Schweiz
Salzburg, Salzkammergut
Sardinien
Schottland
Schwarzwald, südl.
Schweden, Astrid Lindgrens
Schweiz, Liechtenstein
Sizilien, Liparische Inseln
Skandinavien, der Norden
Slowakei
Slowenien, Triest
Spaniens Mittelmeerküste
Spiekeroog
Stockholm, Mälarsee
St. Petersburg
St. Tropez und Umgebung
Südnorwegen
Südwestfrankreich
Sylt

Teneriffa
Tessin, Lago Maggiore
Thüringer Wald

Toscana
Tschechien
Türkei, Hotelführer
Türkei, Mittelmeerküste

Ukraine, der Westen
Umbrien
Usedom

Venedig

Wales
Wangerooge
Warschau
Wien

Zypern, der Norden
Zypern, der Süden

Wohnmobil-Tourguides

Dänemark
Kroatien
Provence
Sardinien
Sizilien
Südnorwegen
Südschweden

Edition RKH

Durchgedreht –
  Sieben Jahre im Sattel
Eine Finca auf Mallorca
Geschichten aus dem
  anderen Mallorca
Mallorca für Leib u. Seele
Rad ab!

Praxis

Aktiv Algarve
Aktiv Andalusien
Aktiv Dalmatien
Aktiv frz. Atlantikküste
Aktiv Gardasee
Aktiv Gran Canaria
Aktiv Istrien
Aktiv Katalonien
Aktiv Polen
Aktiv Slowenien
All inclusive?
Bordbuch Südeuropa
Canyoning
Clever buchen,
  besser fliegen
Clever kuren
Clever reisen Wohnmobil
Drogen in Reiseländern
Expeditionsmobil
Feste Europas
Fiestas Spanien
Fliegen ohne Angst
Frau allein unterwegs
Fun u. Sport im Schnee
Geolog. Erscheinungen
Gesundheitsurlaub
  in Dtl. Heilthermen
GPS f. Auto, Motorrad
GPS Outdoor-Navigation
Handy global
Höhlen erkunden
Hund, Verreisen mit
Inline Skating
Inline-Skaten Bodensee
Internet für die Reise
Islam erleben
Kanu-Handbuch
Kartenlesen
Kommunikation unterw.
Kreuzfahrt-Handbuch

Praxis, KulturSchock

Europa

Küstensegeln
Langzeitreisen
Marathon-Guide Deutschland
Mountainbiking
Mushing/ Hundeschlitten
Orientierung mit Kompass und GPS
Paragliding-Handbuch
Pferdetrekking
Radreisen
Reisefotografie
Reisefotografie digital
Reisekochbuch
Reiserecht
Respektvoll reisen
Schutz vor Gewalt und Kriminalität
Schwanger reisen
Selbstdiagnose unterwegs
Sicherheit in Bärengebieten
Sicherheit Meer

Sonne, Wind, Reisewetter
Spaniens Fiestas
Sprachen lernen
Survival-Handbuch Naturkatastrophen
Tauchen Kaltwasser
Tauchen Warmwasser
Transsib
Trekking-Handbuch
Unterkunft/Mietwagen
Volunteering
Vulkane besteigen
Wandern im Watt
Wann wohin reisen?
Wein-Reiseführer Deutschland
Wein-Reiseführer Italien
Wein-Reiseführer Toskana
Wildnis-Ausrüstung
Wildnis-Backpacking
Wildnis-Küche
Winterwandern

Wohnmobil-Ausrüstur
Wohnmobil-Reisen
Wohnwagen Handbu
Wracktauchen
Zahnersatz, Reiseziel

KulturSchock

Familienmanagement im Ausland
Finnland
Frankreich
Irland/Nordirland
Italien
Leben in fremden Kulturen
Polen
Rumänien
Russland
Schweiz
Spanien
Türkei
Ukraine
Ungarn

Wo man unsere Reiseliteratur bekommt:
Jede Buchhandlung Deutschlands, der Schweiz, Österreichs und Benelux-Staaten kann unsere Bücher beziehen. Wer sie dort nic findet, kann alle Bücher über unsere **Internet-Shops** bestellen. Auf den Homepages gibt es auch **Informationen** zu allen Titelr

www.reise-know-how.de
www.reisebuch.de

Kleine Sprachhilfe

Dieser kleine Sprachführer soll dabei helfen, sich auf La Palma zurechtzufinden: bei der Unterkunftssuche und im Restaurant, bei der Autovermietung und beim Einkaufen. Und natürlich macht es Spaß, mit dem Schafhirten von Tijarafe ein paar Worte zu wechseln, mit der Marktfrau am Käsestand oder mit dem Busfahrer auf dem Weg in den Norden. Damit man beim Essen nichts Falsches bestellt, kann man auf das gastronomische Glossar zurückgreifen. Wer länger auf La Palma bleiben will, dem sei der Sprachführer **„Spanisch für die Kanarischen Inseln – Wort für Wort"** aus der Kauderwelsch-Reihe empfohlen oder auch der Band **„Spanisch Slang"**, mit dem man seine Kenntnisse gut um typische Wendungen der Alltagssprache erweitern kann (⇨Literaturtipps).

Betonung und Aussprache

Bei der **Betonung** gilt es die folgenden Grundregeln zu beachten:
- Aufeinander folgende Vokale werden getrennt gesprochen, jedoch nicht abgehackt, sondern elegant verschliffen (s*o*y, b*ai*le).
- Mehrsilbige Wörter, die auf Vokal, n oder s enden, werden auf der vorletzten Silbe betont (*u*no, pes*e*ta, bu*e*nas t*a*rdes); Ausnahmen werden mit einem Betonungs-Akzent gekennzeichnet (adi*ó*s, pensi*ó*n).
- Wörter, die auf einen Konsonanten (außer n und s) enden, müssen auf der letzten Silbe betont werden (hot*e*l, ay*e*r).
- Wörter, die auf Vokal plus y enden, werden gleichfalls auf der letzten Silbe betont (est*o*y).

Die **Aussprache** der folgenden Buchstaben(-kombinationen) weicht vom Deutschen ab:
c vor dunklen Vokalen wie k (casa), vor hellen Vokalen wie engl. stimmloses th (gracias)
ch wie tsch (ocho)
h wird nicht gesprochen (hola)
j wie ch in „acht" (Juan)
ll wie j (valle)
ñ wie nj (mañana)
qu wie k (queso)
s wie ss (casa)
y wie j (apoyo), am Wortende wie i (hoy)
z wie engl. stimmloses th (diez)

Das umgedrehte Fragezeichen (¿) vor dem Fragesatz ist eine typisch spanische Besonderheit. Analog wird vor den Befehlssatz ein umgedrehtes Ausrufezeichen (¡) gesetzt.

KLEINE SPRACHHILFE

Allgemeines

Guten Morgen/Tag (vormittags)	¡Buenos días!
Guten Tag (nachmittags)!	¡Buenas tardes!
Guten Abend, gute Nacht!	¡Buenas noches!
Auf Wiedersehen!	¡Adiós!
Tschüss!	¡Hasta luego!
Vielen Dank!	¡Muchas gracias!
Sprechen Sie Deutsch?	¿Habla Usted alemán?
ja, nein	sí, no
ein wenig	un poco
nichts	nada
Wie geht es Ihnen?	¿Como está Usted?
Entschuldigen Sie!	¡Perdón!
Einen Augenblick, bitte!	¡Un momento, por favor!
Wo liegt ...?	¿Dónde está ...?
Wie heißt ...?	¿Cómo se llama ...?
Wann ist ... geöffnet?	¿A que hora está abierto ...?
Wie spät ist es?	¿Qué hora es?
Haben Sie ...?	¿Tiene ...?
Ich brauche ...	Necesito ...
rechts/links	a la derecha/ a la izquierda
geradeaus	todo derecho
oben/unten	arriba/abajo
heute	hoy
morgen	mañana
gestern	ayer
von ... bis	de ... hasta
Lassen Sie mich bitte in Ruhe!	¡Por favor, déjeme en paz!
Hör sofort auf!	¡Basta ya!
Hilfe!	¡Socorro!

Wochentage

Montag	lunes
Dienstag	martes
Mittwoch	miércoles
Donnerstag	jueves
Freitag	viernes
Samstag	sábado
Sonntag	domingo

Monate

Januar	enero
Februar	febrero
März	marzo
April	abril
Mai	mayo
Juni	junio
Juli	julio
August	agosto
September	septiembre
Oktober	octubre
November	noviembre
Dezember	diciembre

KLEINE SPRACHHILFE

Zahlen	1	*uno, una*
	2	*dos*
	3	*tres*
	4	*cuatro*
	5	*cinco*
	6	*seis*
	7	*siete*
	8	*ocho*
	9	*nueve*
	10	*diez*

Unterkunftssuche	Hotel, Apartment, Pension	*hotel, apartamento, pensión*
	Landhaus	*casa rural*
	Haben Sie ein Einzel-/Doppelzimmer?	*¿Tiene una habitación individual/doble?*
	mit eigenem Bad	*con baño propio*
	Wieviel kostet es?	*¿Cuánto cuesta?*
	mit Frühstück	*con desayuno*
	mit Halb-/Vollpension	*con media pensión/ pensión completa*
	Kann ich das Zimmer sehen?	*¿Puedo ver la habitación?*

Im Restaurant	Die Speisekarte (Weinkarte), bitte!	*¡La carta (carta de vinos), por favor!*
	Kellner, Kellnerin	*camarero, camarera*
	Hören Sie! (Anrede des Kellners/der Kellnerin)	*¡Oiga, por favor!*
	Ich möchte etwas essen (trinken)	*Quisiera comer (beber) algo.*
	Guten Appetit!	*¡Qué aproveche!*
	Prost!	*¡Salud!*
	Die Rechnung bitte!	*¡La cuenta, por favor!*
	Wo ist die Toilette?	*¿Dónde están los servicios?*

Beim Autoverleih	das Auto	*el coche*
	der Vertrag	*el contrato*
	der Führerschein	*el permiso de conducir*
	der Preis	*el precio*
	die Kreditkarte	*la tarjeta de crédito*
	Benzin bleifrei	*gasolina sin plomo*
	die Tankstelle	*la gasolinera*
	die Straße	*la carretera*
	der Parkplatz	*el aparcamiento*
	Wo kann man ein Auto mieten?	*¿Dónde se puede alquilar un coche?*

Einkaufen	Wo ist der Markt?	*¿Dónde está el mercado?*
	Laden	*tienda*
	Bäckerei	*panadería*

Apotheke	farmacia
Wieviel kostet das?	¿Cuánto cuesta?
Das ist teuer/billig.	¡Es caro/barato!
Das gefällt mir!	¡Esto me gusta!
Das ist alles!	¡Más nada!
Kann ich mit Kreditkarte bezahlen?	¿Puedo pagar con tarjeta de crédito?

Gastronomisches Glossar

aceite – Öl
aceitunas – Oliven
agua mineral – Mineralwasser
  - *con gas* – mit Kohlensäure
  - *sin gas* – ohne Kohlensäure
aguacate – Avocado
aguardiente – Schnaps
ahumado – geräuchert
ajo – Knoblauch
al ajillo – mit Knoblauch zubereitet
al salmorejo – in pikanter Weinsoße
albaricoque – Aprikose
albóndigas – Fleischklöße
alcachofas – Artischocken
almejas – Muscheln
almendras – Mandeln
almendrados – Mandelmakronen
anchoas – Sardellen
arepas – gefüllte Teigtaschen
arroz – Reis
asado – gebraten
atún – Thunfisch
aves – Geflügel
azúcar – Zucker

bacalao – Kabeljau
batata – Süßkartoffel
bebida – Getränk
bien hecho – ganz durch
bienmesabe – Mandelmus
bistec – Beefsteak
bizcochos – süßes Gebäck
bocadillo – belegtes Brötchen
bonito – kleiner Thunfisch
buey – Rind-, Ochsenfleisch
buñuelo – Krapfengebäck

cabrito en adobo – pikant eingelegtes Zickleinfleisch
café solo – Espresso
café cortado – Espresso mit etwas Milch
café con leche – Milchkaffee

KLEINE SPRACHHILFE

calamares – Tintenfisch
caldo – Fleischbrühe
caldo de pescado – reichhaltige Fisch- und Meeresfrüchtesuppe
caña – Bier vom Fass
cangrejo – Krebs
carne – Fleisch
casero – hausgemacht
cazuela – Fischgericht mit Kartoffeln
cebolla – Zwiebel
cerdo – Schweinefleisch
cereza – Kirsche
cerveza – Flaschenbier
chorizo – pikante Paprikawurst
churros con chocolate – fettgebackene Hefekringel mit heißer Schokolade
ciruela – Pflaume
cochinillo – Spanferkel
cocido – 1. gekocht, 2. Fleisch- und Gemüseeintopf
coliflor – Blumenkohl
conejo – Kaninchen
cordero – Lamm
crudo – roh

dulces – Süßigkeiten

embutido – Wurst
empanada – gefüllte Teigtasche
ensalada – Salat
escaldón – Brühe mit *gofio*
escalope – Schnitzel
espárragos – Spargel

flan – Karamelpudding
fresa – Erdbeere
frito – gebacken
fruta del mar – Meeresfrüchte
fruta – Obst

gallina – Huhn
gambas – Garnelen
garbanzos – Kichererbsen
gazpacho – kalte Gemüsesuppe
gofio – Mehl aus geröstetem Getreide
guisantes – Erbsen

helado – Speiseeis
hielo – Eis (zum Kühlen)
hierbas – Kräuter
hongo – Pilz
huevo – Ei
huevo duro/pasado – hartes/weiches Ei

huevo frito – Spiegelei
huevos revueltos – Rührei

jamón – gekochter Schinken
jamón de serrano – luftgetrockneter Schinken
judías – Bohnen
jugo – Saft

langosta – Languste
langostinos – Riesengarnelen
leche – Milch
lechuga – grüner Salat
legumbres – Gemüse, Hülsenfrüchte
lenguado – Seezunge
lentejas – Linsen
licor – Likör
lomo – Rückenstück

mantequilla – Butter
manzana – Apfel
mariscos – Meeresfrüchte
media ración – halbe Portion
medio hecho – halb durch
melocotón – Pfirsich
menú del día – Tagesmenü
mero – Zackenbarsch
miel – Honig
mojo verde – grüne Soße mit Koriander und Knoblauch
mojo rojo – rote Soße mit Chilischoten und Knoblauch
morcilla – Blutwurst
mostaza – Senf

naranja – Apfelsine
nata – Schlagsahne
nueces – Nüsse

paella – Reisgericht mit Meeresfrüchten, Fleisch und Gemüse
pan/panecillo – Brot/Brötchen
papas/papas fritas – Kartoffeln/Pommes frites
papas arrugadas – Kartöffelchen mit Salzkruste
parrillada – Grillplatte
pastel – Kuchen, Torte
pechuga – Brust
pepino – Salatgurke
pera – Birne
perdiz – Rebhuhn
perejil – Petersilie
pescado – Fischgericht
pez – Fisch
pimienta – Pfeffer
pimiento – Paprikaschote

KLEINE SPRACHHILFE

pincho, pinchito – Spieß
piña – Ananas
plátano – Banane
pollo – Hähnchen
potaje – Gemüseeintopf
puchero – Eintopf aus Fleisch und Gemüse
pulpo – Krake, Oktopus

queso de almendras – Mandelkuchen
queso duro – gereifter Käse
queso tierno – Frischkäse
queso a la brasa – gegrillter Ziegenkäse
queso del país – palmerischer Käse

ración – große Portion
ron Aldea – palmerischer Rum
ropa vieja – herzhaftes Fleischgericht mit Kichererbsen

sal – Salz
salchichas – Würstchen
salchichón – Salami
salsa – Soße
salmón – Lachs
sancocho – Fisch mit Süßkartoffeln und Gemüse
setas – Speisepilze
solomillo – Filetsteak
sopa – Suppe
sopa de garbanzos – Kichererbsensuppe
sopa de verduras – Gemüsesuppe

tapa – kleines Tellergericht, Zwischenmahlzeit
tarta – Torte
té – Tee
tiburón – Haifisch
tocino – Speck
tortilla española – Omelett mit Kartoffelstücken
tortilla francesa – Omelett
trucha con batatas – Gebäck mit Süßkartoffelmus
turrón – feste, süße Masse aus Mandeln und Eiern

uvas – Weintrauben

vegetariano – vegetarisch
verdura – Gemüse
vinagre – Essig
vino – Wein
vino blanco/rosado/tinto – Weiß-/Rosé-/Rotwein
vino dulce/seco – süßer/trockener Wein
vino de tea – Wein mit harzigem Geschmack

zanahorias – Möhren
zumo – Saft

Busfahrplan

● **Internet:** www.transporteslapalma.com

Linie 1 **Santa Cruz – Cumbre – Los Llanos** (1.10 Std.)
Mo-Fr 6.15–8.15 Uhr stündl., 8.45–12.15 Uhr halbstündl., 13.15–20.15 stündl., 22.30 Uhr (ab Hafen).
Sa 6.15–13.15 Uhr stündl., 15.15, 17.15, 19.15, 22.30 Uhr (ab Hafen).
So 7.15–19.15 Uhr alle 2 Std., 22.30 Uhr (ab Hafen).
Los Llanos – Cumbre – Santa Cruz (1.10 Std.)
Mo-Fr 6.30–8.30 Uhr stündl., 9–12.30 Uhr halbstündl., 13.30–21.30 Uhr stündl.
Sa 5, 6.30–13.30 Uhr stündl., 15.30–21.30 Uhr alle 2 Std.
So 5, 7.30–21.30 Uhr alle 2 Std.

Linie 1-A **Los Llanos – El Paso** (20 Min.)
Mo-Fr 5, 6.30, 7.30, 8.30–14.30 Uhr halbstündl., 15.30–21.30 Uhr stündl.
Sa/So 5, 6.30–13.30 Uhr stündl. (So nicht 6.30, 8.30, 10.30, 12.30 Uhr).
El Paso – Los Llanos (20 Min.)
Mo-Fr 7, 8, 9, 9.30–15 Uhr halbstündl., 16–21 Uhr stündl., 22.15 Uhr.
Sa 7–14 Uhr stündl., 16, 18, 20, 22.15 Uhr.
So 7, 8–20 Uhr alle 2 Std., 22.15 Uhr.

Linie 2
Nordumrundung
Santa Cruz – Puntallana – Barlovento – Garafía – Puntagorda – Tazacorte – Los Llanos (4.30 Std.)
Mo-Fr 6.15, 7.15, 8.15, 10.15–20.15 alle 2 Std., 22.30 Uhr.
Sa-So 7.15, 10.15, 14.15, 18.15, 22.30 Uhr.
Los Llanos – Tazacorte – Puntagorda – Garafía – Barlovento – Puntallana – Santa Cruz (4.30 Std.).
Mo-Fr 6–20 Uhr alle 2 Std., Sa/So 8–20 Uhr alle 4 Std.

Linie 3
Südumrundung
Santa Cruz – Breña Baja – Mazo – Los Canarios – Los Llanos (1.30 Std.)
Mo-Fr 6–12 Uhr alle 2 Std., 14.15, 16, 18, 20.15, 22.30 Uhr.
Sa 8, 10, 12, 14.15, 16, 18, 20.15, 22.30 Uhr.
So 8, 10, 12, 18, 20.15, 22.30 Uhr.
Los Llanos – Los Canarios – Mazo – Breña Baja – Santa Cruz (1.30 Std.)
Mo-Fr 6–20 Uhr alle 2 Std., Sa 8, 10, 12, 14, 18 und 20 Uhr.
So 8, 10, 18 und 20 Uhr.

Linie 4 **Los Llanos – Todoque – Puerto Naos – Charco Verde** (25 Min.)
Mo-Sa 6.30–8.30 Uhr stündl., 9–19.30 Uhr halbstündl., 20.30 Uhr. So 8.30–20.30 stündl.
Charco Verde – Puerto Naos – Todoque – Los Llanos (25 Min.)
Mo-Sa 6.50–8.50 Uhr stündl., 9.20–14.20 Uhr stündl., 14.50–20.50 stündl., So 8.50, 14.50–20.50 stündl.

BUSFAHRPLAN

Linie 8	**Santa Cruz – Los Cancajos – Aeropuerto** (15 Min.) Mo–Fr 6.45–21.15 halbstündl., nur bis Los Cancajos 21.45, 22.45, 23.45, 0.45 Uhr. Sa/So 6.45–20.45 Uhr stündl. **Aeropuerto – Los Cancajos – Santa Cruz** (15 Min.) Mo–Fr 7.15–21.45 halbstündl., nur bis Los Cancajos 22.15, 22.45, 23.15, 0.15, 1.15 Uhr. Sa/So 7.15–21.15 Uhr stündl., nur bis Los Cancajos 22.15, 22.45, 23.15, 0.15, 1.15 Uhr.
Linie 9	**Santa Cruz – La Grama – Hospital** (30 Min.) Mo–Fr 7.20, 8.30–21.30 Uhr. Sa/So 9.30, 11.30, 15.30–21.30 alle 2 Std. **Hospital – La Grama – Santa Cruz** (30 Min.) Mo–Fr 8, 9.30, 10, 11–22 Uhr stündl. Sa/So 11, 13, 15, 17, 19, 21 Uhr.
Linie 10	**Santa Cruz – Las Nieves – Buenavista – Hospital** (30 Min.) Mo–Fr 7.45–11.45 stündl., 13.15, 14.15, 15.45–18.45 stündl., 20.15, 21.30 Uhr. Sa/So 8.45, 10.45, 13.15, 15.45, 18.45, 21.30 Uhr. **Hospital – Buenavista – Las Nieves – Santa Cruz** (30 Min.) Mo–Fr 7.15–12.15 stündl., 13.45, 15.15–19.15 stündl., 20.45 Uhr. Sa/So 8.15, 9.15, 12.15, 15.15, 16.15, 19.15 Uhr.
Linie 12	**Los Sauces – Puerto Espíndola – San Andrés** (15 Min.) Mo–Fr 7.10, 9.10, 11.10, 12.10, 14, 17.10 Uhr. Sa/So 9.10, 11.10, 14, 14.45 Uhr. **San Andrés – Puerto Espíndola – Los Sauces** (15 Min.): unmittelbar nach Ankunft des Busses aus Los Sauces. Sa/So 9.30, 11.30, 14.30, 17.30 Uhr.
Linie 14	**Santa Cruz – San Antonio – San Pedro – San Isidro** (30 Min.) Mo–Fr 8.45, 10.45, 12.45, 14.15, 16.45. Sa–So 8.45, 12.45, 16.45, 20.45 Uhr. **San Isidro – San Pedro – San Antonio – Santa Cruz** (30 Min.) Mo–Fr 7.15–21.15 alle 2 Std. Sa/So 9.15, 13.15, 17.15, 21.15 Uhr.
Linie 21	**Los Llanos – Tazacorte – Puerto de Tazacorte** (20 Min.) Mo–Sa 6.30–20.30 Uhr stündl. So 8.30–20.30 Uhr stündl. **Puerto de Tazacorte – Tazacorte – Los Llanos** (20 Min.) Mo–Sa 7–21 Uhr stündl. So 9–21 Uhr stündl.
Linie 31	**Los Canarios – Faro – Cerca Vieja/La Palma Princess** (30 Min.) Mo–Fr 7, 9, 11, 15, 17, 19 Uhr. Sa/So 9–19 Uhr alle 2 Std. **Cerca Vieja/Hotel La Palma Princess – Faro – Los Canarios** (30 Min.) Mo–Fr 7.30, 10–20 Uhr alle 2 Std. Sa/So 10–20 Uhr alle 2 Std.

Register

ADAC 49
Agenturen 81
Anreise 42
Apotheken 66
Archäologie 177, 296
Argual 249
Artenschutz 53
Astronomie 312
Ausflüge 69
Auslandskrankenversicherung 65
Autofahren 46
Autofahren 43

Baden 73, 138
Bananen 235, 256
Bananenanbau 37
Bananenmuseum 256
Banken 68
Barlovento 142, 299
Barranco 17
Barranco de las Angustias 326
Barranco de Izcagua 287
Barranco de las Angustias 267, 302
Barranco del Agua 132, 366
Behinderte 49
Bejenado 308
Belmaco 177
Benahoritas 29
Benzin 47
Berber 29, 31
Besucherzentren 67
Biosphärenreservat 39, 124, 370
Bodegón Tamanca 221
Bootsausflüge 75
Botschaften 50
Breña Alta, Baja 162
Briefmarken 68
Buchen 42
Buenavista de Arriba 119
Bürgerkrieg 38
Bus 82
Busfahrplan 390

Caldera de Taburiente 17, 302
Caldera-Wand 225
Calima 16
Camping 50, 193, 219, 309, 313
Casa Salazar 96

Casas de los Balcones 103
Cascada Colorada 330
Castillo de Santa Catalina 103
Charco Azul 138
Charco Verde 213
Check-in 44
Cubo de la Galga 131
Cueva Bonita 262
Cueva de Belmaco 177
Cuevas de Buracas 357
Cumbre 15, 226, 303
Cumbre Nueva 17, 303
Cumbre Vieja 17, 303, 346

Degollada de los Franceses 311, 358
Diebstahl 70
Diplomatische Vertretungen 50
Discos 67
Dokumente 53
Don Pedro 297
Dos Aguas 330
Drachenbaum 22, 163, 279, 356, 365
Drachenfliegen 76

Ein- und Ausreisebestimmungen 53
Einkaufen 51
El Calvario 292
El Faro 189
El Hierro 33
El Jesús 272, 350
El Palmar 365
El Paso 225, 331, 333
El Pilar 313
El Pinar 279
El Remo 213
El Roque 279
El Sitio 163
El Tablado 297
Emigration 36, 297
Essen 55

Fagundo 281
Fahrradfahren 71
Fährverbindungen 83
Fauna 134
Feiertage 27
Felszeichnungen 228, 296, 331
Feste 25, 27
Festivals 27

REGISTER

Fiesta 25
Fiesta de la Virgen del Rosario 143
Fiesta del Diablo 276
Fisch 55
FKK 21, 213
Flohmarkt 249
Flora 21, 134
Flug 42, 83
Flughafen 43
Flug-Know-how 44
Folklore 25
Franceses 299
Franco 38
Franziskanerkloster 101
Fremdenverkehrsämter 61
Fuencaliente 183
Fuente de la Zarza 296
Fuenta San Juan 129
Führerschein 47

Gallegos 299
Garafía 290
Gefahren 321
Geld 58
Geografie 16
Gepäck 44
Gepäckversicherung 85
Geschichte 31, 290
Gesundheitstipps 66
Glas 249
Gleitschirmfliegen 76
Gofio 55
Gomera 33
Gran Canaria 34
Groenenberg, Jakob 250
Guardia Civil 68

Haftpflicht 87
Handy 77
Hauptstadt 91
Haustiere 53
Heilige Quelle 189
Herbergen 78
Höhenstraße 311
Höhlen 177, 262, 275, 357
Hoya del Estrabito 363
Hoya del Lance 276
Hoyo Negro 343

Individualurlaub 78
Informationen 61

Inselmuseum 102
Internet 62

Jagd 320
Jedey 199, 222

Kanarenstrom 15
Karten 46, 322
Käse 56
Keramik 171
Kiefer 24
Kinder 63
Kino 111
Kleidung 65
Klima 15
Konsulate 51
Krankenversicherung 84
Krankenhaus 65
Kulinarisches 55
Kultur, altkanarische 29
Kunsthandwerk 51, 111, 144, 166, 171, 176, 194, 231, 247, 252

La Cumbrecita 233, 308, 323
La Fajana 141, 331
La Galga 130
La Laguna 215
La Punta 270
La Zarza 295
Laguna de Barlovento 143, 146
Landhäuser 79
Landwirtschaft 135
Lanzarote 33
Las Indias 195
Las Manchas 220
Las Nieves 115
Las Norias 215
Las Toscas 147
Las Tricias 287, 356
Last Minute 43
Lebensmittel 52
Literaturtipps 378
Llano del Jable 234, 333
Llano Negro 294
Lorbeerwald 23, 132, 368
Los Brecitos 310, 326
Los Canarios 183
Los Cancajos 152
Los Gemelos 163
Los Llanos 235
Los Quemados 195

Los Sauces 135
Los Tilos 132, 366, 368

Mandelblütenfest 282
Marcos-Quellen 373
Markt 52
Martín, Vulkan 182
Mazo 168
Medizinische Versorgung 65
Mietfahrzeug 47
Mirador de las Indias 199
Mirador de los Andenes 311, 359
Mirador de Miraflores 282
Mirador del Charco 199
Mirador del Lomo
  del Tagasaste 326
Mirador El Time 267, 348
Mirador Espigón Atravesado 369
Mirador La Tosca 147, 299
Mirador Las Chozas 308
Mirador Lomo de las Chozas 325
Missionare 33
Mitbringsel 51
Mojomuseum 256
Mojo-Soße 55
Montaña Barquita 341
Montaña de la Breña 171
Montes de Luna 179
Moslems 143
Museen 67, 97, 102, 103, 129, 236
Museo Arqueológico 236
Museo Casa Luján 129
Museo de Arte Moderno 97
Musik 25

Nachbarinseln 83
Nachspeisen 55
Nachtleben 67
Nationalpark 302, 307
Naturschutz 307
Nordosten 124
Nordwesten 266
Notfälle 68
Notruf 48, 68

Observatorium 312, 359, 362
Öffnungszeiten 68

Paragliding 76
Pared de Roberto 311, 361
Passat 15

Pauschalurlaub 78
Personalausweis 53
Petroglyphen 228, 292
Pflanzenwelt 21
Pico Birigoyo 340
Pico de la Nieve 311
Pino 279
Pinos Gachos 362
Piraten 35
Pista del Cabildo 276
Playa Bombilla 214
Playa Chica 191
Playa de la Galga 130
Playa de la Veta 275
Playa de las Monjas 213
Playa de Nogales 130
Playa de Taburiente 327
Playa del Faro 189
Playa del Pozo 177
Playa Nueva 189, 214
Playa Zamora 191
Playas de los Cancajos 152
Polizei 70
Porís de Candelaria 274, 353
Portugal 32
Post 68
Preise, Richtwerte 58
Preiskategorien 57, 79
Puertito 292
Puerto de Tazacorte 260, 348
Puerto Espíndola 139
Puerto Naos 203
Punta Larga 191
Puntagorda 279, 354
Puntallana 128

Regen 16
Reisepass 53
Reiseversicherungen 85
Reiten 75
Religion 115
Reventón-Pass 337
Roque de los Muchachos 302, 312, 360
Roque Faro 299
Roque Idafe 303
Routenvorschläge 69
Rum 139

Sabina 179
Salinen 155, 190

REGISTER

Salz 190
Salzgärten 190
San Andrés 137
San Antonio del Monte 295
San Antonio, Vulkan 182
San Juan, Vulkan 199
San Nicolás 199, 222
Santa Cruz 91, 374
Santo Domingo 290, 364
Schiff 43
Schmugglerbucht 21, 352
Schutzheilige 25
Schwimmen 138, 141
Segeln 75
Seide 227
Señora de las Nieves 115
Sicherheit 70
Sklaven 34
Somada Alta 363
Somada del Palo 328
Souvenirs 51, 231
Spezialitäten 55
Sport 71
Sprachhilfe 383
Steckbrief La Palma 24
Sternwarte 312, 359
Strände 19, 189, 213
Strömungen 73
Surfen 75

Tabak 112, 163
Tajuya 224
Tanausú 30
Tankstellen 47
Tauchen 74
Taxi 82
Tazacorte 253
Telefonieren 77
Teleskope 359
Temperaturen 15
Tenagua 125
Teneguía 38
Teneguía, Vulkan 182
Teneriffa 34

Tennis 75
Tiere 53
Tierpark 120
Tigalate 179
Tijarafe 274
Todoque 215
Torre del Time 351
Tourismus 38
Touristeninformation 61
Trinken 55
Tubo de Tudoque 221

Unfall 48
Unterkunft 78

Valle de Aridane 19
Vegetation 21
Velhoco 119
Verkehrsmittel 82
Verkehrsregeln 48
Versicherungen 84
Vertretungen,
  diplomatische 50
Vogelpark 224
Vorwahl 77
Vulkane 182, 187, 303, 343, 345
Vulkanröhre 221

Währung 58
Wallfahrt 115
Wanderkarten 322
Wandern 317, 320
Wasserfall 330, 373
Wassersport 74
Wegenetz 318
Wein 35, 57, 183, 222, 275
Wetter 15

Zeitungen 87
Zeitunterschied 24
Zigarren 112
Zisterzienser 119
Zollbestimmungen 54
Zucker 35, 138, 250

Fotonachweis

Izabella Gawin und Dieter Schulze (gs), Manuel Pérez Puigjané (pp), José Tormo Berzosa (tb), Marcel Jaquet (mj), Sara Vila (sv), Angel Martínez Bermejo (mb), Mario Cruz Leo (cl), Ana Rodríguez (ar), Carolina Roig Cejalvo (rc), Michael Brems (br), Markus Abele (ma)

Die Autorin

Izabella Gawin (1964) studierte Spanisch, Deutsch und Kunst. Die Kanarischen Inseln haben es ihr so sehr angetan, dass sie dort jedes Jahr mehrere Monate verbringt. Ihre Dissertation schrieb sie über die Kulturgeschichte des Archipels, außerdem verfasste sie Reise- und Wanderbücher. Bei REISE KNOW-HOW erschienen von ihr die Bücher „Gomera", „El Hierro", „Gran Canaria Aktiv" und „Spanisch für die Kanarischen Inseln" (zusammen mit Dieter Schulze).